国家社会科学基金项目（06xfx010）

中国农村
社会保障制度研究
——以西北贫困地区为例

曹建民 龙章月 牛剑平 著

人民出版社

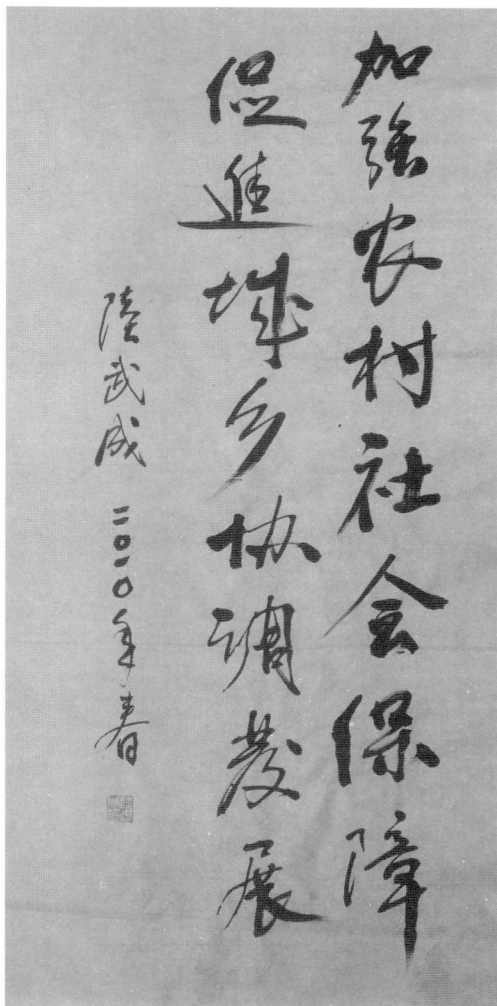

加强农村社会保障 促进城乡协调发展

陆武成 二〇〇六年春

甘肃省委常委、兰州市委书记陆武成同志为本书题词

序　言

　　自从取消农业税和免除农村义务教育学费后,农民的医疗、养老、救灾等社会保障问题愈加突出,因此,迫切需要建立农村社会保障制度。党的十七大提出了加快建立覆盖城乡居民的社会保障体系,努力使全体人民学有所教、劳有所得、病有所医、老有所养、住有所居,到2020年,覆盖城乡居民的社会保障体系基本建立,人人享有基本生活保障,绝对贫困现象基本消除,人人享有基本医疗卫生服务,全面建成小康社会的奋斗目标。21世纪头20年是中国社会保障制度建设的关键时期。目前,我国发展已经站在新的历史起点上。国家财力的增强、党中央对民生问题的高度关注和中央政府的大力推动,使我国社会保障制度建设进入快速发展阶段。然而,农村社会保障制度建设还滞后于经济社会发展的需要。一方面,农村社会保障制度改革取得了巨大成绩,没有农村的社会保障制度,农村的改革不可能成功,市场经济改革带来的社会风险不可能化解,也不可能有今天农村的经济社会发展成就。但另一方面,实践中的城乡分割、部门分割、试而不定和统放不分,又造成了农村社会保障制度的地方化、零碎化。社会保障制度的地方化会形成并固化各地区的地方利益与城乡差距,临时、局部、零星、被动的农民社会保障会损害制度的完整性与系统性。同时,对农村社会保障制度的发展规律认识不清、误读、错判农村社会保障制度建设情况等实践和认识上存在的问题,既制约了农村社会保障制度自身的发展,也制约了社会保障对经济社会协调、健康发展的促进作用和实现全体人民共享发展成果功能的发挥。因此,在尊重国情和遵循规律的前提下,科学地规划和设计农村社会保障未来的发展战略,对推动科学发展、促进社会和谐有着十分重要的意义。

如同市场机制天然追求效率一样,社会保障制度的出发点与归宿则天然地表现出对社会公平的追求。市场机制是经济增长的动力系统,而社会保障则是经济社会的稳定、协调与促进系统。两者功能的有效发挥,是整个经济社会良性发展的基本条件,不能将两者对立起来,要社会保障就否定市场机制,要效率优先的竞争就否定兼顾公平的保障。农民社会保障制度建设应基于国家的整体利益,着眼于增进人民福祉,从全局与长远出发,不能偏向某一部分人群,加大社会的差距,把能否持续不断地缩小不合理差距作为社会保障制度设计的核心评价指标。因此,建设一个能够公平惠及全体国民的健全的中国特色社会保障制度,应成为我国社会保障制度建设的目标与方向。

建民、章月、剑平同志以强烈的责任感和对农民的理解,深入调查农民社会保障的实际情况,开展社会保障理论和战略研究,努力探索农村社会保障发展的理念与规律,研究中国特色社会保障制度的体系结构、运行和监管体制,明确农民社会保障制度建设的目标、进程与步骤等,从而为农民社会保障制度改革和建设提供了有价值的参考依据,为制度和机制创新提供了支持。我国人口多,经济发展总体水平不高,城乡和地区之间发展不平衡,这是建立和完善社会保障制度的基本国情。从计划经济体制向社会主义市场经济体制转换，这是我们建立和完善社会保障制度的历史特点。人口老龄化、就业方式多样化和城镇化呈加速发展态势，这是建立和完善社会保障体系面临的新形势和新挑战。从解决历史遗留问题和当前紧迫问题向建立长效机制转变，从解决城镇社会保障问题向统筹城乡社会保障转变，我国社会保障体系建设面临着一系列重大理论和实践问题。而我国社会保障理论与战略研究滞后，社会保障规划和制度设计缺乏系统性，政策不衔接，责任不清晰，使有限的资源得不到充分利用，严重影响和制约着我国社会保障事业的发展。该理论研究着眼于总结我国农村社会保障的生动实践，充分认识社会保障的地位和作用，正确把握社会保障的规律和特点，不断探索实现社会保障的方法和途径，丰富了有中国特色的社会保障理论，对农村社会保障体系进行总体设计和系统规划，明确了社会保障体系建设的战略目标、战略重点、战略步骤和主要任务，以增强社会保障工作的坚定性、自觉性、系统性和科学性。

农村社会保障的主要问题：一是供给的不足，二是社保公共品缺少公共性。农民有权利获得社会保障的保护。社会保障建设，制度先行。中国是农民多、穷人多、富人少，所有的人都不敢保证一辈子都处于强者地位，每个人都会有老弱病残的时候，因此，多数人会倾向于选择有利于弱者的社会保障立法。而我国恰恰是社保法制建设滞后，没有一部基本的社会保障法，劳动法和工伤保险条例又没有明确保障范围是否包括农民，农民社保覆盖面、保障水平和统筹层次低。社会保障的公益性、公平性、共享性，要求农民的社会保障要从全局整体规划，加强制度建设，提高统筹层次。在为工业化原始积累而实行的工农业产品价格剪刀差依然存在的情况下，社会保障的"二次分配"应更加注重公平，缓解初始分配的不平等，让工业反哺农业，城市反哺农村得到落实，改变农民低收入，低保障的局面，逐步实现城乡社保均等化。

书中有许多亮点，如尊重我国初级阶段的现实国情，深刻认识加强农民社会保障制度建设是深入贯彻落实科学发展观、构建社会主义和谐社会、完善社会主义市场经济体制、深化改革的重要内容。贫困与社会保障的关系。社会保障不是城市的保障、单位的保障，农民保障的缺乏与城乡不同群体待遇差距较大，是我国社会保障制度建设面临的主要问题，要采取渐进性的发展方式加以解决，而不可能一蹴而就。农民社保要法定化，从摇篮到坟墓的保障都向国家要，我们的确做不到，但是基本生活的最低保障标准要实现。农村社保要重视家庭保障与社会互助的传统，农村社保应以不缴费的社会救助为主，不能使社保成为农民的负担。农民社会保障参加的人越多，越能发挥蓄水池的互助统筹作用。城乡在满足最低基本生活方面的成本相当，城乡低保可最先并轨的观点；只保大病的新农合影响农民参合的积极性；新农合要由不稳定的试点状态向稳定型发展；大部分新农合的资金流入了城市医院，新农合的资金并没有促进农村卫生事业的发展，提出以户口为界的新农合要注意城乡统筹；政府部门之间的政策矛盾，使农民的社保缴费被当作增加农民负担的乱收费；农村公共卫生事业要由营利自费到公益免费的方向发展；卫生领域的信息高度不对称，需加强对新型农村合作医疗的管理与监督；政府举办养老机构没有给农民发钱居家养老，自己购买养老服务有效；政府要改变低收入、高税收、低保障的局面，并按照国民的要求承担更多的社保责任，特别是社会救助的责任等调查观点，对今后农民社保工作都有极大的促进。当然书中有的观点还需要进一步研究商榷,希望广大读者和农民朋友能借此更多地关注、关心、支持、争取农村的社会保障。

兰州大学校长　周绪红

2010 年 3 月 26 日

目　录

绪　　论

一、研究文献回顾

改革开放以来,关于我国农村社会保障制度研究的主要成果有:龙翼飞著《完善我国的社会保障法律制度》、贾俊岭著《社会保障与法制建设》、郑功成著《中国社会保障改革与发展战略——理念、目标与行动方案》《社会保障学:理念、制度、实践与思辨》《中国社会保障制度变迁与评估》、任保平著《中国社会保障模式》等,以上成果主要是在介绍西方社会保障制度的基础上,对中国的社会保障制度及其基本理论做了系统的研究,仅有部分内容涉及农民的社会保障,并不专门系统研究农民社会保障。20 世纪 90 年代,由于国家对"三农"问题的重视,专门针对农民社会保障的研究成果出现较多,主要有:赵瑞政、王爱丽、任伶编著《中国农民养老保障之路》;中国社会科学院刘翠霄著《天大的事——中国农民社会保障制度研究》(法律出版社 2006 年出版);兰州大学教授聂华林杨建国著《中国西部农村社会保障概论》(中国社会科学出版社 2006 年出版);许文兴主编《农村社会保障》(中国农业出版社2007 年出版);周荣著《明清社会保障的城乡差别和城乡互动》(光明日报 2006 年 9 月 11 日)等代表作。

其中刘翠霄的著作以强烈的责任感和对弱者的同情理解,阐明了农民社会保障制度的现状,分析了农民为什么不能获得社会保障和商业保险的保护的原因和在建立农民社会保障制度上的认识误区,论述了农民社会保障与社会公平、农民社会保障与社会主义市场经济、农民社会保障与小康社会;提出了建立农民社会保障制度的重要性、必要性、紧迫性及其构想。本书立意高,理论性强,但对贫困农村,地广人稀的西部农村建立社会保障的难度估计不足,提出建立城乡有别的、地区有别、区分不同农民群体的社会保障制度,虽然针对性强,但过于碎片化,未考虑城乡、地区的统筹和衔接,未从国家正义和人权保障角度提出缩小城乡社会保障差距的针对性建议。

聂华林、杨建国 2006 年的著作《中国西部农村社会保障概论》中分析了西部农村社会保障存在的问题,提出了西部农村社会保障制度建设的意义、原则和重点,思考了在西部农村建立最低生活保障制度、农村居民失业保险制度、农民社会养老保险制度、农村医疗与公共卫生制度、农村住房保障制度以及城乡社会保障资金统筹与农村社会保障管理体制改革等问题。用大量数据说明社会保障的地区差异问题,突出了西部的特点,提出了在农村全面构建社会保障体系。但是农村居民失业保险制度、农村住房保障制度的提出显然超越了现实,西部农村的实际重点是先建立和完善最低生活保障制度和新型农村合作医疗制度,使农民免于饥饿和疾病,然后才是养老、住房和就业的问题。书中提出的西部农村社会保障制度建设的三大主要原则:一是区域性原则,二是国家主导原则,三是多层次多方式原则,也过于简单。西北农村的社会保障原则应主要包括:社会保障权平等和普适原则;以人为本和弱者优先原则,政府主导、社会参与,发挥农民自己的主动性,国家、集体、个人三方承担责任的原则;全面、系统、适度、公平、有效、可持

续的原则;低水平、广覆盖、统筹城乡的原则;依法保障、规范管理
的原则。另有制度实施的细节问题没有深入的探讨,如农村社会
保障机构和管理人员的缺失及待遇,新型农村合作医疗费用报销
程序问题等。

2007 年许文兴主编的《农村社会保障》的主要内容有:农村社
会保障制度概述;中国农村社会保障发展与现状;国外农村社会保
障制度;农村社会保障管理;农村养老保障;农村医疗保障;农村社
会救助;农村社会福利和农村社会优抚;统筹城乡社会保障。都是
农民社会保障的基本原理和内容介绍,资料性强,针对贫困地区农
民的社会保障公平性问题研究较为薄弱,农民工的社会保障及其
转移接续等突出问题未涉及。

关于农村社会保障的现状,劳动和社会保障部原部长田成平
认为,农村社会保障的制度框架已经建立起来了。农村最低生活
保障制度已经全面建立,正在不断地扩大覆盖范围,农村的养老保
险制度正在积极地探索,农村新型合作医疗制度正在全面推进。
城乡医疗救治制度已经普遍建立。他同时承认,各项制度在贯彻
的过程中都有一个继续扩大覆盖范围、继续使制度更加完善、提高
保障水平的问题。关于农民工和失地农民的社会保障问题,现在
正在制定农民工的各项保障办法。农民工的工伤保险和医疗保险
在制度上都是明确的,要加大其参保的力度。农民工的养老保险
办法现在还没有出台,劳动和社会保障部将在调查研究的基础上
尽快制定出台农民工的养老保险办法。失地农民的保障问题,现
在国务院已经有通知,下一步会继续抓好落实。田成平认为,为了
能够实现建立覆盖城乡居民社会保障体系,将从四个方面努力工
作:从制度层面上对城乡各类居民的社会保障都做出安排;继续扩
大制度的覆盖范围,加强基金的征缴管理以及一些基金的监管和

投资运营,建立社会保障待遇的正常调整机制;加强社会保障的管理服务;加快法制建设,特别是要加快社会保障立法,同时加大执法检查力度,将社会保障制度纳入法制化轨道。

民政部长李学举认为:"在社会救助方面,中央面向特困群众的救助政策基本出台,90%的省和70%的县初步建立了以农村五保、农村特困户救助,灾民救助为基础,临时救助为补充,医疗、教育、住房、司法等专项救助相衔接,政策优惠和社会互助相配套的城乡社会救助体系框架。18个省出台了建立农村低保制度的政策文件,958万农民基本生活得到保障,没有开展农村低保的地方,880万人得到了特困户救助,1249万人次的农民从医疗救助中受益。目前,我国的社会保障体系不完善,覆盖范围比较窄,制度不够完善等。80%以上的城乡劳动者没有基本养老保险,社会救助体系有待完善,社会福利水平有待提高,不少困难群众的基本生活还缺乏制度性保障。从长远看,我国社会保障体系将承受三个方面的巨大压力:一是人口老龄化带来的压力。二是城镇化带来的压力。三是就业方式多样化带来的压力。"[1]

中国人民大学郑功成教授认为,十六大以来的五年,"社会保障建设的最大成就在于,填补了制度空白点,基本形成了以社会保险、社会救助、社会福利为基础,以基本养老、基本医疗、最低生活保障制度为重点,以慈善事业、商业保险为补充的社会保障体系框架"[2]。他认为,中国社会保障制度改革是摸着石头过河,最初只

---

[1] 李学举:《逐步建立覆盖城乡居民的社会保障体系》,见《中共中央关于构建社会主义和谐社会若干重大问题的决定辅导读本》,人民出版社2006年版,第235页。

[2] 张怡恬、李晓宏、盛若蔚:《社会保障走向农村》,《人民日报》2008年3月15日。

是为了与国有企业改革和市场经济配套,1998 年以前,社会保障改革几乎没有考虑制度转型的成本和对劳动者社会保障权益历史欠账的偿还,政府处于回避责任的阶段,社会保障被视为社会和单位集体的包袱,受"效率优先"的影响,福利的公平分配不被肯定,"社会保障不是免费的午餐"成为改革的流行观点,社会保障改革在有些人看来就是将政府的责任降到最低,而将个人的责任放大到最高。直到 1998 年,随着实施"两个确保"和确立最低生活保障制度,各项社会保障覆盖面的扩展,社会保障才开始摆脱单纯为国有企业改革配套和被视为狭隘的市场经济组成部分的束缚。这一制度应有的追求公平的价值取向才开始被重新认同。我们才逐步明确建立独立于企事业单位之外的社会保障体系,将社会保障作为一项基本社会制度加以建设的理念才逐步确立。社会保障改革的成就:一是重塑了国民社会保障观念。人民不再指望生老病死靠国家与集体,而是认同包括个人在内的责任分担机制。二是将原有的国家负责、集体包办、全面保障、版块分割、封闭运行型的社会保障建设成为政府主导、责任分担、社会化的多层次的社会保障体系。三是较好化解了市场经济改革带来的社会风险,为经济改革和社会发展创造了条件。四是明显推动了中国社会的发展进步,是中国社会事业与国家发展投入不多,收益巨大的投资。同时,社会保障改革存在的问题有:立法滞后,资金不足,社会保障覆盖范围小,制度安排忽略农村社会保障制度建设,城乡社会保障失衡;基本养老保险不能全国统筹,农村老龄化问题突出,农民工面临工伤和职业病的风险,贫困问题严重,管理体制无序,社会福利还未真正起步,个人社会保障权益不平等表现在许多人不能享有社会保障权以及不能公平地享有社会保障权,社会保障权与个人身份等级密切相关等问题。为此,国家实行五保户由财政供养,建立农村新型合作医疗,农村最低生活保障制度,农村义务教育免费制度,城乡失衡的社会保障制度开始向城乡统筹方向发展。①

《中国的社会保障状况和政策》白皮书认为:经过多年的探索和实践,中国特色的社会保障体系框架初步形成,社会保障事业取得长足发展,社会保障法制建设取得新进展。当前及今后一个时期,中国发展社会保障事业的任务依然艰巨。人口老龄化将进一步加大养老金和医疗费用支付压力,城镇化水平的提高将使建立健全城乡衔接的社会保障制度更为迫切。

国家发改委就"十一五"规划《纲要》实施中期情况关于加快完善社会保障制度问题答复全国人大常委会。发改委表示,我国的社会保障体系仍不完善,社会保障发展仍不平衡,社会保障待遇差距仍较大,还存在不少体制机制问题,特别是在当前经济形势下,群众对社会保障的需求更加迫切,尚未享受社会保障的人群需要尽快覆盖,一些突出的历史遗留问题需要尽快解决。下一步,不仅要着眼于扩大社会保障覆盖面、提高社会保障水平,更要从完善体制机制入手,加快建设覆盖城乡的社会保障体系。一是健全社会保障制度,重点解决制度缺失问题;二是着力解决城乡之间、地区之间社会保障制度衔接问题;三是完善现有制度,加快提高社会保险统筹层次;四是进一步完善征缴管理机制;五是积极研究多渠道筹集社会保险资金,进一步壮大全国社会保障基金规模,更好地应对未来社会保险支付高峰期的到来;六是完善社会保险财务会计制度,强化财政专户管理,保证基金的安全完整和专款专用。②

---

① 参见郑功成:《从化解体制改革风险到维护公平正义与保障民生》,《社会保障制度》2007 年第 12 期。

② 参见郭丽君:《养老是农村社会保障体系中最薄弱的环节》,《光明日报》2008 年 11 月 16 日。

　　原中央党校副校长李君如认为,中国传统的依靠农村家庭和土地的保障体系已不适应今天的现状,截至2006年年底,我国农村养老和失业保险的覆盖面分别只占全体居民的14.3%和8.5%,建立真正意义上的农村社会保障体系的任务十分艰巨。建设农村社会保障体系应以广覆盖、低水平的方式起步。农村社会保障体系是中国社会的"安全网"和"稳定器",建设农村社会保障体系是解决城乡分割与社会公平的重大举措。养老是农村社会保障体系中最薄弱的环节,农村养老制度的建设尤为艰巨。从2007年至2020年,我国农村人口将从8亿减少到5亿。由于城市化的推进和农村青壮年人口进城,农村老龄化速度总体上比城市还要快;由于农民工社保体系不完善,农民工年老回乡后对养老保障的需求会加大;而随着土地的减少、家庭结构逐渐向"4—2—1"转化及子女尽孝观念的淡薄,传统的土地和家庭的养老能力会越来越弱。政府应以低水平、广覆盖的原则承担最基本的养老责任,并根据经济发展状况的不同,对不同地区实行阶梯式转移支付;鼓励有财力的地方政府以更高的标准承担当地的养老责任。

　　国务院发展研究中心农村经济研究部韩俊认为:长期以来,城市是以单位人建立保障制度的,而农民是社会人,农村实行的是以家庭保障为主,政府、社区适当扶助的制度。我国农村社会养老保险、医疗保险、最低生活保障以及失地农民社保、农民工社保、留守儿童社保等社会保障体系很不完善。一是农村养老保险覆盖面较低,西北农村基本没有。2005年参加农村养老保险的人数为5442万,仅占农村总人口的7.3%。农村最早实行计划生育的农民群众即将陆续进入老年,越来越严重的老年少子现象改变了养儿防老的传统家庭养老模式。如果他们的养老问题解决不好,就会动摇现行计划生育政策的群众基础。二是新型合作医疗在近几年覆盖面不断扩大,已经覆盖农村 80% 的人口,但存在筹资标准低、保障力度小的问题。三是农村上千万的贫困人口还缺少最低生活保障。四是我国进城务工农民有 1. 2 亿,收入低、就业不稳定、流动性大。乡镇企业 1. 3 亿人的就业也不稳定,没有完全参与到社会保障体系中。五是被征地农民超过 4000 万人,他们失去土地后多数难以就业,面临诸多社会风险,相当多的人成为弱势群体。①

清华大学教授秦晖认为:占中国人绝大多数的农民享有的福利,不要说比西方的"福利国家",就是比西方所谓"自由放任"的国家也差得太远。中国面临严重的公共产品不足问题,但首先是"福利特权化""公共品缺少公共性"的问题。中国是低福利甚至是"负福利"——"福利"附加于特权,有特权者收入高、福利更高,无特权者收入低、福利全无,其"二次分配"不但不像民主国家那样会降低一次分配的不平等,反而是明显加剧这种不平等。毛泽东当年把那时的公费医疗体系称为"城市老爷卫生部",去年卫生部前副部长殷大魁也提到如今公共医疗开支中 80% 是用于领导干部。这样的问题不解决,光扩大公共开支能增加社会公平吗?②中国的进步就表现在负福利的降低上,即向"零福利"渐渐靠拢,充其量是通过二次分配不加剧社会分化。

中国人民银行一项关于储蓄目的的调查显示,教育费、养老和住房是中国居民储蓄的最主要目的。公维才认为,农民社会保障缺失,主要是农民政治权利缺失所致,只有强化政府责任,提高农民社会主体地位,才能根本建立农民社会保障。如何整体评价中

---

① 参见韩俊:《改革开放以来农村经济社会转型研究》,《理论动态》第 1744 期。

② 参见《探寻中国福利问责之路》,《社会科学报》2007 年 8 月 30 日。

国社会保障制度 30 年的历程？是"成功"、"不成功"，还是"基本不成功"、"基本成功"？郑秉文的评价是"成就很大，问题很多"。

上述著作是目前农民社会保障研究的代表。这些研究成果总结了我国改革开放以来农民社会保障的现状、成就和经验，并就存在的问题分析了原因，提出了对策，明确了未来努力的方向。但是，论题较为宏观，现实中的新旧制度不衔接、社保零碎、跨地区转移等具体技术问题很多，研究还不能适应发展变化较快的农村社会保障的实际。加之，农村社会保障研究资料分散，实证资料缺乏，又涉及社会学、经济学、历史学、法学等多学科，农民社会保障的系统研究还不够，特别是对农民社会保障的发展规律认识不够，综合性、战略性研究要加强，理论认识上的误区和农村社会保障政策的碎片化要清理。

二、研究的目的和意义

该课题研究的领域是农民的社会保障，目标是解决农村社会保障在认识、制度和实践方面的问题，为建立和完善农民社会保障提供理论支持和实践方案。

《中华人民共和国宪法》第 14 条规定，"国家建立健全与经济发展水平相适应的社会保障制度"。第 45 条规定"中华人民共和国公民在年老、疾病或者丧失劳动能力的情况下，有从国家和社会获得物质帮助的权利。国家发展为公民享有这些权利所需要的社会保险、社会救济和医疗卫生事业。国家和社会保障残疾军人的生活，抚恤烈士家属，优待军人家属。国家和社会帮助安排盲、聋、哑和其他有残疾的公民的劳动、生活和教育"。社会保障是一个很重要的经济和社会问题。社会保障的主要作用，是帮助人们降低生活和工作中可能遇到的风险,保障社会成员的基本生活,增强他们的生活安全感。国家通过实施社会保障实现劳动力的再生产和劳动资源的合理配置,平衡社会供求关系,减少社会之间贫富差距,促进社会公平;通过实施社会保障,保证社会成员的最低生活需求,消除社会成员的不安全感,实现社会的稳定发展。因而社会保障被誉为"社会安全网"和"社会减震器"。

社会保障体系是否健全,这方面的法制是否完备,对一个国家的经济发展和社会稳定,会产生直接的影响。因而要十分重视和不断加强社会保障的法治建设。社会保障工作直接关系全心全意为人民服务的宗旨,关系维护人民群众的切身利益,关系保证改革开放和经济建设稳定发展的大局。我国宪法明确规定了公民享有社会保障的基本权利。现已初步形成包括社会保险、社会救助、社会福利和社会优抚在内的基本社会保障制度。各地农村在改革社会保障制度、加强社会保障工作中,也积累了新的重要经验。对于发展农村经济、巩固基层政权、保障人民群众的基本生活起到了重要作用。

由于我国人口众多,地区之间、城乡之间发展不平衡等多方面原因,原有计划经济体制下的社会保障制度已很难适应新形势和新问题。目前,我国农村社会保障体系存在着覆盖范围窄、制度不健全、社会保障能力和管理基础薄弱等问题,西北贫困地区能真正享受到国家社会保障政策的农村人口还较少。这既不能适应我国人口老龄化、城镇化和就业方式多样化的要求,也不利于建设社会主义新农村。

我国有八亿农民,可以说农民不能充分享受社会保障,是不健全的社会保障体系。检验社会进步的标准,不是看是否为那些绰绰有余者锦上添花,而是看能否使那些缺衣少吃者丰衣足食。加快建立健全农村的社会保障制度,是社会主义的应有之义,是完善我国社会保障体系的需要;是国家尊重和保障人权的需要;是降低人口出生率,平衡性别比例,巩固计划生育政策的需要;是实现农民权利义务的需要;是缩小贫富差距,最大限度实现社会公平稳定,最终实现共同富裕的需要;是应对金融危机,促进经济发展,扩大农村内需的需要;是老龄化、城镇化、工业化、就业方式多样化社会发展的需要。逐步使经济发展成果通过社会保障制度安排转化为切实的国民福利,实现发展成果的普惠和共享,这是社会保障制度建设的本质要求。逐步扩大农民社会保障的覆盖面,切实保障困难农民的基本生活,让他们感受到社会主义大家庭的温暖。因此,我们要更多地从以人为本、注重公平、统筹城乡发展、促进社会和谐的高度,认识加快建立完善农村社会保障制度对建设社会主义新农村具有的重要现实意义。加强城乡二元社会如何建立全国性社会保障制度的战略研究,对促进中国特色社会保障理论的创新,指导建立完善农村的社会保障制度,启发和丰富世界社会保障理论体系也具有重要意义。

三、资料来源与思路

　　总体上我国农民社会保障理论的研究比较匮乏,对农村社会保障理论的研究主要是从 20 世纪 90 年代才逐步展开的,笔者研究依据的参考资料和文本基础也主要是 90 年代以后的。本书的研究资料除了以上文献,主要还有李剑阁主编的《中国新农村建设调查》,郑功成著《社会保障概论》,刘福垣著《社会保障主义宣言》,黎建飞著《社会保障法》,英国罗伯特著《社会保障法》,人民大学复印报刊资料《社会保障制度》(2005—2008 年共 48 期);调研实证资料主要有:笔者在甘肃省委党校乡镇书记培训班上的调查和金昌双湾镇、皋兰县中心乡的调查和访谈;各地有关农民社会保障典型事例的新闻报道,如《半月谈》的报道《应对"未富先老,老后更贫"农村养老保险需新突破》等;国务院和地方政府的文件,如《兰州市农村五保供养工作实施细则》等。

本书的思路就是先照着走,再接着走。"照着走"是说本书的主要内容也是受上述三种思想源流的影响,继承其中依然有价值的观点和做法。从社会保障的全民化、法治化、公平化等普世价值这个自第二次世界大战后社会保障思想源流发展到如今所达到的最新水平和主流出发,研究农民的社会保障,向现代社会保障制度的全民化和全面保障方向发展。因此,本书强调把农民纳入社会保障是一个国家社会文明和进步的标志,也是衡量执政党执政合法性和执政能力的重要尺度。社会保障是我国宪法规定的公民权利,如果政府不认真地对待农民的这一权利,那么它也不能够认真地对待法律与人的基本权利。"接着走"是说本书的内容,指出了中国的城乡二元结构的社会毕竟不同于西方工业化时期,传统的社会保障不适应中国农村社会保障新的问题,以职业身份定社保的观念已经过时,要想新的办法,说前人没有说过的话。主要是从农村实际出发,贯彻党的第十七大提出的"建立覆盖城乡的社会保障制度,让人人享有基本生活的保障,促进社会公平正义"的精神,促进农村社会保障的科学发展,提高社会保障能力建设,正确处理重大社会保障关系,统筹解决农民的社会保障问题。因此,本书提出了建立中国特色农村社会保障的原则、目标和办法。

现在普通民众对农民建立社会保障形成了共识,而问题在于如何给农民建立社会保障。是建立城乡两条社会保障体系还是统筹城乡的一体化保障? 是一步到位还是逐步推进? 农民的保障资金从何而来？本书结合西北农村调查的社会保障实际，围绕从甘肃省委党校2009年秋季学员中征集到的"广大干部群众最关心的热点问题和希望党校解决的思想理论问题"中有关农民社会保障的问题：1. 如何建立健全覆盖城乡的社会保障体系？2. 如何解决农民的学有所教、劳有所得、病有所医、老有所养、住有所居问题？3. 如何解决农村留守儿童、留守妇女、留守老人的生活生产和上学困难？4. 如何消除新型农村合作医疗制度中出现的弊端，解决农民的看病难、看病贵问题？5. 如何确定农民低保户的家庭收入？6. 如何解决农民的养老问题，加强农村的养老服务体系建设？7. 如何完善低保救助对象、将宗教教职人员、残疾教职人员纳入到城乡低保的救助范围？8. 如何解决失地农民的社会保障？9. 如何加强农村义务教育，保障教育公平？10. 如何建立农业自然灾害保险体制？11. 如何扩大农民社会保障的覆盖面？12. 如何使农民更好享受改革开放的成果，实现社会公平正义？研究贫困地区农民社会保障面临的诸多难题，认为农民的社会保障只能在现有基础上从无到有，并逐步扩大覆盖面和提高保障水平，解决保障中的突出问题，尽量在农民这个特殊群体中体现社会保障的普世价值，而非借口农民问题的特殊性和社会保障的阶级性，拒绝保障农民或搞歧视性的农民社会保障制度。社会保障不是济贫，也不是西方人的专利，吸收人类文明关于社会保障思想的优秀成果，解决贫困地区农民的社会保障问题，需要政治上更民主，经济上更发达，思想上更解放，方案上更可行，农民的社会保障制度才会真正得到健全和发展，才能真正发挥为农民提供全面的社会福利作用。通过社会保障普世价值的具体化来推动丰富中国特色农村社会保障理论的发展，使社会保障理论的源流中有中国的一股涓涓溪流。

四、学术价值、应用价值

本课题学术价值在于：比较系统地反映了国内外最新的农民社会保障的科研成果，调查摸清了西北农村社会保障的家底，正确认识了贫困与社会保障的关系，运用多学科综合方法研究了中国特色农民社会保障的具体问题。成果强调了社会保障权的普世价值，提出了构建和谐社会保障关系的概念，在落实农民的公民权利和国民待遇，让农民共享改革开放和社会保障成果的同时，紧密结合我国社会保障的历史和现实，探索了中国农民社会保障的特殊复杂性和发展农民社会保障的中国模式，明确了中国特色社会主义农村社会保障制度的特色所在。传统的社会保障和计划经济体制下的办法解决不了八亿农民的社会保障，成果既"照着走"，继承借鉴我国传统的社会保障经验和国际上的好办法，又"接着走"，在认识农村社会保障的国情基础上，以科学发展观为指导，探索创新解决农民社会保障现实问题的新思路、新机制，是对传统社会保障理论的丰富和完善。

该课题应用价值在于：成果从应对金融危机和西北农村社会保障与全国农村社会保障的差距、区别等新角度，提供了认识农村社会保障的新资料和值得注意的现象，为今后认识、证明和研究这个时期西北农民生活状况和社会保障积累了重要参考资料。如除了养老，西北农村社会保障体系基本建立；基层政府70%的精力财力在抓计划生育，"文革"后赤脚医生没有了，而计划生育工作站遍布乡村；甘肃省每个乡都有了卫生院，而只有36%的乡镇有敬老院；土地流转和征地对农民保障带来的影响；农村残疾人受歧视的现状；新型农村合作医疗制度覆盖全体农民，但只保大病造成新型合作医疗受益面小;年轻劳动力外流造成农村养老的困难,农民工因工作流动性造成养老金统筹部分积淀在城市,各地多种多样养老办法的探索虽不统一,缺乏刚性,但弹性容纳性强。这些农村社会保障的情况和文件档案资料,证实了中国农民社会保障制度取得的成绩,也不回避问题,是下一步农村社会保障制度的建立完善的基础。课题设计的我国建立农民社会保障制度的方案对策,政府公共投入在社会保障方面的先后顺序。农民社会保障制度的法治化及农民权益的可诉性、保障金的监督办法具有较强的操作性。

第一章　国外农村社会
保障制度简介

　　以社会保险为核心的现代社会保障制度自建立100多年来，在全球的发展大多是与工业化、城市化密切关联的一种制度安排。在相当数量的国家，除社会救助的一些项目扩展到农村地区，为农村劳动者提供一定程度的临时性社会救助外，社会保障的主要服务项目，均是服务于城镇工薪劳动者。农村社会保障一般只是作为各国社会保障制度的一个组成部分，在发达国家的工业化过程中，曾经发挥过重要的保障功能，但只有少数国家为农民建立专门的社会保障制度。随着工业化进程的完成，农村人口占各国总人口的比例逐步减少，已无独立的农村社会保障，农村社会保障制度一般都纳入各国社会保障的总体框架，在发达国家社会保障的覆盖面一般均在90%以上。相反，在众多发展中国家，以社会保险为核心的社会保障制度框架，受二元经济结构的制约和社会保障运行机制约束条件自身的限制，以及大量人口居住在广大乡村地区，现有社会保障制度的覆盖面非常有限，可以说已构成社会保障的一个制度性缺陷。如何解决发展中国家农村人口的社会保障问题，如何构建适合各国国情的、具有制度创新内涵的新型社会保障制度，已成为全球化经济与社会风险日趋凸显背景下的中心议题。

一、发达国家农村社会保障

（一）德国

德国社会保障的核心立法可追溯到 19 世纪末,当初对从事独立经营的农民社会保障需求没有予以考虑,直到 1886 年 5 月《关于农业企业中被雇佣人员工伤事故保险法》颁布实施,德国才开始了农民社会保障。20 世纪中叶,德国实现工业化和城市化后,农业企业主及其家庭成员的生活需求有所提高,而他们在年老时从转交农业企业中获得的现金补偿不能满足基本生活需要,使得他们不得不继续从业而拖延转交农场的时间。同时,欧洲一体化的推进也加剧了农业领域的竞争压力,而德国农业企业主及其家庭成员较低的生活水平,难以应对日益激烈的市场竞争。为此,德国于 1957 年颁布了适应农民的《农民老年救济法》。这标志着德国向建立一个独立的、全面的农村社会保障法律体系迈出了关键性的一步。其主要内容是:

1. 保障对象。德国《农民老年救济法》规定,农民养老保险的法定投保人为农场主及其配偶和共同劳作的家属,但大型农业企业的雇员不属于农村养老保险的范畴,而应投保于普通工人或职员的法定养老保险。

2. 资金来源。德国农村养老保险体系实行现收现付模式,资金来源于联邦政府的补贴和投保人缴纳的保险费。法律规定其缴费额统一标准,等额上缴,不与收入挂钩,投保人缴纳的保费不足支付时,国家给予资助。1982 年德国用于农村社会保障的资金为 37 亿马克,1996 年增加至 77 亿马克。这表明该国农村社会保障资金中,有很大一部分来源于政府补贴,且国家在这方面的投入在逐年增加。

3. 享受条件。德国农民享受养老金必须具备三个条件:一是养老金的给付必须以农场主移交农业企业为先决条件;二是参保人的最低投保年限一般不得少于 15 年,但真正丧失了劳动能力的最低投保年限可为 5 年;三是必须达到法定的 65 周岁退休年龄后方可全额享受,提前退休者将减少相应比例的养老金。

4. 管理机构。宏观上由政府部门对农民养老金实行统一立法和管理监督。具体事务由专门的农民养老保险经办机构负责。目前,德国有 13 家农村养老保险经办机构,并组建了一个全国性的农村养老保险经办机构总联合会(GLA)。这些经办机构是具有自治特征的法人,并自觉接受政府的管理和监督。

从农村社会保障的对象来看,如今从事独立经营的农民与具有雇佣关系的工人和职员一样,能够享受到所有社会保险的保护。德国的农村社会保障制度保障的对象包括:农业企业主;农民的配偶;农民的共同劳动的成员和他们的配偶。按照法令规定,公共养老金是强制性的,强调雇主、雇员、政府三方共同承担。雇主缴纳保险金的 1/3 或 2/3,雇员缴纳其余的 2/3 或 1/3,政府在这个基础上视情况对整个项目进行补贴。这种保险方法除了体现劳动者共同平等的承担风险的法则外,也体现了一个先纳税后受益,劳动和福利相结合的原则(约翰 B. 威廉姆森、弗雷德 C. 帕姆佩尔,2002)。农民在年龄达到 65 岁时可以享受社会提供的养老年金。农民养老保险所需要的资金主要通过保险费和联邦基金来筹措,其中政府资金投入占很大比例。如 1996 年德国农民养老保险支出为 60 亿马克,其中农民缴纳的保险费收入为 18 亿马克,而联邦政府就补贴了 42 亿马克。农民的养老保险实行统一保险费率的原则,所有缴纳保险费的人的保险费标准一样。共同劳动的家庭成员的保险费率是统一保险费的一半,并由农业企业主承担。2002年,每个农村家庭企业所缴纳的养老保险费每月约为400欧元,领取养老保险金每月900欧元左右。

从农村社会保障制度的主要内容来看,主要包括养老保险、医疗保险、事故保险、护理保险和生育保险五个项目,可以向农民和他们的家庭在生活发生变化时(生病、丧失劳动力、年老、死亡等)提供全面的保护。以农民医疗保险为例。德国在1972年制定《农民医疗保险法》,建立了农民医疗保险体系,旨在降低农业企业的经济风险,因为在此之前,一个家庭成员的一场重病会很快危及企业的生存。在德国,对农民与对职工一样,在医疗保险资金的筹措方面也采用共同承担经济责任的原则,即每一个农民应该按照自己的经济能力缴纳一定的医疗保险费。高收入者多交,低收入者少交,但所有参保人都有权获得同等的保险服务。这种制度设计,体现的是德国社会所推崇的互助共济、风险分担的"社会团结"理念。

纵观德国农村社会保障制度体系,其特征表现如下:

(1)农民社会保障制度的确立比有雇佣关系的雇员晚得多。雇员医疗保险、养老保险分别在1883年、1889年建立,而农民的养老保障、医疗保险分别在1957年、1972年建立。

(2)内容设计丰富。德国农村社会保障制度内容包括养老、医疗、护理、事故、生育等五方面的内容,很好地保障了农民在生命波折期的基本生活需要。

(3)覆盖面广。德国的农村社会保障几乎覆盖了所有农业人口。

(4)标准高。在缴纳同等数额保险费的前提下,在每一个保障项目下提供的保障原则上与一般的社会保障待遇相同。

（5）津贴多。在德国的社会保障体系中,政府只为农业人口的社会保障提供津贴,使得农民在比城市雇员少缴纳保险费的前提下却可以享受和他们同样待遇水平的保障。

（二）日本

日本的社会保障立法始于明治维新。首先并没有将农民纳入社会保障体系中,随着经济发展和社会进步,日本政府越来越认识到农民社会保障问题的重要性。1938 年日本开始制定保障对象包括农民在内的《国民健康保险法》,到 20 世纪 60 年代日本已基本建立起了覆盖全民的医疗保险体系。其农村社会保障发展经历了如下三个阶段:

1. 农村社会保障的形成期(20 世纪 30 年代至"二战"结束前):这一时期日本的农村社会保障仅限于以公共医疗保险为主的国民健康保险,农村养老保险等其他社会保障尚未实施。

2. 农村社会保障的充实期("二战"结束至 20 世纪 60 年代):以农村公共医疗和养老保障为支柱的农村社会保障体系初步建立并开始得到迅速普及,从而进入了"国民皆保险""国民均年金"的时代。

3. 农村社会保障的完善期(20 世纪 70 年代至 20 世纪 90 年代):到 20 世纪末,日本已经建立起了完全覆盖农村居民的公共医疗、养老、护理等各类保险和公共福祉及老人保健等在内的比较完善的农村社会保障体系。

目前,日本有近百万家医院、诊所为医保患者提供服务,日本国民可持医疗保险卡到其中任何一家就诊。其费用的 70% 由国

民健康保险基金支付,且对 70 岁以上老人实行完全免费就医。日本农村社会保障的主要内容有:

(1)兼业的农业与社会保障,日本 80% 以上农户都是兼业经营,即同时从事农业和非农业,所以其风险来自于 3 个方面:自然灾害、农业市场风险和劳动力市场风险,从日本的现实来看,非农业劳动的社会保障已成为农村社会保障的主要内容。

(2)市场经济与"农业社会保障体系",包括农业灾害补偿制度、农民年金基金制度、粮食管理制度和蔬菜价格稳定制度。农业灾害补偿制度是以农业共济组合为基础的国家保险制度。农民年金基金制度是国民年金基金制度的补充,是以农业现代化与社会保障为主要内容,这两者均可纳入社会保障制度之中。日本的农村社会保障最具特色的是建立了多层次的养老保险制度,以满足不同层次的需要,具体包括:

第一,日本的《国民养老金法》规定 20 岁以上、60 岁以下的农民、个体经营者等均必须加入国民养老保险。参保者每月定额缴纳保险费 1.33 万日元,原则上 65 岁开始终身支付,在交纳保险费 40 年的情况下,每月可领取 67017 日元。凡缴纳有困难者,本人提出申请并经审查属实后,可免缴国民养老保险费,但退休后其免缴期间的养老金只有原来的 1/3。这样,日本以养老保险为支柱的农村社会保障体系初步建立并开始得到迅速普及,从而成为世界上较早的社会保障体系覆盖全体农村人口的国家。

第二,1971 年日本开始实施的《农民养老基金法》规定,投保人凡符合投保 20 年以上,年农业所得在 900 万日元以下,1947 年 1 月 2 日以后出生三个条件,可享受保险费的国家补助。这样,投保人 65 岁以后除获得"农民老龄养老金"外,还可获得"特别附加养老金"。没有资格享受保险费国家财政补助者,可缴纳一定的

"普通保险费",65 岁后除了"基础养老金"外,再得到一定数额的
"农民老龄养老金",以提高农民年老后的生活水平。这一制度的
建立还在于促进农民转让土地经营权,达到经营的年轻化和扩大
经营规模的目的,转让土地的人可以拿到一份年金。拥有或正在
使用 50 公亩(7.5 亩)以上耕地的农业经营者,保险费已缴纳时间
超过 20 年,并在 65 岁前转让经营权时,65 岁以后领取经营转让
养老金额为 1400 日元乘以保险费已缴纳月数;保险费已缴纳时间
超过 20 年但未进行经营转让时,从 65 岁开始支付的农民老龄养
老金额为 900 日元乘以保险费已缴纳月数。

日本农村社会保障体系多层次,例如养老保险在日本农村就
有三个层次:第一层次为国民养老金基金制度,第二层次为农民养
老金基金制度,第三层次为自我储蓄。不同层次采用不同的模式:
第一层次为强制性加入,第二层次采用基金制,强调自愿原则,但
政府给予税制优惠。第三层次为选择性的补充保障。

1980 年代后日本社会保障进入调整、改革时期。首先,反思
普遍型英国模式,向职业型保险与普遍型保障相互交叉的"混合
型"模式转变,改革养老金保险制度,并调整医疗费用负担,使社
会保障支出增长与经济增长保持一致。其次,在实现了全民保险
之后,逐步解决养老保险分立的状况,促进劳动力的自由流动。
1985 年,修改《国民年金法》,使国民年金成为国民共同的基础养
老保险。此外,为配合鼓励"返农"或称"稳农"的新农业政策,
2001 年修改农民养老金制度,不仅向全体农业从业人员开放了加
入的门户,而且把养老金分成了自我积存养老金和作为对认证农
民的政策援助养老金两种。至此,日本已建立起了完全覆盖农村
地区,包括公共医疗、养老、护理等各类保险和公共福祉及老年保
健等在内的、比较完善的、许多方面享有与城市居民同等待遇的农

村社会保障体系,实现了城乡社会保障一体化。

除以上外,农业灾害保险也是日本农村社会保障体系中特殊而重要的组成部分。该保险主要以农作物保险为主,即投保农户在遭受保险范围内的损失时,由保险公司给予其损失补偿。由于农作物保险的特殊性,投保农户一般可获得85%左右的灾害损失赔偿。农业保险基金由农民投保保费和政府补贴各占50%组成,即政府根据农民投保保费总额为基础,投入相同规模的资金,共同形成农业保险基金。农业保险基金由农协组织的关联部门——"农业保险合作社"负责运营管理,其最高机构是"全国农业保险合作总社"(下设各级农业保险合作社)。农户直接与当地的基层农业保险合作社联系,办理投保、索赔等事项。

纵观日本的农村社会保障制度的变化和发展历程,其基本特点是:

(1)家庭保障功能弱化,社会保障功能增强,注重社会保障制度的多元化。按照不同的职业群体设置了养老保险制度,例如,国民年金法(全体国民)、厚生年金法(在职职工)、农民年金法(农民)、国家公务员共济组合法(国家公务员)等。

(2)社会保障制度是自上而下的宫廷主导型,具体的承担者和执行者是地方自治机构。国民健康保险国库补助50%,基础养老保险国库负担1/3,实施中强调政府责任,也不免除个人缴费,是社会责任与自我保护责任、社会救济与个人能力培养的结合。

(3)农村的社会保障水平虽然落后于城市,但随着城乡差别缩小,在某种程度上实现了社会保障的城乡平等化,覆盖面较广,将农民养老纳入整个国民的养老保障制度,并针对农业就业的特点,在整个社会保障体系框架中建立专门针对农民的养老保险制度。

（4）农村的社会保障制度内容随时代变化而变化，更加符合农村生活的现实和农民心理的要求。20世纪末，由于日本农村人口的老龄化（65岁以上）比率由1960年的8.2%上升到1990年的20%，比同期城市高出8个百分点，领先城市20年步入了超老龄化的阶段，而同期日本经济增速明显放缓，农村社会保障逐渐面临着保障经费迅速增长、医疗与养老保险负担日益沉重、各类公共保险机构赤字增加等严峻问题。这无疑也对日本的农村社会保障制度体系是一种很大的挑战。

（三）法国

法国1948年1月17日的法律以及1952年7月10日的补充性法律，将普遍适用的养老保险制度改为四个不同行业（工商业、手工业、自由职业、农业）的老年保险自治制度，由此养老覆盖了全体国民。1961年建立农业经营者的疾病与生育保险。1978年7月1日的法律规定，家庭补贴也无职业条件地向所有居民发放，2000年实现了全民疾病保障。法国农村社会保障制度的对象包括：农民及其家属、农业工薪人员。法国农村社会保险是通过"农业社会互助金"的形式来实现的。它的管理机构为全国性的"农业社会互助金管理处"，负责互助金的保险对象和发放标准，分为领薪农业人员和非领薪农业人员两部分。领薪人员包括农业有限公司的经理、雇工和农校的学生、领薪的总经理以及这些成员的家属；非领薪人员包括农业雇主、农业经营者、农业企业主等。农业社会互助金的发放根据投保者所交纳的保险金的内容不同，享受标准也不同。在条件具备的情况下，领薪人员可享受农业社会保险、家庭补贴和工伤补贴。非领薪人员可享受农业经营者的疾病保险、家庭补贴和农村养老保险。

法国农业社会互助金由多方面构成：

第一，农业人口所交纳的各种保险金，主要包括两种：一种是职业保险金，含疾病、工伤、残疾、丧偶、死亡、年老、生育、失业和家庭补贴等各项目；另一种是附加保险金，用于农村社会保险的管理、卫生和医务监督等。

第二，人口补偿，即投保人比例较高的保险体制有义务在财政上支持投保人比例较低的体制，约占全部资金来源的 28% 左右。

第三，家庭补贴，它由全国家庭补贴金库提供，约占全部资金来源的 4% 。

第四，国家财政预算补贴和国家对家庭的补贴，约占全部资金来源的 14% 左右。

第五，部分税收政策上的补贴，约占全部资金来源的 27% 左右。

从总体上看，法国农业社会互助金的外部来源占 3/4 左右，国家予以支持的部分接近 1/2，可见法国政府对稳定农业的重视。法国农业社会互助金的保险对象和发放标准，也分为领薪农业人员和非领薪农业人员两部分。在条件具备的情况下，领薪人员可享受农业社会保险、家庭补贴和工伤补贴。非领薪人员可享受农业经营者的疾病保险、家庭补贴和农村养老保险。领薪者与非领薪者所享受的补贴大致相同，只在个别项目上略有差异。

（四）英国

英国农村的社会保障制度主要是城乡一体化的社保制度。如英国 1946 年的国民医疗保健法规定，全国医院实行国有化，对全国人民实行免费医疗,不仅如此,政府还向因病不能工作的人提供最长28周的疾病津贴,这在全世界是独一无二的。投保标准采取统一方式,不论收入高低,保险费都按统一标准提取;各种保险金的给付,一律按统一标准,不与本人在职时的收入、工资挂钩;补助金必须充分,以满足被保险者的基本生活所需;社会保障制度的实施须置于统一的行政管理机构之下等等。

英国农村社会养老保险实施的是均一给付的普遍养老金模式。该模式正是依据《贝弗里奇报告》中提出的普遍性原则建立起来的。政府为每一位老年人提供均一水平的养老金,以保障其最低生活水平的需要。这种模式强调的是对不能依靠自身劳动满足生活需要的老年居民普遍提供养老金保障。其主要特点有三项。

1. 实施范围广泛

该模式覆盖了城市和农村的所有国民,甚至还包括在本国侨居一定年限的外国居民。例如,加拿大"老龄安全年金"规定,只要18岁以后在加拿大居住至少10年且至今仍居住在加拿大的65岁以上老人,或目前已不在加拿大居住但在其18岁后曾在加拿大居住了至少20年的65岁以上的老人均可获得一笔基本的老龄年金收入,1993年的月给付额是383.51加元(相当于2500元人民币)。

2. 与个人收入状况无关

无论老年人是否为工薪劳动者,是否有稳定的职业和收入,也无论其退休前工资、收入水平的高低,国家均为其提供等额的养老金,不需要对申领者个人生活状况进行调查。

3. 资金来源主要靠国家财政补贴

按该模式筹资的发达国家(如加拿大、瑞典、丹麦、澳大利亚、新西兰等)大都不要求公民缴纳社会保险费或保险税,其开支完全来自国家的一般税收。

英国的城乡一体化社保制度带有"福利国家"的色彩。

（五）加拿大

加拿大农村社会保障体系以"安全网计划"为主要特色。由于农业生产的特殊性,不易判断农民是否失业,农民不能加入失业保险;农民因无固定雇主,不能受职业灾害保险和职业团体年金制度的保障,但从政治和社会的角度考虑,又不能忽视农民的福利,因而,加拿大于20世纪50年代末期逐步设立农民所得"安全网计划"。"安全网计划"的主要目的是减轻农民因农产品跌价或生产成本提高而造成的短期性所得损失。即政府补贴农产品价格,使农业劳动和资本投入能获得合理报酬;或者使农产品价格和生产成本之间维持合理比例。依照农民所得保护法,政府将农民所得政策整合为两大计划:一是作物保险,借以减轻生产风险造成的损失;二是净所得稳定计划,借以鼓励农民在高收入时多储蓄,以备低收入时使用,并积存农民退休基金。

在农村社会养老方面,加拿大施行的是确定缴费模式。加拿大的农民年金制度采用的是确定缴费模式。确定缴费模式是指经过预测,确定一个相对稳定的年金缴费标准,然后按这个标准缴纳养老保险基金(包括农民个人和政府两部分供款),并完全或部分地存入农民的个人账户;在农民达到一定年龄退休时,以其个人账户中的储存金额(本金加上经营利息)作为养老金,农民退休后,可选择一次性领取其养老金,也可分期按年或按月领取。这种模式通常可表述为"以收定支"。

半个世纪以来,加拿大因其全面而慷慨的社会福利体系享誉全球。但是,其工农、城乡之间的收入差距依然存在,加拿大政府一直对农业实施高额保护,对农产品贸易提供大量的价格补贴。进入 20 世纪 80 年代后,随着世界贸易自由化的呼声越来越高,农产品价格补贴因扭曲市场而遭到很多国家的反对,被排除在 WTO 关于农产品贸易协定所允许的"绿箱""黄箱"保护政策之外。在此情形之下,对农产品价格实行高补贴的部分发达国家开始改革农业保护政策,大幅度削减价格补贴,转而实施各种直接的农民收入稳定性计划。加拿大农民年金制度就是在 1991 年根据净收入稳定账户(NISA: Net, Income Stability Ac—COlmt)建立起来的。NISA 是在农民收入保护法(FIPA)的授权下由加拿大谷物与油菜安全网络委员会制定的。联邦政府和每个省签订了共同监督开展此项计划的协议。按照农民收入保护法的规定,建立了一个全国性的净收入稳定账户项目管理委员会,监督此项计划的实行并对协议进行补充和修改。委员会定期向农业部部长报告计划的执行情况。参加该计划的人必须拥有或参与一个农业经营实体,并参加该实体的日常农事经营,拥有至少 10% 的选举权或股份,要求填报个人所得税申报书,报告农场的经营盈亏。每个参加农民年金计划的人都要求有一个账户,该账户包含两个部分:基金 I 和基金 II。基金 I 是参加者的存款账户;基金 II 是联邦政府与省政府匹配的补助及两个基金存款所获利息。从基金 I 取出的存款不必纳税,因为在存入这笔钱之前已经纳税了。从基金 II 取款必须纳税,因为账户的补贴额和利息收入是以该农民的名义存入的,属于应纳税收入范围。参加者在基金 I 账户里存款的上限是其近 5 年来农产品平均销售净收入(最高不超过 25 万加元)的 20%。一旦参加者存入了一定金额的款项,账户管理者就通知联邦和省两级政府按农民存入的数额,将等额的钱存入该农民的基金 II 账户之中(联邦政府与省政府各出 50%),政府的补贴来自所得税。参加者在离开农业部门或退休时,若事先通知管理者则可以自动退出农民年金计划,他们可以一次性或逐年提取其账户上的余款,将账户上的余款退给退休农民也就等于向这些农民支付了年金。加拿大的农民年金制度是一种与收入关联的自愿性"全基金积累"制度。在这里,农民的储蓄和政府给予的配套补贴是退休年金发放的基础。相对于日本的农民年金制度,加拿大的农民年金计划更为灵活、透明和易于组织实施。

(六)美国

美国社会保障政策中一个突出的亮点是其社会保障号的使用。社会保障号在美国的人口管理制度中具有重要作用,它几乎是美国政府进行所有人口管理活动的基点。每个美国公民自出生起就必须注册一个属于自己的社会保障号(social security number,简称 SSN,也称社会安全号)。它由 3 个部分 9 位数字组成,即区域、群组和序号。社会保障号由美国社会保障总署颁发和负责管理,居民终生使用。它记录了个人的各种信息,包括工作、居住、纳税、信誉、奖惩情况等等。如果你的记录良好,信用度高,你还可以在许多方面得到优惠。

在美国农村,农村社会救助是国家社会保障体系中重要的部分。立法方面,美国的社会保障法在 1935 年得以通过,它体现了一些重要的基本原则:政府责任原则、保障生存原则、公正平等原则、社会共助原则、优惠原则。社会救助机构包括政府专门的社会救助机构、社会组织、慈善机构等。最低生活保障线方面,美国的最低生活保障线(即维持最低生存标准的贫困线)由联邦政府制定,其贫困标准为最低食品消费支出的 3 倍。在主要救助项目方面,美国政府提供的社会救助或福利补助有 70 多项,其中主要包括抚养未成年子女的家庭补助、补充收入保障、医疗救助、食品补助、一般援助、社会服务和儿童福利服务、住房补助、伤残补助、教育补助、针对农民的支持等。美国在农业生产问题上实施特殊的保护政策,只要是涉及农业生产的税收都有相应的税收优惠条款和免税措施,同时,美国农业生产者还得到政府或明或暗的大笔补贴。20 世纪 90 年代后期,美国农业补贴占国内农业总产值的 50% 左右。故其农民平均生活水平甚至比非农业生产者平均生活水平还要高一些。

美国这种高福利水平的社会救助也存在以下副作用:助长了依赖心理,加重了一部分人的惰性;造成财政状况恶化。政府不堪重负引发了对贫困进行界定的相关问题。一般来说,衡量一个国家的福利程度可用政府的公共支出大小作标准。政府公共支出大的,就是高福利国家;政府公共支出小的,就是低福利国家。前者如北欧的"从摇篮到坟墓";后者如美国的"济贫式"福利。但不论公共支出多还是少,它们都建有比较完善的福利制度。

二、经济转型国家农村社会保障

东欧和前苏联国家在经济转型过程中,都遇到了经济崩溃所带来的冲击,尤其是农业领域的冲击更加明显。这些国家的实际 GDP 急剧下降,出现持续剧烈的通货膨胀和居民的购买力大幅缩水。农业工人失业以及拖欠工资问题十分普遍,导致大量人群陷入贫困。为了应对日益积聚的社会风险,保持转型期间的社会稳定,大多数经济转型国家都建立了全民化的社会救助项目。但由于各国的社会经济状况、政治、文化等因素的多样化,使得经济转型国家的社会救助政策不尽相同。

(一)波兰

1978 年波兰在其国民社会保险计划中引入农村社会保险计划,1983 年将该计划的覆盖范围扩展至计划参与者的配偶等,1990 年该计划从国民社会保险体系中分离,形成农村社会保险基金。计划参与者如果缴纳 100 个季度的保费,男(65 岁)女(60 岁)退休时可领取接近贫困线水平的给付额。波兰农村社会保险的融资中有 5% 的部分是农业工人和农民的缴费,另外 90% 以上部分由政府财政转移支付。2000 年至 2002 年农村社会保险基金年平均支出占波兰预算支出的 23.27% ,占当年国内 GDP 的 21% 。波兰农村社会保险目前面临的主要问题是该制度管理成本相对较高、政府财政压力较大、财务稳定性较差、相对其缴费水平给付较高、收入非测试制度导致的保障目标错位和统一费率产生的负面激励机制等。在波兰,目前只有个体农场主(至少拥有 1 公顷以上土地)参加的是 1991 年建立的农村养老金计划(KRus),其他所有的农业劳动者参加的是国民养老金计划(zus)。波兰农村养老保险制度的改革是根据农业劳动者收入的不同实行差别化的缴费和给付水平。

(二)保加利亚

在经济转型国家的农村社会保障体系中,只有保加利亚采取了公共与私营混合的养老保障制度。在保加利亚,只有在家庭农场主是一个注册生产者的前提下,其雇工才被要求参加养老金计划。国家甚至将个体农场主都排除在养老金计划覆盖面之外。只有登记成为"注册生产者"的个体农场主才有权参加公共养老金计划。根据该国法律,"注册生产者"是指为商业目的而种植农作物或饲养家畜的个人,他们必须在当地"农林业委员会"登记注册。烟草生产者有一套单独的登记制度。养老金计划成员的资格并不能随意获得,只有登记成为"注册生产者"及其雇员才有权参加养老金计划。在保加利亚 1959 年 12 月 31 日前出生的人,只参加公共养老金计划。而在 1960 年以后出生的人主要参加私营养老金计划(有 9 个获得执照的私营养老基金公司供人们选择),所有缴费中有 71% 用于参加私营养老金计划,另外有 27% 的缴费用于参加公共养老金计划,剩下 2% 的缴费投向可以由个人选择。

(三)匈牙利

匈牙利在农村养老保险制度方面的改革将会走得更远一些。其改革的目标是采用纯粹的保险机制,设立真正的个人账户。当前的养老保险制度针对不同年龄的群体有不同的安排,为了减少年龄较大一代的利益损失,改革措施对年轻一代的调整最大。在匈牙利,配偶和其他无雇佣合同的家庭成员可以自愿参加公共养老金计划,然而许多农场主购买的商业保险已经为其配偶和 18 岁以下的子女提供了保障,因此很多家庭成员就不需要额外参加养老金计划。从 2002 年开始,匈牙利又采取了一套新的办法,以提高农村养老保险制度和国民养老保险体系的协调水平。只有符合特定条件的"家庭农场"才有权得到更多的资助。个体农场主及其成年家庭成员参加农村养老保险的条件之一是,家庭成员们签订一份书面协议,明确个人占有农场经营成果的份额。由于现在不少农业劳动者愿意进行这样的划分,因此未来农业劳动者拥有的养老金的比重将会增大。与此同时,商业养老保险在匈牙利也十分普遍。

(四)罗马尼亚

1989 年以前,绝大多数在集体农场工作的罗马尼亚农民都被强制性地参加养老金计划。1991 年,由于集体农场纷纷破产,独立的养老金计划面临财务危机。集体农场开始变成一些小型个体农场,先前的养老金计划也被新的自愿养老金计划所取代。但是新计划的实施效果却没有预想得好,参加自愿养老金计划的农场主数量很少,多数农场主将不能享有退休养老金和相关收益。从 2000 年开始,罗马尼亚设立了覆盖面包括农场主及其雇员的公共养老金计划,雇员与雇主分别承担缴费的 1/3 和 2/3。2014 年以后退休年龄的标准将提高:女性从 57 岁增加到 60 岁,男性从 62 岁增加到 65 岁,并设立了大约 13 年的过渡期。一个新的强制性国民养老金计划得以实施,农场主也在其列,只不过对农场主的管理细节稍有特殊。从资金来源上看,养老金计划的大部分资金来自于政府财政,在 20 世纪 90 年代,政府对养老金计划的补贴占其资金来源的 70%—96%,而且养老金计划的赤字由政府财政来弥补。进入 21 世纪后,仅 2001 年的赤字金额就高达 1.1 亿欧元。因此,罗马尼亚的部长委员会决定,农业援助基金将用于补贴农业劳动者参加养老金计划,然而到目前为止,这个决定还没有得到实施。

(五)拉脱维亚

对于农村社会保障体系的改革,拉脱维亚从 2000 年 1 月 1 日起开始,该国逐步提高农业人口的退休年龄:男性从 61 岁提高至 62 岁,女性从 59 岁提高至 60 岁。而农村人口的养老金给付标准根据参与者的缴费情况而定。但同时规定了一个最低养老金给付水平。政府财政没有或很少向养老金计划提供补贴,资金完全或几乎完全来自参与者,国家也可能通过年度预算对养老基金进行补贴。

(六)立陶宛

立陶宛近几年设立了一些私营养老基金,以允许人们通过参加私营养老金计划获得更高水平的养老保障。在立陶宛,大多数个体农场(包括面积在 3 公顷以下的家庭农场)中的人员都没有缴纳养老保险费。在有记录的 314000 名农业劳动者中,只有 6100 名以家庭农场主的身份、3000 名以家庭农场雇员的身份、17600 名以农业公司雇员的身份参加了养老金计划。另外,有 23800 名经登记的家庭农场主基于以下原因可以免于缴付养老保险费:已经开始领取养老金,接受了政府的社会援助,以另一家庭农场或某农业公司雇员的身份已经缴纳养老保险费达 30 年。

三、发展中国家农村社会保障

(一)印度

独立后印度实行民主制度,对穷人迁徙限制放宽,在迁徙自由状态下,加速了乡村中最穷的那部分居民迁入城市。于是农民进城的社会保障得到加强。印度政府主要是通过立法来规范农民工的就业和服务条件。1979 年,印度政府通过了《邦之间流动工农

民工(就业规定和服务条件)法案》,主要条款如下:邦之间流动的
农民工的工资,在任何情况下都不能低于 1948 年《最低工资法
案》规定的标准;工资应该以现金的方式支付;在招聘或者找人替
代邦间农民工的情况下,雇主应付给他们月工资的 50%,这笔工
资是不可返回的,而且应该是其工资或其他款项的额外支付;邦间
流动的农民工从本邦的居住地到其他邦的工作地所花费的路费,
雇主应该以补助,数额不低于交通费的票价,农民工在此期间应享
有与工作时一样的工资;工资应该直接支付给农民工本人,或者是
受其本人委托的其他人;雇主应该保证为农民工提供合适、足够的
医疗条件,当农民工或他们的家人生病时,应该免费提供治疗。雇
主还应该采取保护性的措施,确保农民工不受疫情影响或病毒感
染。根据医生所开的医药费票据,在农民工提供账单后的 7 天内,
(雇主)应该予以报销医疗费;假期、工作时间和加班工资,以及其
他的服务条件,不能差于给予当地劳力的水平;每个雇佣邦间流动
的农民工的雇主都有以下义务:(1)保证定期向农民工支付工资;
(2)保证同工同酬,不受性别限制;(3)在要求农民工到另外一个
邦工作时,应保证提供相同的工作条件;(4)在雇佣期间,向农民
工提供并维持合适的居住条件;(5)在需要的时候,提供防护性服
装;(6)在发生死亡或严重身体伤害的情况下,向双方所在邦的相
关部门和农民工的亲属报告。

　　特别值得一提的是,印度的农民看病不花钱,农村医疗网络也
很健全。占印度人口 72% 左右的农村居民和城里人一样,享受国
家提供的免费医疗。印度目前大约有 2.7 亿贫困人口,约占人口
总数的 1/4,其中绝大部分生活在农村。自 1947 年独立以来,印
度政府一直致力于建设农村医疗体系,提供免费医疗服务。1996
年以后,政府推出了社区医疗中心的规划,每 10 万名农村居民配

备 1 个社区卫生中心,一个中心约设 30 张病床和 4 名医生,并配有化验室和基本检查设备等。农民有头疼脑热的小病,从村里的小诊所或卫生中心便可以拿到阿司匹林这样的常用药。社区卫生中心无法处置的病人一般都送往设施较好、医护人员齐备的地区医院。一个地区通常有 2 到 3 座这样的医院。印度农村的医疗体系既减轻了农民家庭的经济负担,也在一定程度上保证了社会公平。据了解,印度政府 2005—2006 年度用于农村公共健康事业的总资金投入为 1028 亿卢比(约合 24 亿美元),与世界上很多国家相比并不算多。一位经济学家说,印度政府把有限的投入公平地配置到最需要医疗服务的地方,在配置有限的医疗资源上尽量做到公平公正。据今年世界卫生组织成员国卫生筹资与分配公平性评估排行榜显示,印度在全世界居第四十三位,居发展中国家前列。印度不是一个富裕的国家,而是一个人口稠密的国家,能走出一条全民免费医疗的成功之路,其原因就在于公平和公正原则在实践中得到了较好贯彻。由此可见,财富不是衡量医疗制度的绝对标准,重要的是社会公平和兼顾利益平衡。印度人认识到,医疗卫生体制如果完全按商业化、市场化运作,不利于社会稳定。因此,印度医疗保障制度始终坚持"两手抓":既扶持政府医院的稳定运转,又鼓励私立医院健康发展。这种"两条腿走路"的办法,最终使得印度的富人和穷人患者各有所依、各得其所。

(二)泰国

泰国农村的医疗保险实行健康卡制度。对贫困农民,由政府出资发给免费健康卡,对一般农民,在农户自愿的基础上,个人缴费 500 铢,政府补助 500 铢,由政府发给统一印制的健康卡,全家都可凭卡免费享受医疗保健服务。一户一卡,超过 5 人者再购一卡,50 岁以上和 12 岁以下儿童享受免费医疗。为了推动健康卡的发行,政府规定只有当全村 35% 以上家庭参加时,政府才给予补贴健康卡,所筹资金由省管理委员会统筹(全国分为 76 个省),90% 用于支付医疗保健费用,10% 用于支付管理费用。健康卡可用于医疗、母婴保健和计划免疫。健康卡持有者持卡到健康中心或社区医院就诊,当健康中心或社区医院认为需要转诊时,可转往省医院或地区医院,直至中央级医院就诊。

泰国农村健康卡制度的特点:泰国最基本的卫生健康保险除公共卫生医疗服务外,是用消费金额限制所得到的医疗保障,在操作上方便易行,运作成本低。有利于医疗卫生费用的控制。泰国农村实行的健康卡制度,为农民提供了最基本的保障,使一个区域的资金筹集、因病造成经济损失的分担及医疗保健集于一身,能够在基层单位提供较好的医疗和预防保健,对于保障基层百姓的身体健康有很好的作用。其局限性是资金有限,覆盖人群少,抗御风险能力差。

(三)墨西哥

墨西哥农村社会保障体系以农村医疗保险制度为特色。墨西哥全国共有两大医疗保险系统:一个名为"全国职工社会保险协会",主要对象是企业工人和农业工人;另一个名为"国家职工社会保险协会",主要对象是政府工作人员和文教科研人员。另外,还有一种对穷人的免费医疗救济,对象是城市和偏僻地区的贫困居民,受益对象大多数为农民。墨西哥农村医疗保险制度的特点是各级政府参与,医疗保险组织开办医院。

（四）巴西

巴西的医疗保险制度建立于 20 世纪 20 年代,并逐渐发展到对全国城乡居民实行全民医疗保险。在巴西,农民在医疗、教育和社会保障方面享有与城市居民同等的权利,差别只是农村医疗和教育条件不如城市。而农民进城后则享有与城里人同等的待遇。居民患病后,必须首先在当地初级医疗机构就诊,经初级医疗医生同意,才能转到中级或高级医疗机构诊治。患者随意找医院或医生就医时,一切费用自理。巴西医疗保险制度特点是,不论贫富都享有医疗保障的权利,医疗保险覆盖面广,发展速度快,待遇水平较高,处于发展中国家的前列。

第二章　我国农村社会保障
制度的现状及评估

　　社会保障是近代从西方国家开始产生和发展起来的,无论是为缓和阶级矛盾,解决经济危机和社会动荡引起的失业和老年人生活问题,还是被用于国家干预、刺激和扩大社会需求、缓和生产过剩经济危机的手段,西方社会保障制度,一方面反映了现代市场经济和民主政治的要求,另一方面又体现了西方国家特定的政治历史文化。国外社会保障制度对我们的启示就是社会保障有共同基本的准则要求和规律,但各国国情不同,都有自己的社会保障模式。我们不封闭自己,要大胆借鉴这些凝结了人类智慧的社会保障思想,如作为社会稳定的"安全网"和"减震器",抵御市场风险,保障人权、社会保障公平、正义、平等的原则等,对此我们不能过分强调社会保障的阶级性,而加以拒绝。但是我们也不能照搬照抄西方国家的社会保障模式,对不符合我国农村客观实情的,我们不搞;而外国社会保障体系中没有,但我国农村现实生活又需要的,要及时予以建立,坚持走中国特色社会主义农村保障道路,建立与我国经济发展水平相适应的农村社会保障体系。

一、社会保障思想的渊源与发展脉络

通过以上研究著作可以看出,关于中国农民社会保障思想的来源是多元而非单一的,主要有三个方面:一是来源于中国传统的思想,可以追溯到 2000 多年前的孔子,他就描绘了人人享有社会保障的大同社会的美好蓝图。孔子说:"大道之行也,天下为公,选贤任能,讲信修睦。故人不独亲其亲,不独子其子;使老有所终,壮有所用,幼有所长,鳏、寡、孤、独、废、疾者皆有所养;男有分,女有归;货恶其弃于地也,不必藏于己,力恶其不出于身也,不必为己;是故谋闭而不兴,盗窃乱贼而不作,故外户而不闭,是谓大同。"①孔子主张"爱人",墨子提倡"兼爱",孟子在《孟子滕文公》上篇中指出:"出入相友,守望相助,疾病相扶持,则百姓亲睦。"唐朝的韩愈则提出了"博爱之谓为仁"的思想。我国古代的仁爱互助学说不仅为中华民族的传统美德奠定了牢固的思想基础,而且包含着一种较强实践价值的社会保障思想。至今尊老敬老养老作为中国乡村的风俗习惯深深影响着我国农村社会的保障,也是学者研究农村社会保障理论的渊源。

二是来源于西方的社会保障思想。西方最早的社会保障思想源于古希腊柏拉图的代表作《理想国》,他在此书中提出国家的起源是以"人们的生活需要"为理由的,认为实行共产制度,确立财产公有和公正原则,可消除暴力与贫富对立。被视为现代社会保障制度"前身"的是英国政府于 1601 年颁布的世界上第一部《济贫法》。被誉为现代社会保障制度产生标志的第一个里程碑是德

---

① 《礼记·礼运篇》。

国"铁血宰相"俾斯麦执政时期于 1883 年颁布的《疾病保险法》。
第二个里程碑是 1935 年罗斯福当政时美国通过的《社会保障
法》,他第一次正式提出"社会保障"的概念,认为:"如果对老年人
和病人不能提供照顾,对身强力壮者不能提供工作,把青年人注入
工业体系之中,听任无保障的阴影笼罩每个家庭,那样的政府就是
一个不能存在也不应该存在下去的政府。"1937 年 1 月 20 日罗斯
福在连任总统的就职演说中进一步阐述了对社会保障的看法:
"检验我们进步的标准,不是看我们是否为那些绰绰有余者锦上
添花,而是看我们能否使那些缺衣少吃者丰衣足食。"现代社会保
障制度的第三个里程碑:1942 年英国的《贝弗里奇报告》则提出了
社会保障的一个重要思想"全面性和普遍性原则",称要为那些因
失业、疾病、退休、生育和鳏寡者等在经济生活中处于不利地位的
人们提供社会保障。并根据这一原则,社会保险的对象扩大到全
体人口,而不论其年龄、性别、阶级、种族和宗教信仰如何。贝弗里
奇还提出了一些新的基本原则,如政府应对社会福利制度实行统
一管理,履行国家的社会保障责任;新的社会福利制度应以保障所
有公民的最低生活水平为标准,实施范围应涵盖公民生活中可能
遇到的各种生活风险,即"从摇篮到坟墓"的一切生活危险;社会
保障的目标应由国家和公民共同协力达成。至 1948 年,英国宣布
建成世界上第一个福利国家。至今,西方国家都已建立了完善的
社会保障体系,其理论流派也有了民主社会主义、新自由主义和中
间道路三派的区别。这些现代社会保障的理论和事件,使我国的
学者深受影响,并大量地学习引进。

　　三是来源于社会主义的社会保障理论。马克思、恩格斯所构想
的共产主义社会,不外乎是一个人人平等、人人有社会保障的"自由
人的联合体"。马克思在《哥达纲领批判》中表述了他的社会保障思

想,认为:"社会总产品首先应当做有关维持生产和扩大再生产的三项扣除,即第一,用来补偿消费掉的生产资料的部分。第二,用来扩大生产的追加部分。第三,用来应付不幸事故、自然灾害等的后备基金或保险基金。"马克思所说的第三项基金,就是国家社会保障基金。他揭露资本主义社会保障的实质,指出资本主义社会保障资金的来源就是工人自己创造的剩余价值,称必须"结束牺牲一些人的利益来满足另一些人的需要的状况"。明确了无产阶级的成长壮大和不懈斗争是催促社会保障诞生的动力。指明了消灭私有制、建立公有制基础上的社会主义社会保障的方向。新中国成立后,国家和社会开始关注社会保障问题,主要是以列宁的国家保障责任理论为依据,借鉴苏联的经验,建立了我国的国家保障和集体保障制度。

如今,社会保障思想呈现出国际化的发展趋势,超越了阶级性的意识形态之争,发掘了社会保障本身就包含的人道主义精神。1948 年 12 月 10 日,联合国大会通过的《世界人权宣言》第 22 条规定:"每个人,作为社会的一员,有权享受社会保障。"第 25 条规定:"人人有权享受为维持本人和家属的健康和福利所需的生活水准,包括食物、衣着、住房和医疗。"国际劳工组织 1952 年在国际劳工大会上通过的《社会保障(最低标准)公约》(第 102 号)是社会保障全球化的里程碑。1966 年 12 月 16 日,联合国大会通过的、我国批准加入具有法律约束力的《经济、社会和文化权利国际公约》第 9 条规定:"本公约缔约各国承认人人有权享受社会保障,包括社会保险。"2004 年 9 月在北京召开的第 28 届国际社会保障协会全球大会的主旨是"社会保障:确保社会公平"。大会通过的《北京宣言》认为:"世界上多数人在年老、残疾、死亡、疾病、工伤事故和失业等方面没有任何正规社会保障的保护,为了减少贫困和实现社会融合,必须将社会保障的覆盖面扩大到那些尚未从任何正规社会保障计划中受益的群体",应"让更多的人享有保障"。社会保障作为国际化普世的价值在全球得到了发展。

二、我国农村社会保障制度的发展历程

社会保障是一个很重要的经济和社会问题。社会保障的主要作用,是帮助人们降低生活和工作中可能遇到的风险,保障社会成员的基本生活,增强他们的生活安全感。国家通过实施社会保障实现劳动力的再生产和劳动资源的合理配置,平衡社会供求关系,减少社会之间贫富差距,促进社会公平;通过实施社会保障,保证社会成员的最低生活需求,消除社会成员的不安全感,实现社会的稳定发展。因而社会保障被誉为"社会安全网"和"社会减震器"。我国农村社会保障制度伴随着城市社会保障制度的产生和发展,经历了曲折和艰难的发展历程,大体经历了以下三个发展阶段。

(一)建立和发展集体化保障阶段(1949—1977 年):服从工业化积累资金的需要

新中国成立初期,依据中华人民共和国第一部宪法中"劳动者在年老、疾病或者丧失劳动能力的时候,有获得物资帮助的权利"的规定,逐步建立了劳动保险、困难补助、生活补贴、社会救济和农村"五保"供养等制度。1958 年以后在人民公社建立了敬老院、合作医疗、赤脚医生等简易的社会保障组织。"文化大革命"时期,已经基本社会化的社会保障体系遭到破坏和瘫痪,农村集体一样承担起了低水平的保障功能。在计划经济体制下,我国实行中央高度集权的计划分配制度,家庭、市场等经济保障功能基本丧

失,这个时期我国农村绝大多数农民基本处于国家的社会保障体系之外,当时实行票证制度,布票、粮票、糖票、油票,农民就是有钱都买不到商品。还有教育、公共设施、水、电、公交……都由政府补贴,但农民基本上享受不到,城里人还是比农民占有更多体制性的好处,城镇居民享有的就业、医疗、住房、退休金等福利项目,农民均无权享受。从人民公社到大集体时代,农民被数十年如一日束缚在土地上,除了上大学、参军之外,很难有机会转变职业。中国农民生产的粮食被以"爱国粮"的形式统一高额征收,其剩余价值被国家榨取。在仅存的商品交换领域,农民手中的商品也被高额的剪刀差隐性掠夺,甚至直接将手伸向农民的生存底线,征收农民赖以生存最为基本的口粮,酿成了三年饥荒。农民为工业化积累资金做出了巨大贡献。

(二)恢复和实施分权化保障阶段(1978—1988 年):分享经济增长的份额

1978—1988 年,我国农村实行了联产承包改革,实行了土地集体所有、家庭承包经营,建立了统分结合的双层经营体制,为农村居民提供了土地保障和家庭保障。有了土地就有了就业保障,生存保障,宅基地提供了住房保障。农村联产承包改革使得农民家庭的经济功能恢复,保障功能增强,国家连续提高农产品收购价格,允许农民从事多种经营和非农产业,促进了农业生产的发展和农民收入的提高。家庭承包经营制度在成为农民生活保障主要形式的同时,也相对扩大了农村居民就业和消费的选择自由,缓解了农民和土地之间的依附关系,农民可以一定程度地享有土地经营权,从农作物的选择到是否弃耕,农民均享有一定的自由,为部分农民流向城市转变为产业工人提供了外在条件,个人的自我保障意识增强。这一时期的改革有"去福利化"的倾向,国家的财政状况实际无力承担整个社会的保障福利;农村社会保障制度主要是农村扶贫制度的建设,而且强调开发式扶贫、生产性救济,充分体现了"效率优先、兼顾公平"的分配原则。这基本上与我国处于社会主义初级阶段的国情相符合。

(三)改革和发展制度化保障阶段(1989 年以来):抵御市场经济的风险

进入 20 世纪 90 年代以来,市场经济的风险愈加显现,两极分化严重,随着农村自给自足的以家庭为单位的自然经济的解体,城镇化、工业化、现代化进程的加快,意外事故和风险的增多,社会分工和就业多样化,家庭成员在地理上的分散,家庭用品和服务越来越需要社会来提供,使家庭保障和单位福利制度逐步消失,农村集体医疗制度也随着集体经济的削弱而取消,而相应的社会保障制度迟迟得不到建立和完善。这些情况的出现,需要一个有效的制度来解决,这就为农村社会保障制度的改革创造了客观条件。而原有的城乡社会保障并没有缩小市场带来的差距,农民用电还是要比城里贵,早几年要摊上一笔农网改造费,所以西北有些地方农民拉了电线但是不用灯,原因就是电费太贵。因此,建立现代社会保障制度成为完善社会主义市场经济体制的重要课题,社会保障进入制度化阶段。党的十四届三中全会出台的《关于建立社会主义市场经济体制若干问题的决定》中,提出建立与我国目前社会生产力发展水平以及各方面承受能力相适应的多层次的社会保障体系,并规定建立统一的社会保障管理机构。1998 年九届人大通过的政府机构改革方案中,组建了劳动和社会保障部,统一主管养老、医疗、失业保险等保障工作。在城镇大力推进的社会保障制度开始考虑进城农民工的社会保障,在农村进行了新型合作医疗制度、农村社会养老保险和最低生活保障等制度的试点工作,并逐步在全国农村推广试行,农村"五保"供养制度也改由国家财政负担,全面废除农业税,保护农业这个薄弱产业,免除农村义务教育阶段学费,开始了城市支持农村,工业反哺农业,多予少取的制度化保障阶段。

长期以来,我国城乡二元经济社会结构导致了城乡二元社会保障制度,城乡社会保障的发展存在着明显的差异。中国农村人口和城市人口被户籍政策人为地分裂为两个显著不同的层次。农民不仅是一种职业身份,更是一种阶层身份。农民并未享受得到与城市市民同等的待遇。农民社会保障与城市社会保障相比,不仅建立得比较晚,而且项目不全,保障水平也很低。我国现行的农村社会保障制度以非缴费的社会救助为主,国务院制定的《农村五保户供养条例》《关于在全国建立农村最低生活保障制度的通知》,民政部制定的《农村敬老院管理暂行办法》《救灾捐赠管理暂行办法》和《县级农村社会养老保险基本方案(试行)》,卫生部《关于建立新型农村合作医疗制度的意见》《关于实施农村医疗救助的意见》代表着农村社会保障制度的最高法律形式,虽然《宪法》第 45 条对社会保障做了明文规定,但是农村社会保障的立法在许多方面存在着空白,目前还没有系统的《农村社会保障法》,仅有的保障制度都是"条例""意见""通知"的低层次形式。农村残缺的社会保障远没有达到法律化和制度化。《中华人民共和国宪法》第 14 条规定,"国家建立健全与经济发展水平相适应的社会保障制度"。第 45 条规定"中华人民共和国公民在年老、疾病或者丧失劳动能力的情况下,有从国家和社会获得物质帮助的权利。国家发展为公民享有这些权利所需要的社会保险、社会救济和医疗卫生事业。国家和社会保障残疾军人的生活,抚恤烈士家属,优待军人家属。国家和社会帮助安排盲、聋、哑和其他有残疾的公民的劳动、生活和教育"。而农民实现这个权利还任重道远。

　　社会保障体系是否健全,这方面的法制是否完备,对一个国家的经济发展和社会稳定,会产生直接的影响。因而要十分重视和不断加强社会保障的建设。农民社会保障工作直接关系我党全心全意为人民服务宗旨的实现,关系维护人民群众切身利益,关系保证改革开放和经济建设稳定发展的大局。我国宪法明确规定了公民享有社会保障的基本权利。现已初步形成包括社会保险、社会救助、社会福利和社会优抚在内的基本社会保障制度。各地农村在改革社会保障制度、加强社会保障工作中,也积累了新的重要经验。对于发展农村经济、巩固基层政权、保障人民群众的基本生活起到了重要作用。我国有 8 亿农民,可以说农民不能充分享受社会保障,是不健全的社会保障体系。由于我国人口众多,地区之间、城乡之间发展不平衡等多方面原因,原有计划经济体制下的社会保障制度已很难适应新形势和新问题。目前,我国能真正享受到国家社会保障政策的农村人口还很少,社会保障体系存在着覆盖范围窄、制度不健全、管理基础薄弱等问题,尤其是农村社会保障能力还很脆弱。这既不能适应我国农村人口老龄化、城镇化和就业方式多样化的要求,也不利于建设社会主义新农村。因此,我们要更多地从注重公平、统筹城乡发展、促进社会和谐的高度,认识加快扩大农村社会保障覆盖范围对建设社会主义新农村具有的重要现实意义。

三、我国农村社会保障制度的基本评估

中国农村人口占全国人口的大多数,经济发展水平较低。受历史传统文化影响,我国农村具有家庭供养、自我保障、家族互助的长期传统。农民的社会保障是在传统家庭保障和土地保障基础上发展起来的。在农村,土地既是生产资料,又是生活资料;土地属于集体所有,实行家庭联产承包责任制,农民有了承包地就有了就业生活保障,宅基地则是农民的住房保障。在土地保障中,土地肥沃的,自我保障;土地贫瘠、自然条件差的,有灾民救济和最低生活保障;没土地的,参加刚开始的征地农民的保障。在家庭保障中,子女多的自我保障,子女外出打工的,参加农民工保障,参军的,有优抚安置;子女少的,有计生家庭奖励扶助政策,没子女的,参加五保户制度的救助。根据农村经济社会的发展特点,国家在农村实行与城镇有别的社会保障办法。具体而言,农村的社会保障项目有:1. 五保户供养;2. 灾民补助;3. 特困户生活救助;4. 农村最低生活保障制度;5. 计划生育家庭奖励扶助制度;6. 西部地区"少生快富"扶贫工程;7. 军烈属的优待抚恤安置;8. 新型农村社会养老保险制度;9. 农村新型合作医疗制度;10. 被征地农民的保障;11. 务工农民的保障;12. 农村老人、儿童、残疾人的社会福利制度;13. 教育、医疗、法律援助、住房等单项救助政策。

上述保障在学理上按保障内容可划分为社会保险、社会救助、社会福利、慈善事业、优抚安置等;按保障人群划分为农民社保、农民工社保、失地农民社保。按是否缴费划分为缴费和不缴费两种,社会保险要缴费才能享受,社会救助、社会福利则不需要缴费。如果按是否需要调查家庭财产,社会保障可划分为普遍性和选择性两种,参加新型合作医疗的对象具有普遍性;社会救助、社会福利的对象是选择性的、有条件的,不是人人都可以享有,需要调查财产的状况。

我国现今的农村社会保障制度建设始于改革开放之初,经济体制改革带来的变化动摇了国家——集体保障制度的经济基础和社会基础,家庭联产承包责任制的推行,使农村社会保障制度丧失了赖以支撑的集体经济基础,合作医疗制度几乎全面崩溃,五保户制度也一度遭受重大挑战。承包后的土地保障并不能抵御农户的生存风险,计划生育使家庭结构、社会结构也发生深刻变化,市场经济优胜劣汰的风险,经济主体多元化,劳动力市场化,收入差距扩大及由此带来的社会阶层分化,集体与政府,个人与国家,集体之间的利益追求由过去的一致走向分离,原有的国家——集体保障制度不可能适应这种经济社会的变革而必须改革。否则,社会稳定协调机制就可能成为社会冲突的致因,对市场经济发展和社会进步造成损害。经过三十年的探索实践,农村社保体系加速建立,保障功能日益强化,覆盖城乡目标明确,2004年3月,"国家建立健全同经济发展水平相适应的社会保障制度"被写入宪法。在农村,最低生活保障制度已经全面建立,新型合作医疗改革试点加快推进,新型农村社会养老保险制度正在积极试点中,农村社会保障制度已初步形成框架体系,整个社会保障体系加速发展并走向相对定型。

(一)农村社会救助体系逐步健全和规范,最低生活保障制度基本建立

目前我国农村社会救助体系建设,已经从点逐渐向面上扩展,从临时救助向制度性救助转变,社会救助体系框架逐步健全和完善。农村最低生活保障制度在各地逐步扩大范围、不断积累工作

土房子

经验的基础上,已经迈入在全国加快建立制度的新阶段。同时,规范农村低保制度的国家层面的有关政策法规正在研究制定当中。2006 年温家宝总理签署国务院令,公布《农村五保供养工作条例》,实现了供养资金安排向国家财政为主的历史性转变,五保供养各地普遍采取分散和集中相结合的方式。农村救灾减灾形成了政府主导、分级负责、民政牵头、部门配合的管理体制和运行机制,救灾应急响应迅速、灾民生活救助、灾后倒房重建工作比较到位。农村的临时救助、特困户救助也在实际落实中不断得以规范。贫困人口基本生活得到保障。

农村社会救助体系在不断发展的同时也存在一些问题,主要体现在:《社会救助法》没有出台,农村低保制度设计中保障对象甄别难、收入测算精确度差、保障水平较低,中西部地区农村贫困面广、低保资金来源迫切需要中央和上级财政支持。农村五保供养应保未保、五保对象医疗难问题突出,很多地方缺少敬老院且设施陈旧、管理落后。自然灾害风险管理工作的领导体制、部门协作机制还不够顺畅灵活,灾害救助评估标准、科学的资金分担设计等都需要完善和改进。

(二)农村养老保险在反复中探索推进

我国农村社会养老保险制度的探索已有二十多年的历史,历经 20 世纪 80 年代中期的试点阶段,90 年代是推广阶段。1992年,民政部发布实施了《县级农村社会养老保险基本方案》,推动农村社会参保人数的不断上升。此后,由于政策变动,养老保险基金增值难和农民本身对养老保险的认识不高等原因,进入 90 年代后期,全国大部分地区农村养老保险出现了参保人数下降,正常工作陷入停顿的衰退状态。有鉴于此,国务院在调查研究的基础上,认为当时我国农村并不具备普遍推行养老保险的条件,并对农村养老保险政策进行了重大调整。2006 年劳动保障部选择北京大兴区等 8 个县市区,启动了新型农村社会养老保险制度建设试点。试点地区通过加大政府引导和支持力度、建立参保补贴制度、动态缴费和待遇调整机制等方式,在新的探索中取得了一定的突破和进展。但仍存在一些问题:一是西北农村基本没有农民的养老保险制度;二是国家层面指导和规范新型农保制度模式、筹资方式、政府补贴、待遇调整、工作机制等重要内容的政策法规缺乏,各地模式不统一,难以实现农保跨地区的高效流动和无缝对接;三是财政补贴力度小,集体出资部分难以落实,缺乏稳定的资金支持,影响农民的投保积极性,没有针对贫困老年农民需要的养老补贴。四是投资管理政策不完善,办法不统一,基金保值增值难。2009年全国开始在 10% 的县(市、区、旗)试点建立新型农村社会养老保险制度,到 2020 年前基本实现全覆盖。新型农村社会养老保险试点的主要内容包括两个方面:一是实行基础养老金和个人账户养老金相结合的养老待遇,国家财政全额支付最低标准基础养老金;二是实行个人缴费、集体补助、政府补贴相结合的筹资办法,地方财政对农民缴费实行补贴。中央财政对中西部地区最低标准基础养老金给予全额补助,对东部地区补助 50%,确保同一地区参保农民将来领取的基础养老金水平是相同的,这体现了新农保制度的基本性、公平性和普惠性。地方财政对所有参保农民给予缴费补贴,对农村重度残疾人等困难群体代缴部分或全部最低标准保险费,对选择较高档次标准缴费的农民给予适当鼓励。个人账户养老金依据本人缴费多少和年限长短,有高有低,多缴多得、长缴多得,反映了个人收入、地区发展、集体组织实力等方面的差距,体现了权利与义务相对应的原则。对没有参加养老保险的,已到60 岁的老年农民,只要符合条件的子女参加养老保险,国家给老年人发放基础养老金,现在中央统一确定的标准是每人每月55 元,这一部分资金在中西部地区全部由中央财政支付。

(三)失地农民和农民工社会保障有所进展

失地农民的社会保障不同于有地的农民和市民,农民工的社会保障因流动性导致"人保分离",也不同于农民和城市职工,他们的社会保障受到"身份制约"和"户籍制约"。2004 年 10 月,中央政府发布了《国务院关于深化改革严格土地管理的决定》,对现行征地制度做出了重要改进:第一,对征地补偿提出了先保后征的要求。征地补偿安置不仅要使被征地农民保持原有生活水平,还要使被征地农民的长远生计有保障。第二,对被征地农民的安置途径提出了更加明确的政策。在城市规划区内,当地人民政府应当将因征地而导致无地的农民纳入城镇就业体系,并建立社会保障制度。2008 年年底有 17 个省出台方案,将失地农民纳入基本生活保障和养老保障,1300 万失地农民得到不同形式的社会保障。中国农民没有地权,自己不可能卖地,但可能被"征地"而赤手空拳流入城市。由于目前的"货币补偿"及"招工安置"政策的单一和弱化,一部分农民的长远生计无保障,变成了"种地无田、做工无岗、社保无份"的"三无农民"。他们也不能在城市占地建立简易住房,又租不起更买不起常规住房,成为"两栖人"。因此,各级政府对失地农民的社会保障十分重视,按照即征即保,确保他们的生活水平不因征地而降低,个人和政府共同负担的原则,规定地方政府从土地出让价款中划出一定比例,由社会保障部门建立失地农民个人保障金账户,再加上征地中农民获得的部分土地补偿和安置补助费用,按照略高于当地城镇居民最低生活保障标准,为失地农民提供养老保险。对符合规定纳入养老保障的被征地对象到法定年龄后,可按月获取不低于城镇最低生活标准的保障金。但目前,失地农民的社会保障还没有纳入国家政策层面,进行未雨绸缪地系统设计。由于物权法没有明确界定"公共利益"的范围,没有严格而完善的公开公平的征地法律程序,农民的话语权、知情权、参与权得不到保障,没有按市场规律对失地农民进行补偿,失地农民存在救济申诉难的现象,各地探索试验的社会保障模式不一,政策的稳定性和长效性不足,对完善政府征地制度、科学设计补偿安置标准,多渠道引导就业、扶持创业的实际要求反映强烈。

窑洞

　　2006 年 3 月《国务院关于解决农民工问题的若干意见》规定，农民工应该与城镇职工一样同等参加各项社会保险。在五大保险中，到 2008 年年底，参加工伤保险的农民工人数为 4900 万人。参加城镇职工基本医疗保险的农民工人数为 4200 万人。参加城镇企业职工基本养老保险的农民工 2400 万人。参加失业保险的农民工 1500 万人、生育保险基本与大多数农民工无缘。2.3 亿农民工的社会保障覆盖有了推进，其思路主要套用城镇社会保障模式，取得了一些好的经验。① 但总体上，城镇社会保障体系基本上没

---

　　① 李学举：《国务院关于农村社会保障体系建设情况的报告》，《社会保障制度》2009 年 10 月。

有覆盖农民工,不给外地户口的农民工上保险。先要在解决农民工有保障的基础上,再解决转移接续问题。在金融危机的影响下,全国有2000万农民工失业,而他们没有失业保险。目前很多政策造成了农民工回不去农村,又融不进城市的现象。由于中国的社会保障系统还没有形成全国的网络,甚至一个省的网络都没有形成,一个民工在一个地方打工,当他到另外一个地方去,他交的保险可能就不算数。所以,在广东每到过年以前都是几万、十几万、几十万民工要求退保,不要保险,而且一些劳动部门人员故意刁难,有的农民工连个人账户缴的8%的钱都要不回,养老保险都白交了。这在世界上都是罕见的,因为中国的保障系统不能联网、不能使流动性比较强的民工把自己的医疗费用报销。旧的"在一个地方缴费十五年就可以享受养老保险待遇"的规定,不能适应农民工流动性强的现实。现在认识上分歧较大,有的认为让农民工回乡参保;有的认为纳入城市,逐步统一;有人认为专门给农民工设计有稳定职业和无稳定职业的两种社会保障方案供农民工选择。现在要以"分段计算"的办法即"工作地缴费,分段记录,退休地发放"的模式,解决社会保险关系转续问题。《养老保险转移接续办法》2009年出台,缓解转移接续难的问题:第一,通过降低农民工参加养老保险缴费比例来使更多农民工有能力参加养老保险;鼓励农民工不退保,以保护农民工的利益;第二,通过对每一个参保人的统筹权益和个人账户的记录以及部分统筹基金跨地区的资金转移来保证他们这种权益的延续和累积;第三,设计了和新型农村养老保险等政策的衔接,如果回到农村去,就可以在农村的养老保险体系里支付,如果是留在城市或换城市打工,就按照城镇职工的养老保险计算办法折算支付或转移,使他们的权益继续得到保障。

（四）农村合作医疗试点在强力推进中实现全覆盖并由试行走向定型

农村的合作医疗经历了制度创设、试点、解构与重建的制度演变轨迹。2003 年国家承诺在新型农村合作医疗筹资中负主要责任，并进行了新型农村合作医疗的试点，取得了明显的成效：基本形成了合作医疗的制度框架和运行机制，参合农民抵御大病风险的能力得到一定的增强。农村合作医疗在政府的强力推进下，实现了 2008 年在全国农村基本普及新型农村合作医疗制度的目标，目前面临一些技术难题需要破解：一是只保大病易引发参保逆向选择问题，实际只有 3% 的参合农民报销 40% 的费用，只保大病，受益面小；二是现行筹资水平和报销比例低，难以为农村居民提供有效的大病医疗保障；三是合作医疗的筹资和管理成本较高，向农民收的 20 元，不如取消。农村合作医疗制度实现平稳高效运行必须不断破解这些难题。由试点转入制度化阶段，不断提高保障水平。2010 年政府补助提高到了每人 120 元，报销比例也提高到 60%。《流动就业人员基本医疗保障关系转接接续暂行办法》从今年 7 月 1 日开始实施，流动人员跨省就业时可以转移自己的医保关系，个人账户也可以跟随转移划转。并且随参保人身份的变化，城镇企业职工基本医疗保险、城镇居民基本医疗保险、新型农村合作医疗三种不同类型的医疗保险关系，也可互相转移。进城打工的农民工，可在就业地参加当地的职工基本医疗保险，回农村后可带回，转为新型农村合作医疗保险，而且不会中断。

（五）中国农村社会保障制度状况的基本评估

中国在计划经济时代给农民提供了虽然是低水平但却相对完备的福利。在农村，基本每个乡都建有小学和赤脚医生制度，给农民提供基本的教育和健康。诺贝尔经济学奖得主、印度裔经济学家阿马迪亚·森曾说，评价中国的改革，不能忘了一个重要因素，即人力资本，而人力资本又来自于计划经济时代提供的基本的健康和教育，尤其是给农民提供的基本健康和基本教育。我认为这一评价是很中肯的。农民也认为现在正向"种地不交税、上学不付费、看病不太贵、养老不犯愁"的目标迈进。

笔者认为，农村社会保障是中国社会保障的薄弱环节，尤其是西北农村的社会保障与全国相比是统筹区域发展的短板，还存在发展不平衡、覆盖面低、保障水平低、可持续性弱、统筹层次较低、制度建设滞后、基层管理薄弱等问题。根本达不到有的东部农村所谓的上学不要钱、看病不要钱、养老不犯愁的目标。而现有的社会保障是"城市本位"，农民不是保障关系的主体。2004 年修宪对这个问题也没有一个完整的修正，而只是提及"国家建立健全与经济发展相适应的社会保障制度"。党的十七大报告要求建立城乡一体的社会保障制度；在今后立法时，应就城乡一体的社会保障设计相应的新制度。过去中国城乡公众有限享受的由国家和集体承担的医疗、教育、住房、养老等社会福利在市场经济改革中所剩无几。打破平均主义大锅饭，可以树立个人的保障意识。但是，现在只强调个人利益，不讲政府责任，社会责任，互助共济，认为社会保障是劫富济贫也不对。改革的"甩包袱"在农村主要是医疗，农村的合作医疗 1984 年以后就随着公社制度的瓦解没有了，权利匮乏和不公使不断加重的医疗、教育和住房问题日益突出。我国改革开放以来,形成的农村社会保障制度是我国农村社会保障框架的主要构成部分,各项制度针对不同的保障类型、保障目标,具有各自的政策规定、保障水平和操作办法,解决了农村存在的实际问题,为中国农民初步编制了社会保障网络。三十年来中国经济迅猛发展,积累了巨大的财富,为建立社保制度奠定了物质基础。不过,中国农村社会保障发展远远滞后于经济发展,使社会矛盾激化。

我国传统的农民社会保障是家族成员间的资助、寺庙慈善机构的施舍和村集体的救济。现在除了新型农村合作医疗,没有全国性的、全覆盖的农村社会保障,只有区域性、地方性的、等级性的、特权性的社会保障制度。城乡之间、地区之间、行业之间、村村之间、村民之间的社保分割而且都不相同。不仅农村社会保障政策碎片化,而且有的社保政策相互矛盾,需要清理,如有的地方将农村新型合作医疗收取的十元列为减轻农民负担的乱收费。如果说改革开放之初,"让一部人、一部分地区先富起来"是正确的激励制度,那么,未来一段时间,让那些由于历史性、体制性、政策性因素,缺乏社会保障或者社会保障程度低下的群体"先保障起来"(其实是把他们过去欠缺的保障优先得到补充),应该成为我们重要的民生战略。没有社会基本保障服务的均等化,我们就不能说实现了全面小康,也不能说是合格的社会主义。自由主义和福利主义不一定是对立的,两者可以并行不悖,要改变先经济改革、后社会改革的模式。当前农村的社会保障框架还不够成型和完善,特别是缺乏农民的养老保障,社保的区域差别较大,财政投入向农村倾斜的力度不够,保障范围有限,保障水平较低,制度上需要加以系统设计和完善,体系上需要加以科学健全与规划,与城镇社会保障制度的有机衔接方面,不能适应农村劳动力向城镇转移和农村城镇化加快发展的形势,需要不断创新制度设计,以由家庭、土地和社区保障为主的传统保障模式向适应现代市场经济体制的权利保障模式适时转变,是农村社会保障制度建设无法回避的重要课题。

第三章　农村社会保障制度
发展需研究的议题

　　我国农村社会保障制度建设在社会主义新农村建设的大背景下,具有良好的推进机遇,如何把握住机遇、创新和改进制度,宜对今后的若干发展议题做深入研究。

一、农村社会保障制度的发展定位问题

　　中国农村社会保障建立的背景是城乡二元结构的社会,这在绝大多数西方发达国家是不曾有过的。西方国家在工业化、城市化过程中产生的大量工人与我国的农民工有很大区别。我国农村传统的家庭保障和土地保障越来越不适应今天的现实。随着农村社会现代化和家庭小型化的发展,以及农村人口城镇化和农村劳动力向非农产业转移的加快,原有的家庭保障功能正在不断弱化。由于我国人多地少,以及土地被大量征用,农村土地的保障功能也在变弱。因此,必须根据我国国情,加快建设具有中国特色的农村社会保障体系。传统的社会保障不适应中国农村社会保障新的问题,农村的社会保障也不同于城市的社会保障。农村社会保障如何定位? 为什么社会保障被誉为"社会安全网"和"社会减震器"? 就是因为有人替你埋单,就是自己不能保障自己,要由别人来替你

保障。农民自己干活养活自己，自己耕田养老或养儿防老，都不叫社会保障。如果这叫社会保障的话，全世界自从有人类以来都有社会保障了。我们不能因农民有土地就拒绝农民的社会保障，如果这个埋单者不是国家，可以考虑是别的。比如说国家现在能力有限，还不能搞公费医疗，那可以有别的替代形式，我们国家现在还不是福利国家，可以由企业、家族、社区、合作社、非政府组织等来负责，但是，社会保障从来不能解释为某个经济要素的作用。土地本身是不承担保障功能的。现在没有农民的社会保障，不能说因为农民有土地保障，况且农民看不起病，也因没有土地的所有权，农民不能卖了地去看病。因此，农民社会保障的含义就是社会承担保障的责任，而农民享受保障的权利，不能把权利义务颠倒。

在农村建立社会保障制度，有其必要性：一是完善社会保障体系的需要；二是保障人权的需要；三是最大限度实现国家长治久安、社会公平和社会稳定的需要；四是实现农村权利义务平衡的需要；五是降低人口出生率，平衡性别比例，巩固计划生育政策的需要；六是防范金融危机，扩大内需，促进农村消费，进而促进经济发展的需要；七是家庭小型化、老龄化、城镇化的需要。社会保障是社会主义制度优越性的体现，在农村没有社会保障制度，会产生以下问题：一是严重影响国民经济又好又快发展；二是严重影响全面建设小康社会和现代化建设的顺利推进；三是严重影响和谐社会建设。农村社会保障制度具有保障农民基本生活、调节收入分配、拉动经济增长、维护国家长治久安和社会稳定、扩大内需、稳定计划生育政策的重要作用。

从发展历程看，我国农村社会保障制度建设一直遵循一种政府强制性制度变迁的路径，有值得肯定的地方，但在一定程度上忽视了对农村社保制度发展定位的深层思考。城市和工业的风险高于农村和农业,城市矛盾风险集中,农村风险分散,有季节性。对农村社会保障特殊性定位的偏差主要体现在:一是对农村社保制度的需要、功能认识有偏差;二是对农村社保制度的系统构建有偏差;三是对农村社保制度的责任划分定位有偏差。定位上的偏差,影响了中国农村社会保障制度建设在系统、稳定的发展轨迹上平稳运行。

中央提出了构建和谐社会和建设新农村的战略,新一届政府高度关注社会民生问题,农村社会保障工作是政府施政安排的重要内容和抓手,无论是对原来农村的社会保障工作进行简单修补增减,还是在既有基础上进行科学设计和系统推进,都需要在农村社会保障制度建设的许多重要方面、城乡社会保障的差异、特点的认识上,作深入的定位思考。

1. 城乡二元社会在社会保障制度设计上的出发点、侧重点

在中国城乡二元社会,乡村是社会的主体,农业是民之本业,农民没有工资收入,农业的生产周期长,妨碍国家乡村治理目标实现的农村社会问题主要表现在,灾害对农业生产的破坏、饥荒对农民生存的威胁、贫富不均造成的贫民生计困难等方面。与之相对应,中国的备荒仓储制度、灾荒的勘报赈济制度发育得很早,而且很早就产生了赈济与水利事业相结合的以工代赈制度,形成了以不交费的社会救助为主的社会保障体系。随着市场经济的发展,农业经营的风险在增大,社会救助的保障更加需要。相对于乡村而言,城市是工业、权力、财富、物资、人文的荟萃之地。城市总是体现为不同地域范围的政治、军事、经济或文化中心,在维持地方社会秩序中发挥着关键作用。由于工业生产的风险高于农业,同时城市生活的主要目标就是利用城市资源比较集中的优势来保证市民安全地享受城市相对优越的政治、经济、文化生活。这一要求

和目标也正是城市社会保障制度设计的出发点。妨碍这一目标实现的障碍主要是失业、工伤、乞丐、物价暴涨等城市社会问题,因而对这些问题的防范、救助和缓解就成为城市社会保障制度安排的侧重点,形成了以缴费的社会保险为主的社会保障体系。城市中社会保障机构的林立与乡村中社会保障机构的分散形成鲜明对照。在城市中,大多数社会保障机构本身就是政府机构和设施的重要组成部分。与政府、司法、监狱等硬控制手段相比,社会保障机构以社会问题调和者的面目出现,设收容所以安流浪者、立福利院孤儿院以收弃婴……一方面在一定程度上解决了人们的实际困难,另一方面承载了很强的社会教化功能,向社会昭示政府的恩惠,从而达到缓解城市社会矛盾、稳定城市社会的目的。从这种意义上看,城市社会保障体系是一种有韧性的社会控制手段。

2. 城乡社会保障手段、措施和作用方式的差异

城乡社会保障制度设计的出发点、侧重点的差异在一定程度上决定了城乡社会保障手段、措施和责任承担方式等方面的差异。乡村的广袤和分散使其对社会问题有较强的承载能力,由地方和民间保障机制来解决乡村自身的问题。城市是权力的结点和经济文化中心,同时也是社会问题的会聚之地,因此,国家的社会保障机构一般集中分布在城市,它们与其他权力机构相互配合,共同缓解政府眼皮底下的问题。当政府力量不足时,社会力量也会被设法纳入政府的社会保障系统;本地力量不足,则动用行政机器跨地区调动资源。可以说,城市是社会保障系统集中发挥作用,得到"阳光"较多的区域,而乡村则是离社会保障系统较远,分散发挥作用的区域。

在社会保障责任的承担方式上,乡村社会保障的责任主体和救助对象之间凭借较初级的连接纽带结成紧密的互助关系,宗族贫富

成员之间、业佃之间、戚友之间、里邻之间以面对面和"帮到底"的方式济贫、解困、救患。也就是说,乡村社会保障更多地体现为熟人间直接的责任承担方式。城市则没有像农村"血缘——地缘"关系进行的初级社会保障机制,城市社会保障是陌生人之间的制度性保障,集中养济、短期救助等间接、临时和应急的形式出现,更多地体现为间接的责任承担方式。

城市和乡村不同的社会保障目标和任务也使得城乡社会保障呈现出不同的季节性特点。青黄不接的春夏之交对于农村社会保障有着很特别的意义,在这个时段,种子和口粮的短缺形成迫切的社会保障需求,农村富户对贫户的救助与借贷等多发生在这一时段。农忙时节也是农村社会保障机制的高频率运转时段,对缺乏劳力、农具的贫难户、鳏寡户、幼弱户的帮助以及村民之间的换工互助多发生在农忙时节。城市中,冬、春季节则是社会保障至关重要的季节。一些农村的贫穷者多在冬季流入城中觅食。年节时打工拿不到工钱的农民工回不了家乡,春季找不到工作的农民工使得城市保障压力加大。一些平时财力有限的收养收容机构一般在冬季会加大收容、收养的力度,政府也会在此时开展送温暖的慰问活动,工会、慈善组织也会增加对棉衣、草褥、医药等过冬物品的馈送。一些城市因此形成了有特色的"冬赈"献爱心制度。

城市和乡村社会保障的覆盖面也有较大的差异。乡村社会保障立足于本乡本土,主要借助相对初级的社会保障机制解决自身的生存和生活保障问题,社会保障的覆盖面与社会保障机制的"口径"基本吻合,并尽可能将问题抑制在自身的保障范围之内,是一种覆盖面较小的社会保障。而城市社会保障则是覆盖面较大的社会保障,放眼于以自身为中心的整个辐射区,它不仅解决"城墙内"的社会保障问题,也解决溢出农村社会保障机制的社会问题。城市是社会矛盾和社会问题集中的地方,在某种程度上成为社会治乱敏感的信号器,从而也促使新的社会保障滋生。面对社会发展中不断出现的问题和风险,保障制度常常显得不够用,政府不得不对原有的制度设计进行调整。一些新的制度设计或保障机制随之产生。例如,慈善组织的出现,政府社会保障机构日益向官民结合的社会保障机构演变等都是城市在应对社会保障需求的过程中,社会保障新因素孕育和产生的例证。可见,城市社会保障的运行具有更多的包容性、变动性,因而也含有更多的进步意义。

二、城乡社会保障制度的统筹发展问题

只有树立大保障观念,统筹城乡社会保障制度,才能实现社会保障的公平。现在社会成员因身份不同享有不同的社会保障,公务员不存在失业保险的问题,公立的事业单位不交养老保险,工人则"五险"都买,农民则残缺不全。浙江大学教授米红著《中西部农村社保制度的模式选择》提出了"保基本、分层次、有差别、广覆盖、可持续"的农村社会保障原则,认为中国的社会保障制度应该走城乡统筹的发展轨迹,最终实现全国的制度统一和城乡覆盖,但在方法上城镇和农村应形成有差别的两套社会保障制度体系。这就有了大一统和先碎片化再统一的不同路径。先碎片化的观点是建立在对当前我国城乡经济社会的二元结构和区域差距大的基础之上,考虑从工业化社会引进的现代社会保障制度不能完全地移植到以小农经济和封闭性生产为特征的农村社会,因此,这类观点更符合计划经济体制时代农村社会保障的建制思路,也是中国农村社会保障制度建设的初始逻辑。诚然,延续城乡二元体制的经济社会条件还一定程度上存在,这种社会结构在短期内也不可能

自行消亡,但是,城乡二元化发展路径毕竟只是经济社会发展的特定阶段,从长期来看,城乡一体的趋势在市场机制的驱动下将不断加快。提出农村社会保障制度向城镇社会保障制度的对接,逐步实现城乡一体化的国民社会保障体系,才能在逐渐消除城乡二元社会结构的过程中,更好地解决农民变市民、传统农民转变为现代农民的社会保障问题。

农村没有社会保障制度是歧视性的、不公平的、有违人权的。有社会保障的国家不一定是社会主义,没有社会保障的国家一定不是社会主义。要逐步推进城乡一体化的社会保障。走渐进式、梯度推进的路线固然现实,而对保障项目和保障水平的统一普惠统筹留下了尾巴,需要精心设计。打破城乡体制分割,改变重城市轻农村的发展趋向和不平等,是当前的工作重点。农村先从无到有,然后逐步缩小城乡差距,清除对接障碍,实现城乡社会保障的逐步完善,均衡发展,关键是中央等各级政府筹集资金,而且在认识上不能是恩赐施舍性的。社会保障权的主体是每个公民,义务主体则是国家。统筹城乡社会保障发展的思路是:正确处理各项社会保障关系,把农村社保作为政府的一项重要工作来抓,培育农民社会保障意识,创新社会保障理念,促进农民社会保障权益维护,加大社会保障资源整合力度,完善社会保障制度,推动社会力量积极参与社会保障体系建设和提供服务,扩大社保覆盖面,提高社保服务有效性。目前重点是:建立完善新型农村养老保险制度,最低生活保障制度和新型合作医疗制度,加快解决失地农民和农民工的社会保障问题,完善农村社会救助制度,通过法律手段将社保制度和保障服务引向农村、惠及农民,建立城乡统一平等的社会保障制度。

城乡社会保障之间的巨大差异并不表明城市和乡村在社会保

障领域是相互对立的,相反,城市和乡村之间从一开始就保持着千丝万缕的联系。相对于乡村而言,城市不仅是地理空间的中心和经济文化的中心,同样也是社会保障的中心。城乡之间在社会保障领域的对接和互动突出地表现在城市对农村社会保障问题的受纳、消解,以及城市社会保障的制度和机构日益向乡村延伸两个方面。在一定意义上可以认为,乡村将自身变迁中难以克服的问题"输送"到城市,由城市利用其较为充足的资源加以解决。在本身资源缺乏时,城市又可通过区域、城市间的协调较快地获取资源,城市的这种资源优势有效地缓解了农村社会保障系统手段和资源匮乏的问题。从社会保障的运行机制来看,城乡间的这种社会保障互动实际上是一个财富的再分配过程。农村问题"进城"和城市对这些问题的受纳与消解可视为借助社会保障制度实行的再分配,它将从乡村中获得的财富部分地"回馈"给乡村。另一方面,城市社会保障机构日益向基层延伸,在乡村或靠近乡村的市镇上出现直接服务于乡村的社会保障机构。城市社会保障机构的社区化和向乡村延伸是社会保障事业发展的总体趋势。同时,源于城市的社会保障管理制度、模式和理念也日益向乡村渗透,这些都可视为城市社会保障机制对乡村的一种"回馈"。

当前,应该采用渐进式创新路径,实行梯度推进,城乡整合,逐渐实现社会保障制度一体化的统筹发展思路。统筹城乡社会保障的发展,当前应当注意四个方面:一是破除传统观念与认识误区。将城乡二元分割体制视为一种固化的模式,在考虑政策措施、进行制度设计时,总是自觉不自觉地偏离城乡统筹的原则,沿袭城乡分割的思路;将社会保障与经济发展对立起来,把发展社会保障视为负担。二是重点解决好进城务工人员和已经转变为城镇居民身份的原农村居民的社会保障问题,这部分人群的生产生活方式与城镇居民无异,是现阶段统筹城乡社会保障的重点人群,把他们的社保先变成市民的社保。三是对城乡现有的保障项目进行梳理。从适应城镇化需要和吸收进城农民工的角度,对现行的城市社会保障制度进行改革、完善与整合;对有缺陷的制度加以完善,缺失的制度加快建立,实现社会保障待遇城乡间的均等化。四是统筹发展的基本原则。统筹城乡社会保障发展,不是简单的实现保障项目的同一,不是追求保障水平的一致,而是要转变重城镇轻乡村的发展偏向,坚持一体化的政策导向,打破城乡的体制分割与对接障碍,实现城乡社会保障的逐步完善、逐步过渡、均衡化发展的常态。我们长期将社会保障的关注点放在社会保险上,其实是不太正常的现象,因为忽视了农民这个困难群体的需求和老年人、残疾人等的福利和救助需求。应当确立乡村优先的战略,公共资源投入应当优先考虑并满足农村居民的社会保障需求,并在满足这种需求的过程中尽可能地消除城乡居民的身份差异,做到目标要坚定,路线要渐进。

三、农村社会保障体系的完善问题

2006年党的十六届六中全会决定:逐步建立社会保险、社会救助、社会福利、慈善事业相衔接的覆盖城乡居民的社会保障体系。党的十七大提出要以社会保险、社会救助、社会福利为基础,以基本养老、基本医疗、最低生活保障制度为重点,以慈善事业、商业保险为补充,加快完善社会保障体系。当前我国农村的社会保障制度,主要包括农民的最低生活保障、农村合作医疗、失地农民的保障以及农村的社会救助制度等内容。这个制度体系总体上看,有以下缺点:一是体系不完整,制度残缺,农民养老等很多保障

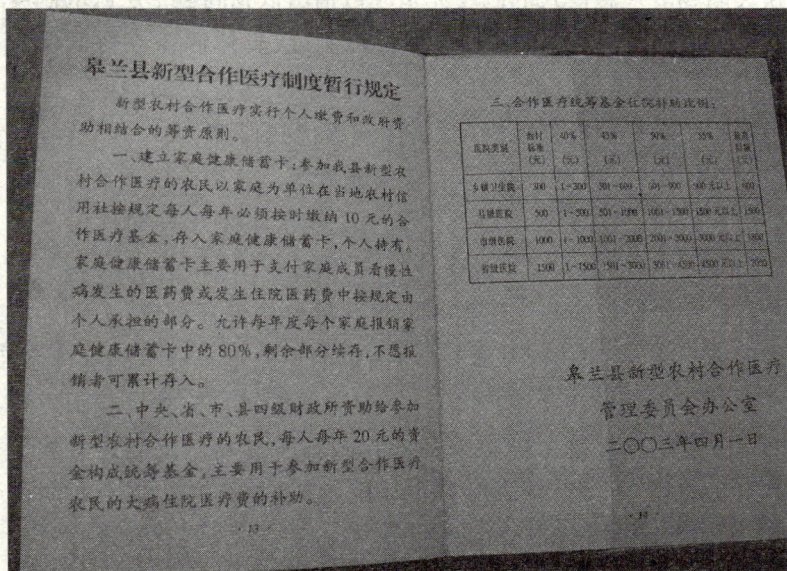

合作医疗

需求得不到有效的制度保障。随着市场经济的发展,农业产业化经营的市场和自然风险在增大,这方面的保障也需加强;二是县级保障层次低,社会保障网络不能覆盖全体农民;三是制度化建设滞后,保障模式根植于传统自然经济,不能适应市场经济和社会发展需要;四是地区差异性明显,甚至村与村都有差距;五是缺乏社保的程序性规定,如社保资格的可诉性和社会保障权益的维护救济,就是程序正义的必备条款。经济发达地区的农村社会保障较中西部地区要完备,项目试点地区的社会保障较未试点地区要完善。解决这些问题需要对当前的农村社会保障体系进行制度体系扩容与单项制度的完善。为此,首先,需要按照十七大的要求,明确现阶段农村社会保障制度体系的构成内容,改变当前农村养老保险缺失问题。理想模式的制度体系应包括由低到高三个层次的制度结构,即初级层次是基本民生性保障制度,具体涵盖农村低保制度、农村五保供养制度、灾民生活救助制度、医疗救助制度。二级层次是福利导向性保障制度,具体涵盖优抚保障、农村养老保险、农村合作医疗、教育救助、生育保险制度等。这两个层次的保障制度应在农村全面实现制度普及。三级层次是发展导向性保障制度,具体包括涵盖农民工的失业保险、医疗保险、养老保险、各类财政补贴的农业保险等。根据不同地区的经济发展程度,合理地搭配保障制度,按照确保基本、梯次渐进的思路逐步健全制度体系。其次,需要对当前农村的各项社会保障制度进行完善。我国农村的各项保障制度都不同程度地存在亟须改进与完善的环节和方面,应在制度执行和政策落实过程中不断完善和优化,提高保障水平,重点是找到制度设计中的缺陷、制度执行中的困境,有针对性地进行科学规范和系统改进。

四、农村社会保障的管理体制问题

高效、顺畅的管理体制是好的制度和政策得以贯彻落实的条件。我国农村社会保障的管理体制基本形成了政府主导、条块结合、部门负责、基层落实的管理体制。目前,这个管理体制的主要问题集中在以下几个方面:一是有关农村社会保障的政策制定、财政预算、管理操作等责任在中央—省—市—县—乡(镇)五级政府间还未完全理顺。政策制定上下级之间缺乏有效沟通,致使上级制定的有些保障政策、保障标准与农村实际情况多有出入。农村的社会保障基金由地方各级政府的下属机构来管理,基金被挪用、挤占和挥霍严重,监督不够。管理执行的责任由基层政府承担,但工作经费、工作设施、工作人员却得不到有力的保证,制度的交易成本强制性地转嫁给了基层。农村社会救助、养老保险等工作在体制不顺的约束之下,随意性、变通化等问题还时常出现。社保基金的筹资途径及运作机制不规范,挤占挪用和盲目投资现象严重,社会保障水平较低。二是体制高度分散、多头管理、政出多门,甚至政策打架,降低了社会保障的整体联动效应,导致社会保障碎片化。社会保险由社会保障部门管理,社会救助和社会福利由民政部门管理。具体到城镇和农村的养老保险、医疗保险、社会救助、抢险救灾等涉及劳动和社会保障、卫生、民政、水利、地震、农业等部门,就是同一的医疗保险,城镇职工和市民的基本医疗保险由劳动和社会保障部门管理,农民的新型合作医疗由卫生部管理,城乡医疗救助由民政部门管理,相互之间在政策协调、资金统筹、信息共享、管理执行等方面还缺乏整合调度、协调配合。互不联通,无法实现社会化管理。统筹层次低,不能体现社会保障的整体性、互济性。机构重叠,造成人力物力的很大浪费。三是责任主体的责任分担界限模糊。由于部门分割、政策分割导致的社会保障制度安排与相关政策不协调;一些政府职能部门的职责分工不规范、不明确,因此,在政府与企业、社会、市场以及家庭和个人的社会保障责任边界仍然不够清晰,致使无法准确把握政府在社会保障制度中的责任大小,也难以充分调动其他各方在社会保障制度建设中的积极性和主动性。同时,中央政府与地方政府之间的职责划分不尽合理,致使中央政府的压力持续加大。管理体制存在的问题已经成为当前落实农村社会保障制度亟待解决的问题,如果不在制度建设过程中加以改革和完善,势必制约农村社会保障制度的发展。用集中管理取代分散管理,用垂直管理取代属地管理,让缴费义务的责任主体参与管理和监督来完善目前部门分割、地区分割、权责不明、难以有效管理和监督的现象。保费征缴机构统一,取消部分地区由税务机构代征社会保险费的体制,同时让国家财政退出直接管理社会保险事务的格局,让社保机构切实承担起自己应承担的责任。

社会保障作为专业性和层次性较强的工作,强调在政府职能部门之间合理分工是提高公共行政效率的必然要求。问题的关键是如何在政府统揽的同时,更加合理地实现职责切分,消除产生不和谐的体制性因素。体制的改革和完善是一个长期渐进的过程,只有符合演进趋势的建构才能最终形成正式的体制模式。因此,农村社会保障体制构建应该符合不同层级政府间事权划分合理化的原则。中央政府应该侧重于政策的制定,主要起工作的规范和资金调配作用。中央、省、县级政府财政要按照合适的比例承担主要的财政供款责任。市(区)县、乡镇主要负责管理和执行落实的责任。部门间的关系上,应该符合规模效应最大化原则。将最能发挥专业优势、充分动员系统资源的职能部门承办相应的保障制度和项目,逐步建立统一管理与分级分类管理相结合的管理体制,减少多部门共同管理同一项工作带来的推诿扯皮。同时,还应健全规范部门审批权的制度,逐步克服产生部门利益的体制性缺陷。

中央政府与地方政府之间的职责如何划分呢? 在中央政府与地方政府之间,有必要确立社会保障事权与财权相适应的体制,基本养老保险、军人保障、国民教育福利等需要由中央政府承担责任,社会救助需要国家和地方分担责任,而福利事业等在相当长的时期内由地方政府切实承担责任将是合理的选择。政府应当对社会保障制度的管理及运行承担责任,这是它的公共财政责任。社会保险由国家、集体、个人共担,制度转型前的历史责任急切需要找到合理的化解方案,理清中央政府与地方政府之间的责任。

社会保障制度的基本目标是解除农民的后顾之忧,并通过增进农民福利来达到化解矛盾与维护社会公平正义的目的,同时它还肩负着创造公平的市场竞争环境、维系劳动力市场统一的重要职责。社会保障制度的本质要求必须是大保障观念,是全国统一的制度安排,而全国统一的制度安排当然需要采取垂直管理体制,即地方社会保障机构应当成为中央社会保障机构的派出机构,而不宜成为地方管辖的机构。属地管理作为 1998 年国家统一部分行业分割统筹养老保险格局的过渡措施,其实已经完成其历史使命。当然,从社会保险制度的现实出发,垂直管理一步到位还有一定困难,但可以先从基本养老保险全国统一并实行垂直管理做起,这样将改变地区分割管理的现有格局,真正让社会保险制度走向统一,并成为人民放心的社会保障制度。

五、农村社会保障的资金问题

所需资金供给不足是我国农村社会保障制度存在的普遍而重要的问题。尤其在西部农村各项保障制度的推行都离不开财政资金的到位。农村社会保障的资金来源无非有三:国家和地方财政,村集体和个人。在现行分税制和财政资金分担模式下,地方财政状况往往成为制约社保制度发展的决定性因素,使制度性的社会保障成为临时性、随意性的一项工作。尽管,近年来各级政府加大了财政投入的力度,但是财政投入的增长与人民生活水平普遍提高的状况还不适应,投入总额没有随着经济的发展而同比例地增长,尤其是在西部经济欠发达地区,担心制度性的社会保障制度会产生制度性的社会保障支出压力,而不把农村社会保障制度摆上重要位置,致使一些好的临时性的保障做法和措施不能上升为规范化的制度,一些保障项目标准偏低,救助行为临时性、随意性大。这些问题的背后都有资金保障方面的原因。

刘福垣的《社会保障主义宣言》认为,社会保障是必须由财政支付的公共品。即使需要设立社保税,税源也不是个人工资的收入,保障的对象也不应该是富裕的纳税人。我国必须一步到位的建立全覆盖、高保障、全国统一、城乡统一的社会保障制度。由于我国拥有30年社会主义计划经济积累的千万亿元以上的全民资产。这是全国的劳动者靠义务劳动和半义务劳动积累的。在改革之初全民资产没有量化到个人,这理所当然是全民的社会保障金。我国的劳动者在走向劳动力市场时不是两手空空,而是拥有巨额公共资产,我国是社会保障金最充足的国家,不过是记错了账,我们没有记到所谓国际惯例的社会保障账户上,而是记到了国有资产账户上。只要改变记账方式问题就可迎刃而解。全民资产增值最多最快的是土地资产,只要全民土地地租的大部分能用于社会保障开支,就不是没有钱的问题,而是涉及社会主义本质的问题。如果各级政府和国有企业的楼堂馆所和形象工程的超标部分,公款消费中的超标部分和土地批租造成的全民资产的流失,被私人矿主侵吞的全民资源,被用于社会保障,资金将是绰绰有余的。土地公有是中国特色,把全民所有和集体所有的地租转化为社会保障金。全民资产管理部门每年的地租收入有多少,按一定比例缴纳所得税,就会满足农民的社会保障开支。社会保障不是社会互助,不是扶贫,不是福利,不是强制储蓄,不是商业保险,不是按要素分配,而是必须由财政支付的公共品。因而不存在多缴多得和级别高低的问题,也没必要建立个人账户。我们必须废除计划经济体制下的保障机制,恢复社保的正常功能。建立个人目标补贴,由政府实报实销的社会保障制度,个人财产申报是前提,这可以大大缩小补贴对象的范围,杜绝冒领社会保障金的现象。减轻政府的财政压力。不申报财产就得不到社会保障金。低收入的农民阶层对申报财产是没有什么思想包袱的。社会保障开支是社会经济运行的当年成本耗费,政府没有必要建立社会保障基金,应该纳入当年的财政预算,力求年度平衡。每个社保对象的人口负担,健康状况和家庭经济基础是不同的,根据不同人的不同情况发放社保金,个人和家庭支付能力低于保障标准多少就补多少,按需分配。①

　　社保资金不足的问题除了刘福垣的"记错账户论",主要是城乡社保资金"二次分配不公"和财政支出结构不合理造成的。国务院发展研究中心"推进新农村建设研究课题组"《反哺农业应先还历史欠账》认为,"在社会保障等公共品分配中,农村农民明显处于不利地位。长期以来,占总人口70%的农民的社保费支出仅占全国社保费总支出的不到20%,而占总人口30%左右的城镇居民却占全国社保费的80%以上。1998年87.32%的农民没有任何医疗保障,2000年农民人均卫生总费用为188.6元,仅为城市的1/4。土地农转非时增值收益中的90%变成了政府收入或到了开发商手中。"2003—2007年第2期《中央党校报告选》原财政部长金人庆说:"2003—2005年中央财政共安排新型农村合作医疗补助资金12.31亿元。"一年约4亿元,8亿农民人均只有0.5元的医疗补助资金。2007年7月18日《参考消息》的文章《中国农民未富先老》认为,"由于户籍不同,中国养老制度也不同,2005年城市居民的养老金为9925元,为当年城市人均收入的88%,2006年参加城市养老制度的占城市人口的五成。而参加农村养老制度

──────────

①　参见刘福垣:《社会保障主义宣言》,社会科学文献出版社2006年版,第116—118页。

的农民不到一成,养老金为 707 元,占农民人均收入的 21%"。中央党校吴忠民《20000 亿公共投入从漏斗中抛掉》一文认为,"1987—2004 年的 26 年间,财政收入增长 23.3 倍,而行政管理费用则从不到 49.09 亿升至 4059.91 亿元,增幅达 82 倍。现在我国的行政管理费占财政总支出的比重已达到 19.03%。中国公务员的职务消费占全国财政总收入的 24%,2004 年,中国至少有公车 400 万辆,公车消费财政资源 4085 亿元,全国一年的公款吃喝在 2000 亿元以上,公费出国一年耗资数以千亿计,除此之外,通信费、办公用品购置费、出差费等也消耗了大量的公款。估计中国的行政成本是世界各国当中最为昂贵的,成为吞噬公共投入的第一个巨大漏斗。加上豪华型城市、豪华性建筑、豪华校园、形象工程的总投入在 20000 亿元。而 2005 年用于抚恤和社会福利救济费的支出为 716 亿元"。中央党校周天勇认为,应当加大社保支出,中国的社会保障支出占财政支出 12%,而且其中相当部分用于维持行政机构的运转,而欧美社会保障支出占财政支出都在 45% 以上。中国的低保,2004 年中央财政负担 105 亿元,地方财政支出 173 亿,还不及公款吃喝费用的 1/10。

正是由于这种制度层面上的原因,才导致中国城乡社会保障制度在保障水平上存在着明显的差距。据 2008 年度人力资源和社会保障事业发展统计公报,2008 年只有 512 万农民领取了养老金,全年共支付养老金 56.8 亿元,而全年城镇基本养老金总支出 7390 亿元。其中各级财政补贴基本养老保险基金 1437 亿元。占国家总人口 40% 的城市人口享受的养老金约是占总人口 60% 的农村人口的 140 多倍,两者差距大大超过了世界上任何一个国家。因此,中国社会保障制度的城乡分割在财富再分配层面上加剧了城乡经济的不平等,加剧了城乡差距,这也是促进人口跨城乡流动的驱动因素。

这种人口跨城乡流动,势必要打破城乡分割的社会保障制度。

2007 年全国政协的社会和法制委员会通过调查研究认为,在全国建立最低生活保障制度的时机已经成熟。目前全国农村有2370 万贫困人口,按照 2005 年低保试点地区的人均补偿 300 元计算,财政每年支出 60 多亿,便可在广大农村建立低保制度。因此,这是愿不愿做的问题而不是能不能的问题。千万不能以所谓的经济落后来对社会保障严重不足视而不见。强调经济因素对社会保障制度的影响是正确的。因为经济基础决定着社会保障水平,但从世界范围考察,在落后国家或者经济不发达的国家,经济因素对社会保障的影响虽然偏大,但依然不是唯一的影响因素,当经济已经发展到一定高度时,社会保障恰恰可以促进经济发展,社会追求公平正义和人民福利需求增长与经济是正相关关系。因此,在我们国家发展已经站到了一个新的历史起点的背景下,多考察一下影响社会保障制度的社会、政治等非经济因素,是非常重要的,更不能以五年前、十年前甚至二十年前的眼光,来看待今日中国之经济发展与经济实力。

社保资金从何而来?《学习时报》张传发的文章,还建议抽国企利润,补农民养老。中国之所以"农民养老"尚处于"试"的阶段,还是财政拿不出那么多钱来。要想让农民愿花钱、敢花钱,在全国范围全面推行新型农村社会养老保险制度迫在眉睫。顾名思义,"国有企业",是全民投资的,国有企业从广大老百姓这儿赚取了巨额利润,本应"全民分红",当下,中国的社会保障制度最短的那块"板"就是"农民养老",过去几十年中国工农业产品实行的是"剪刀差",现在抽一部分国企利润补助农民办养老保险,这叫"取之于民,用之于民"。

解决社保资金问题,首先,应从体制安排上理顺政府间的责任划分。按照一级政府一级事权,一级事权搭配一级财权的思路解决农村社会保障财政出资问题。其次,应把重点放在改进政府财政投入的结构上。近些年,国家财政投入总量增长迅速,但用于社会保障上的投入相对不足。应坚持城乡投入统筹协调的同时,特别重视农村的社会保障;减少一般性、经济建设性、行政费的开支规模,把有限的财政资金更多地用于农村社会保障项目。再次,应探索形成适应市场经济发展需要的多渠道筹集社会保障资金的机制。特别是对于发展导向型保障项目,要建立政府、企业、个人合理分担供款责任的有效机制。在西北农村,集体经济薄弱,乡镇企业少,集体补助少,养老金的村集体补助部分应取消或减少,贫困农民可以以产品、土地、股权换保障。政府要承担起社会救助的主要责任,通过发行福利彩票等措施,多方筹集社会保障资金。

在社会保障资金的给付方式方面:国家和集体给付部分由财政转账给县市社保局,个人部分通过银行开户缴纳,由银行划转到社保局,社保局把社保资金交给保险公司运营,每月的社保资金由社保局通过银行发放给个人。

中国农村社会保障事业正处在改革推进与制度创新相结合以实现加快发展的阶段,随着农村经济社会发展条件的变化、国家新的农村宏观发展战略的创新实施以及农民对社会保障需求的不断增长,如何顺应统筹城乡社会保障事业发展的趋势,有的放矢地完善农村社会保障制度,有机衔接城镇社会保障系统,逐步建设城乡统一的社会保障体系,必须要明确农村社会保障发展中的以上议题,把握农村社会保障现存问题最为集中的若干方面与环节,以创新发展的理念来完善农村的社会保障制度。

第四章　西北农村的贫困状况与社会保障

一、贫困与社会保障

（一）贫困的定义

社会保障是对那些经济困难的人提供物质帮助。什么是贫困或穷人,有不同的理解与回答。因为贫困是一项划界的工作,影响到多少人被确定为穷人,决定了社会救助的范围,进而决定解决该问题应采取哪些政策措施。因此,对贫困的理解有了绝对贫困和相对贫困的区分。绝对贫困是财产低于最低生存水平的个人和家庭。其最低生活标准建立在个人对食物、水、服装、住房的生理基本需求上。相对贫困则是指贫困不仅是财力缺乏,而且要同整个社会主导的生活水准相联系,发达国家和发展中国家对贫困的理解和标准就不同。也有人通过把贫困分类加以认识,如把经济贫困称为狭义的贫困,涉及社会文化教育卫生等综合因素的贫困称为广义的贫困;把长期不能摆脱的贫困称为长期贫困,把因灾害或突发事件造成的贫困称为暂时贫困。总之,贫困是在一定环境下,人们在长时期内无法获得足够收入来维持一种生理上要求的、社会公认的基本生活水准的状态,也就是不能解决吃饱穿暖的问题和现象。

（二）贫困的标准

中国是一个发展中国家,经济不发达,农村尤其不发达。这一基本国情,决定了目前和较长的一个时期内我国的贫困标准还只能是一个低水平的贫困标准。我国在贫困线之下,还设置了收入更低的绝对贫困线。中国现行的农村贫困人口的标准是:每人每天的食品提供为 2100 千卡热量,食品支出占总支出的 60%,这是 1986 年由国家统计局在对 6.7 万户农村居民家庭最低的食品、衣着、住房、燃料、交通等必需的食品和非食品消费支出调查的基础上计算得出的。经测算,1985 年中国农村贫困人口的扶持标准为 206 元,此后根据物价指数变动逐年调整。到 2007 年,我国把人均年收入低于 786 元的人口称为"绝对贫困人口",到 2007 年年底,绝对贫困人口的数量为 1497 万;人均年收入位于 786 元至 1067 元之间的称为"相对贫困人口",又称为"低收入人口",到 2007 年年底,低收入人口的数量为 2841 万。我国将从 2009 年起上调扶贫标准,即贫困线由 2007 年人均年收入 786 元提高至 1067 元。

中国的贫困标准是一个能够维持基本生存的最低费用标准,虽然这一标准与国际上通用的每人每天 1 美元的消费支出贫困标准有很大的差异。但对于中国这样的发展中国家来说,是一个实事求是、可以帮助绝大多数贫困人口解决最基本生存的标准,可以解决吃饱穿暖的问题。

（三）贫困的原因

对贫困的原因有不同的解释,古代韩非子认为穷人之所以穷是因为他们自己不努力,如果国家给他们提供福利,就相当于把勤劳的人创造的财富送给懒惰的人,是绝对不可行的。19 世纪的英国认为贫困是由于自己的过错,如懒惰、浪费、酗酒,这种性格缺陷导致的贫困如果自己愿意是可以改正的,并把这种贫困称为"不值得尊重的贫困",而把由于年老、疾病、残疾等原因造成的贫困称为"值得尊重的贫困"。也有观点认为,贫困是社会的原因,是社会财富分配不公,资源和机会不均等造成的。有的贫困则是自然环境的原因,如在高寒阴湿荒漠化区域生活的人们,区域性自然条件恶劣,人们封闭保守造成了贫困。也有人认为贫困与人口的数量和素质有关,贫困是家庭子女多、低教育、低智商、缺乏劳动技能的结果,越穷越生,越生越穷,并造成了贫困的代际传递。有的贫困则是市场竞争和产品风险造成的,如农业就是弱势产业,投资农业的收益小而面临的风险大。马克思主义则通过阶级分析的方法认为贫困是阶级压迫和剥削的必然结果,只有消灭资本主义和私有制,工人受剥削造成的贫困才能消灭。世界银行认为贫困主要由以下三个原因构成:第一是缺少机会参与经济活动;第二是在一些关系到自己命运的重要决策上没有发言权;第三是容易受到经济以及其他冲击的影响,例如,疾病、粮食减产、宏观经济萧条等。由此可见,贫困的原因具有复杂性。收入贫困是贫困的主要表现形式,能力贫困是贫困的直接原因,权利贫困则是贫困的社会后果。中国农村的贫困主要是城乡二元经济社会结构的原因,土地承包权不稳定,失地致贫;农民负担重,工农产品价格存在剪刀差,农民流动受限制,农村缺乏社会保障体系,疾病致贫,教育致贫等制度性原因。

（四）贫困与社会保障的关系

对贫困及其原因有不同的理解,通过贫困原因的能力说、环境说、制度说、剥削说等不同意见可以理解社会保障所处的社会政治背景。我们不能责怪贫穷,歧视贫穷,惩罚贫穷,只能保护弱者。"为了平等地对待所有人,提供真正同等的机会,社会必须更多地注意那些天赋较低和出生于较不利的社会地位的人们。这个观念就是要按平等的方向补偿由偶然因素造成的倾斜。"①政府的责任是"使每个人从一开始就有足够的权利(物质条件)以便得到相同的能力而与所有其他人并驾齐驱"。② 因此,社会保障的主要目标与解决贫困问题应该有一致性。用社会保障缓解贫困和两极分化,公平优先发展农村社会保障,打破贫困的恶性循环是政府的主要责任。过去一段时间政府退出农村的社会保障领域,将责任转嫁给农民个人和家庭,强调市场竞争,效率优先,导致了经济社会发展的不平衡、不统筹。

至今,用经济发展落后,财力不足拒绝发展社会保障还困扰着西北贫困农村。一些干部认为保障是个人的事,社会不应该管,社会保障是养懒人,会阻碍经济发展。相反,现代政府财政功能的转型,加大社会保障的投入已证明对经济发展有正面的促进作用。胡鞍钢就认为,对西部人力的计划生育、基础教育、医疗卫生等公共服务的投资收益最明显。它不仅带动更多的社会资源和

---

① ［美］约翰·罗尔斯:《正义论》,何怀宏等译,中国社会科学出版社 2003 年版,第 101 页。

② ［美］乔·萨托利:《民主新论》,冯克利等译,东方出版社 1998 年版,第 389 页,转引自吴忠民:《社会公正论》,山东人民出版社 2004 年版,第 128 页。

社会消费，而且会拉动生产发展和就业岗位的增加，并促进国家税收。郑功成也认为社会保障不是经济发展的负担，而是最有效益的投资，最低生活保障等会转化为贫困群众直接的消费和购买力而拉动农村经济的发展。社会保障的发展并不是经济发展不良的替罪羊。中国几十年来的经济发展态势，恰恰证明了社会保障制度对经济发展及推进经济改革的巨大功效。① 民生为本，不能漠视困难群众的生活，因此，政府应算社会保障带来的社会和谐账、综合发展账、连带效益账。贫困并不可怕，任何国家任何社会都有贫困群体，可怕的是将平民翻身的机会彻底堵死，提供社会保障，或多或少还可以得到一定的国家救济和照顾，就是给平民一个机会。

二、西北农村的生态贫困与社会保障

西北地区是我国典型的生态脆弱区，其生态贫困的原因：有水资源短缺造成的，如定西、西海固地区；有土地资源短缺、地理区位差造成的，如陇南山区；有气候恶劣、灾害频发造成的，如民勤地区。西北生态贫困的特征：一是自然条件恶劣，植被稀疏，水土流失严重、荒漠化面积最大。西北地区难以利用的土地占其国土面积的比例达到了60.09%，远远高于东部地区的3.40%和中部地区的9.69%，同时也高于西南地区的23.12%。二是水资源短缺。西北干旱少雨，祁连山冰川雪线不断上升，干旱和植被稀疏互为因果，恶性循环，相当多地区的自然条件被认为是人类不适合生存的

---

① 参见郑功成：《这样看待社会保障制度是不妥的》，《北京日报》2006年10月23日。

环境,而开始生态移民。如民勤石羊河流域来水减少,荒沙化面积扩大,成为我国沙尘暴的源头之一。温家宝总理明确指出,"决不能让敦煌成为第二个楼兰,不能让民勤成为第二个罗布泊"。从水资源总量看,西北地区的水资源总量仅为 1979.3 亿立方,是西南地区的 18.20%、中部地区的 28.56%、东部地区的 35.71%。西北地区需解决饮水困难的人数为 3815.4 万人,占全区人口的 43.81%,需解决饮水困难的大牲畜为 5429.5 万头,占牲畜总量的 33.30%。① 三是自然灾害的发生率比较高,抵抗自然灾害风险的能力较弱。西北旱、冻、风、沙等灾害频繁不断。其中旱灾是西北地区的主要自然灾害,1924—1933 年西北大旱 8 年,赤地千里。陕甘出现灾民 700 万,饿死者 300 万,逃亡者 78 万。② 自然灾害是该地区水资源短缺造成的生态后果,也是其生态贫困的一个重要方面。正是由于西北地区存在严重的生态贫困问题,一些地区因缺水没有条件发展农业和工业,实现该地区的脱贫难度较大。

西北生态贫困在近年来有条件发展工业的地区还造成一些河流、土地、空气局部污染。现在个别农村民众健康状况逐步恶化,就是因为高耗能高污染工业转移,化工、冶金、印染、造纸、电镀在沿海为保护环境而得到治理,西北有的欠发达地区为了发展经济,饥不择食地招商引资,盲目引进沿海地区的一些资源消耗型污染企业,承接了转移,而绿色产业和无烟产业如旅游业、信息业、服务业并没有大的转移。城市要保护环境,污染企业也往农村转移。

---

① 参见于法稳:《西北"三农":致富环保求双赢》,《中国经济导报》2009 年 9 月 29 日。

② 参见陈佳贵主编:《西北开发报告》,中国社会科学出版社 2000 年版。

本来农村那些小化工、小煤窑等已都在污染破坏环境，而现在的农村又成了城市的垃圾场，污染比城里还要严重，而且问题还在发展而不是缓解，在这种情况下，西北有的地方农村可能成为污染地带。西北生态贫困与社会保障的关系在于说明西北农村对社会保障需求的特殊性、复杂性、长期性，如一些区域性饮水安全引起的地方病要纳入医疗保障，同时要进行干预，改善水土条件，建设改水工程，自然灾害频发导致社会救济需求大，救灾救助能力建设要放在政府社会保障的首位。

三、西北农村的经济贫困与社会保障

改革开放 30 年，中国每年的 GDP 平均增长 10% 以上，这个数据至少在中国农村不具有普遍性，特别是在西部农村，这由西北农村存在的要饭现象可见。西北地区是传统的农牧业区，种植业在整个农业中一直占有很重要的地位，农民主要以农为生，农民家庭收入以农业为主，乡村劳动力中从事农业的劳动力比较高，比例在 75% 以上。与东部地区、中部地区相比，西北地区农民的家庭收入主要来自于家庭经营性收入，其比例在 70% 以上，而来自企业经营的收入比例，外出劳务收入比例、集体经济获得的收入比例，西北地区都较全国平均水平和其他区域低。由于农业生产条件较差，农业机械少，有效灌溉的农田少，一些贫困地区的农民还使用木犁和简陋的铁制农具进行劳动、耕作，广种薄收，有些地方甚至仍然沿袭"刀耕火种"的古老生产方式。

中国国务院扶贫办主任范小建说：到 2007 年年底，我国绝对贫困人口的数量为 1479 万人；低收入人口的数量为 2841 万人。若按联合国规定的每天人均生活费 1 美元为标准计算，世界银行估计我国的贫困人口还有 2.12 亿人。目前，中国的农村贫困人口主要集中在西部地区，西部农村绝对贫困人口高达 1202 万人，占全国农村绝对贫困人口的比重为 80%。其中绝对贫困人口的 50% 居住在资源匮乏、环境恶劣的深山区、石山区、高寒山区和黄土高原地区。中国现有国家扶贫开发工作重点县 592 个，其中东部 72 个，中部 204 个，西部 316 个，分别占全国的 12.2%、34.4% 和 53.4%。西北有国家级贫困县 138 个，占全国 592 个的 23%，贫困县数按省区排序，陕西、甘肃、新疆分列全国第 2、5、11 位。到 2008 年，国家扶贫开发工作重点县农民人均纯收入增加到 2611 元。仅相当于全国农民人均纯收入的 54.4%。①

　　特殊群体包括少数民族和残疾人的贫困发生率较高。在 592 个国家扶贫开发工作重点县中，少数民族自治县占 40%。少数民族贫困人口也占绝对贫困人口的 40%。残疾人口是农村贫困发生率较高的另一类贫困群体。据中国残疾人联合会 2007 年公布的第二次全国残疾人抽样调查，全国残疾人口中，城镇残疾人口为 2071 万人，占 24.96%；农村残疾人口为 6225 万人，占 75.04%。全国有残疾人的家庭户 2005 年人均全部收入，农村为 2260 元。其中 12.95% 的农村残疾人家庭户年人均全部收入低于 683 元，7.96% 的农村残疾人家庭户年人均全部收入在 684 元至 944 元之间。可见，大多数残疾人生活在农村，经济欠发达的西部地区残疾比例高，残疾人口多。

---

① 参见范小建:《我国扶贫开发成就是对世界的巨大贡献》，国务院扶贫办网站。

2008 年全国各省市区农民人均纯收入排名

（单位:元）

排名	地区	人均纯收入
1	上海	11385
2	北京	10747
3	天津	9670
4	浙江	9258
5	江苏	7357
6	广东	6399.7
7	福建	6196
8	山东	5641
9	辽宁	5576
10	吉林	4932.7
11	黑龙江	4856
12	河北	4795
13	江西	4697
14	湖北	4656.3
15	内蒙古	4656
16	湖南	4512.5
17	河南	4454
18	海南	4390
19	安徽	4202.5
20	重庆	4126
21	四川	4121.2
22	山西	4097.2
23	广西	3690.3
24	宁夏	3681.4
25	新疆	3503

续表

排名	地区	人均纯收入
26	西藏	3176
27	陕西	3136
28	云南	3102.6
29	青海	3061.2
30	贵州	2797
31	甘肃	2723.8

资料来自 2008 年各省市自治区国民经济和社会发展统计公报,中国统计信息网:http:/www.tjcn.org。上述数据的后八名集中在西北和西南,与 2004 年的后八名一样,说明它们要实现赶超很难。

根据国家统计局甘肃调查总队的监测,到 2008 年年底,甘肃省扶贫工作重点县仍占全省县的 79.3% ,有 5315 个规划的贫困村,占全省行政村的 29.8% 。2008 年甘肃省农村贫困人口为 680.5 万人,农村贫困面为 32.7% 。若按各省普遍采用的 1300 元的标准测算,甘肃农村低收入人口为 980 万人,占全省农村人口 1783.18 万人的 47.12% 。而农村人口又占全省人口 2628.12 万人的 67.8% 。① 因此,扶贫任务依然很重。

总之,在这个国家还有一亿多每天收入在一美元以下的农民,他们大多在西部农村,他们拥有的财富极其微薄,是没有购买能力的民众。中国有八亿农民,其中也有很多人生活富裕,但是贫困地区的农民状况亟待改善。也就是勉强使自己的生活运转着,而且为了这种"运转"不得不背井离乡四处打工或者在自己那块土地上拼死拼活的刨食,这里面有多少艰辛已经不需要再重复。西北

① 参见甘肃省委党校编:《甘肃省情数据手册 2008—2009》,甘肃省扶贫信息网 www.fupin.gansu.gov.cn。

经济贫困与社会保障的关系在于说明经济基础是社会保障的基础,西北农村要大力加强经济建设,同时西北农村的经济弱势说明不能因为经济落后而拒绝发展社会保障,恰恰说明农民对社会保障需求的迫切性及社会保障事业发展的艰巨性、长期性,社会保障投入要向西部农村倾斜,特别是要将农民对社会救济的需求满足放在首位。

四、西北农村的社会文化贫困与社会保障

西北农村社会发展和基础设施落后。由于西北地广人稀,山大沟深,贫困地区多数处于偏远山区,交通不便。西部地区虽然土地面积占全国的 2/3 以上,但铁路里程还不到全国的 1/4。广大边远贫困山区物资交流和商品输出十分困难。许多农村通不了路,打不了电话,看不上电视,喝不上干净水。2004 年,中国农村46% 的村不通自来水,4% 的村不通车,7% 的村不通电话,65.4%的乡镇没有卫生院,2000 万农村人口用不上电,部分用电农村尚未实现城乡同网同价。占总人口 60% 的农村人口只占有 23% 的全国义务教育经费,仅享有 25% 的公共卫生资源。中西部地区农村乡镇卫生院危房率达 33% ,80% 需装备 X 光机等常规设备。50% 的县级计划生育服务站不达标。92% 的文盲、半文盲在农村。西部地区尚有 100 万中小学生因校舍短缺不能就学。① 加之恶劣的自然条件使西北地区部分乡村"年年扶贫年年贫",即使是一些刚脱贫的人也会因灾、因病、因子女上学等原因返贫。目前西北地区返贫率比较高,一般年景在 10% 左右。贫困的代际延续与低收

①　参见《中央党校报告选》,新农村建设专辑。

入阶层边缘化现象增多。与经济落后、发展缓慢相反,中国贫困地区是人口增长速度最快的区域。据统计,西北人口年均增长率为25.96‰,快于全国人口增长水平。而且少数民族贫困人口占相当数量,甘肃省41个国定贫困县中有12个是民族县,民族地区贫困人口占全省贫困人口的四分之一;而少数民族为主的农牧民人均收入比全国低1180元。新疆的55.2万贫困人口中,有92.5%分布在南疆四地州的少数民族聚居区。虽然西北人口密度相对较低,但土地承载能力差,人口分布很不平衡,基本生存条件恶化,无法保证正常的营养供给,贫困地区群众的身体素质不断下降,加上卫生保健水平低,一些地区近亲结婚和水土条件造成的地方病,孕产妇死亡率和婴儿死亡率较发达地区高,人体健康受到严重损害。由于经济发展水平落后,对西北农村的教育发展形成制约,导致人口的文化素质相对较低,农村贫困人口大多数居住分散、偏僻,办学条件差,教育设施落后,加之贫困户生活困难,无力支持子女上学,适龄儿童失、辍学率较高,青、壮年文盲比例偏大。如甘肃1234.12万农村劳动力资源中,文盲229.96万人,占18.6%;小学文化程度431.11万人,占34.9%;初中文化程度436.16万人,占35.4%;高中文化程度121.48万人,占9.8%;大专及以上文化程度15.41万人,占1.3%。① 西北农村财政收入水平低,公共投入严重不足。由于长期处于赤字状态,贫困县无力增加投入以改善贫困社区的公共设施、基础社会服务的低水平状态,形成恶性循环。

国家发改委副主任朱之鑫在2008年9月2日全国政协专题

---

① 参见甘肃省第二次全国农业普查主要数据公报,《甘肃日报》2008年4月16日。

协商会上表示,中国在统筹城乡经济社会发展方面还存在五大矛盾和问题,主要包括:农村经济发展水平落后,城乡居民收入差距仍呈扩大趋势;城乡公共服务水平不均衡,农村社会事业发展滞后,特别是农村社会保障体系建设刚刚起步,无论是覆盖面还是保障水平,都与城市存在较大差距;农村生产生活条件落后,特别是中西部地区水利、交通、电力、通信条件较差,目前全国还有 2 亿5000 万农民饮水安全缺乏保证,近 100 个乡镇不通公路,近 1 万个乡镇不通沥青路和水泥路,约 200 万户农村人口用不上电;以工促农、以城带乡的长效机制尚未建立,相关政策和体制有待进一步完善;中国农民的民主权利和财产权利没有得到切实保护,侵犯农民权益问题时有发生。农民土地权益也没有得到有效保护,低价征收征用农民土地,补偿不到位等问题较突出,征地纠纷频繁发生。农民工的权益保障还不到位,农民工工资水平较低,最低生活保障、工伤保险、子女教育、廉租住房等权利缺乏制度保护。同时,一些涉及统筹城乡发展的深层次改革,如推进大中城市户籍制度改革、建立覆盖城乡的统一的社会保障体系,以及形成促进农村土地依法流转的机制等方面,也需要进一步加大改革力度。①

西北社会文化贫困与社会保障的关系在于说明西北农村社会文化的弱势比经济贫困还严重,西北农民社会保障的改善需要在基础设施、经济发展、社会文化建设全方位开展,要更加重视社会建设,处理好经济建设和社会建设的关系,社会保障投入要向西北农村医疗卫生和义务教育倾斜,这将极大地促进西北农村经济社会的发展。

---

① 参见吴晶晶、顾瑞珍:《国家发改委:我国统筹城乡发展仍存在五大问题》,新华网 2008 年 9 月 2 日电。

下面是笔者的个案访谈,地点:兰州市七里河区八里镇崖头村,时间:2008 年 12 月 17 日星期三,被访问人:孟延祥,53 岁,6 口人,4 个女儿,1.2 亩地,0.3 分宅基地,盖了 8 间房。

问:家里收入如何?

孟:老婆地里种菜年收入 5000—7000 元,菜贩子上地头就收了。我打工一年挣 10000 元,有时老板拖欠,两个女儿上学,一个女儿嫁人,一个女儿工作。

问:种菜成本是多少?

孟:浇水一个小时是 80 吨水,收 15 元,一个月要 160 元,6 个月是 960 元;电 0.52 元一度,一年 400 元;化肥涨价了,6 袋尿素要 648 元,氮磷钾 650 元,农药 500 元,种子 800 元,总计 4000 元,还不包括劳动力,种地挣不上钱,许多村民要么撂荒,要么租出去。

问:你最发愁啥?

孟:就怕得病。我母亲看病,虽然都参加新农合了,六口人缴了 120 元,住院能报销一部分,但费用太高,还不知怎么报。

问:村里有什么社会保障?

孟:啥,没听说过。

问:就是养老啊、五保户啊、救济啊。

孟:乡里有敬老院,收了十几个五保户;村里一个人有养老金,而一个残疾人却没有,农民都是自己给自己养老。我们村是小康村,没有人吃救济,今年一户人家的房子被大雨冲倒了,自己掏了一万元,民政和乡上也拿了一些给盖好了。没想到个人的事政府也开始管了。

问:如果有人吃救济,怎么确定低保户的家庭收入?

答:村上要摸底调查公示,看有无手机,养了哪些牲畜,有无养狗,走访邻居就都知道了。

问:你对农民的社会保障有什么希望和要求?

答:农民的一生,都要经历几个可能倾家荡产的阶段。一是土房变瓦房或瓦房变楼房,自住条件的每一次改善,都会花光一个家庭几年、十几年的积蓄,很多家庭还会因此背上债务;二是结婚;三是子女考上大学;四是大病。一个家庭有一个人得了大病,其结果都会像建房一样。农村的老人得了大病,基本上都是在家等死。爷爷去世的那一年,我在读初中,他的死深深触动了我的心,我想不通一个人得了病为什么不能去医院,而是躺在家中。后来才知家里拿不出来住院费。农民老了,田里的活干不动了,但打水、做饭、洗衣、喂鸡、打柴、种菜,都得干,要劳累一辈子,穿的是最普通的衣服,吃的是最普通的饭菜,最穷的时候连腌菜饭都吃不饱,没有假日,没有工资,甚至一生没有看过外面的世界。将来如果医疗和养老能形成制度,个人不用找政府,能把困难解决就好了。

问:谈谈你对改革开放30年的体会。

答:农村的改革,农民最先受益,土地分产到户,农民的生产积极性被完全调动起来,短时间内,随着产量提高,农民收入得到增长。但这种增长一是幅度有限,二是后劲缺乏。相对于城市的高速发展,城乡差距不是缩小了,而是扩大了。农民现在依然是中国最贫穷的群体。有人说农民有土地、有山林、有房子,但是这些都不属于农民个人。土地、山林是集体的,房子建在集体的土地上,尽管不交土地的钱,但也办不到土地证、房产证,因此不可能抵押、出售,唯一的用途就是自住,这同城市的住宅可以出售、抵押贷款完全不同。城里人再贫穷,只要有一套自己的住房,就拥有了至少几十万的资产,这是农民望尘莫及的。说农民的发展后劲缺乏,就是因为农民缺钱的同时又缺少融资的财产和渠道。赚钱难,我就幻想自己能做大官,因为做了大官,我就能改变农村的贫穷,让看不起病的农民免费治病,把年老无助的人都养活起来,还要修漂亮的公路通到城里,让农村人享有同城里人一样的待遇、一样的生活。现在发现农民当官比赚钱还难。

第五章　西北新型农村合作医疗制度研究

一、我国新型农村合作医疗制度概述

根据 2003 年 1 月卫生部等部门《关于建立新型农村合作医疗制度的意见》精神,我国开始在农村试点新型合作医疗制度。新型农村合作医疗制度是由政府组织引导、支持,农民自愿参加,个人、集体和政府多方面筹资,以大病统筹为主的互助共济制度。由农民个人和政府共同出资,每年农民个人拿 10 元,中央财政和地方财政各拿 20 元,2008 年中央财政和地方财政提高补助标准,各拿 40 元。这项试点工作已搞了 5 年,到 2008 年年底,全国开展新农合的县(市、区)数达到 2679 个,占应开展(有农业人口)县(市、区)数的 98.17%,占全国总县(市、区)数的 93.57%。参加合作医疗人口 8.04 亿,参合率为 91.05%,新型农村合作医疗的覆盖人数达到全部农民。从此,农民可以享受大病的"公费报销"。新型农村合作医疗对发展农村医疗卫生事业,解决农村缺医少药、因病返贫和农民"看病难、看病贵"的问题有积极的现实意义,新型农村合作医疗制度的建立,实现了医疗费用从完全由家庭承担转为区域共济的社会保险。

（一）我国实施新型农村合作医疗制度的重大现实意义

1. 实施新型农村合作医疗制度是解决农村医疗保障的根本要求

建立新形势下的农村合作医疗制度，是党中央、国务院进一步促进农村卫生改革与发展的一项重要战略部署。一些地方试点证明，新型农村合作医疗不仅对发展农村医疗卫生事业，解决农村缺医少药、因病返贫和农民"看病难、看病贵"的问题有积极的现实意义，而且是解决农村医疗保障的根本要求。

开展新型农村合作医疗后，参合农民就诊率和住院率均明显提高，就医经济负担有所减轻，新型农村合作医疗制度得到农民群众的广泛拥护。医疗保障改革已经发生了制度性突破，这一制度创新和发展战略将最终向全民健康保险制度发展，从而彻底解决农村医疗保障问题。

2. 实施新型农村合作医疗制度是体现卫生公平的根本要求

在我国居民的医疗保障方面，城市居民原来享受公费医疗或劳保医疗，农民则有合作医疗的资助，城乡之间的差距还不是很大。而目前，城镇职工基本医疗保险制度已经基本建立，与此相反，绝大部分农民则失去了任何保障，完全变成了自费医疗者。广大农民被排斥在社会医疗保障制度之外，使我国卫生不公平现象越来越严重。2000 年世界卫生组织 53 届卫生大会在《2000 年世界卫生报告——卫生系统:改善绩效》报告中，对全球 191 个成员国进行的医疗卫生公平性评价中，中国位居尼泊尔、越南之后，排名 188 位，排倒数第四，与巴西、缅甸和塞拉利昂等国一起排在最后，被列为世界上最不公平的国家之一。卫生不公平的主要体现，除了卫生资源在城乡之间的分配严重不平衡,最主要就是医疗保障制度的不公平。政府曾经提出的"到 2000 年人人享有卫生保健"、"到 2000 年在多数地区建立农村合作医疗制度",皆没有实现。2005 年,政府投入的医疗费用中 80% 被 850 万党政干部所占用。① "据统计,目前约占中国总人口 15% 的城市人口享用着 2/3 的医疗卫生资源,而约占 85% 的农村人口却只能享用不到 1/4 的医疗卫生保障服务。1998 年,全国城市每千人医院床位数 3.52 张,而每千农业人口床位数只有 0.81 张。除了城乡之间的差异,地区之间的差异也很大,1998 年,北京和上海每千人医院床位数分别为 6.1 张和 5.23 张,贵州为 1.54 张,北京和上海每千人医生数分别为 4.72 人和 3.85 人,贵州为 1.25 人。卫生部对全国农村 114 个贫困县卫生保健调查显示,贫困地区妇女病患病率明显高于全国的平均水平的 3—5.4 倍,四苗计划免疫覆盖率在 26%—99% 之间,孕产妇死亡率、婴儿死亡率明显高于全国平均水平。由于大部分医疗资源投向城市,农村不可避免面临缺医少药的问题,流行病、常见病在威胁着广大农民。"②卫生部第三次国家卫生服务调查结果也显示,城市和农村居民在利用卫生服务上仍然存在明显差异,而农民缺乏医疗保障,经济条件差是影响卫生服务利用的主要原因。

　　医疗保障作为社会保障的一个重要组成部分,具有公平性的特点。一方面,在市场经济条件下,每个人都面临着疾病的风险,但这种风险并不是同时发生的。通过实施社会医疗保障,可以进行风险调剂、共济互助。"年轻人帮助老年人,健康人帮助

---

　　① 参见周凯:《专家官员直面现实勾勒医改新方向》,《中国青年报》2006 年 9 月 19 日。

　　② 刘翠霄:《天大的事——中国农民社会保障制度研究》,法律出版社 2006 年版,第 159 页。

有病人，人人都有老的时候，人人都有生病的时候，人人都有得到别人帮助的机会"。另一方面，实施社会医疗保障，还在一定程度上调节了收入差距，实现了收入的再分配，克服了疾病对病人及其家庭的过大风险，一定程度上弥补了市场机制造成的不平等，有利于保持卫生公平。卫生公平反映社会公平，实现这一公平，是政府对全体公民应担的责任。建立和完善农村医疗保障制度，缩小城乡差距，是体现卫生公平，促进社会公平正义的重要体现，反映国家正义、社会公平和全社会共享医疗卫生发展成果的根本要求。

3. 实施新型农村合作医疗制度是提高农村人口素质的根本要求

我国是一个农业人口大国,劳动力资源十分丰富。据有关资料显示,1998 年以后相当长的时期内,我国劳动适龄人口数(15—59 岁年龄段的成年人口)一直在 8 亿以上,到 2020 年左右将达到高峰值 9.5 亿。但人口本身并不等于人力资源,而只是人力资源形成的基础,只有高素质的人口才能形成丰富的人力资源。这里的高素质既包括思想道德素质、科学文化素质,还包括身体素质,身体素质的提高,更是其他因素提高的基础。只有良好的健康状况,才能提高个人的生产率,进而提高国家的经济增长率,甚至良好的健康状况本身就是经济社会发展要达到的目标之一。联合国计划总署发表的《世界人文发展报告》就把健康、寿命、获得知识的机会和生活水平作为一个社会发展的三把尺子,并把"健康、寿命"放在第一位。但在我国农村居民的健康状况堪忧,残疾婴儿的出生在农村占到多数,农民智力、体能、语言表达能力的发育成长不高。农民健康状况的恶化意味着人口素质的降低,意味着人力资源质量的下降,从而必然影响农业和乡村工业的发展。提高农村人口素质,迫切要求建立和完善农村医疗保障制度。

4. 实施新型农村合作医疗制度是经济社会协调发展的客观要求

我国是社会主义国家，保障全体公民的健康是政府义不容辞的责任。将农村人口排除在医疗保障的体系之外，是极端不合理的，是与社会主义性质不相符合的。从生活方式的改变来看，农民的需求层次不断上升，一般基本生活资料的需求，解决温饱问题已经不是广大农村居民的普遍要求，而是进一步提出了健康保障的需求，要求人寿年丰、驱疫避害。传统的、低层次的家庭保障已经不适应当前农村发展的要求，而必须建立和完善农村医疗保障制度，通过多种渠道筹集资金，满足农民不断提高的健康需求。农村医疗卫生等公共事业的发展大大落后于经济的发展，经济社会协调发展的矛盾在农村尤为突出，迫切需要以新型农村合作医疗制度的建立为突破口，促进农村经济社会协调发展。

总之,新型农村合作医疗制度作为我国社会主义市场经济条件下,社会主义初级阶段的农民健康保障制度的有效形式,已得到人们的共识,建立和完善新型农村合作医疗势在必行。

（二）我国新型农村合作医疗制度与传统合作医疗制度的比较

根据 2003 年 1 月卫生部等部门《关于建立新型农村合作医疗制度的意见》(以下简称《意见》)精神,新型农村合作医疗制度是由政府组织引导、支持,农民自愿参加,个人、集体和政府多方面筹资,以大病统筹为主的互助共济制度。之所以叫新型农村合作医

敬老院合影

疗,是为了与传统合作医疗相区别。

1. 强化了政府责任,明确了筹资政策和筹资渠道

一方面,与传统合作医疗相比,新型农村合作医疗进一步强化了政府责任,这些政府责任主要包括:资金资助的责任;制度设计的责任;广泛宣传发动的责任;积极引导组织实施的责任;加强管理和监督的责任;等等。特别是政府经济支持的责任更加明确和具体,加大了政府支持的力度,明确了筹资政策和筹资渠道。虽然在传统合作医疗中,中央在历次发布的文件中(包括 1960、1965、1970、1978、1979、1993、1997 年),也一再强调政府"加强领导"、"大力支持",但对政府的经济投入从没有明确规定过,这是新农合与传统农合最大的区别。因此,随着集体经济的削弱,传统合作

医疗基本上只有农民个人投入,其抗风险能力很弱,对农民必然缺乏吸引力;而这次《关于进一步加强农村卫生工作决定》(以下简称《决定》)和《国务院办公厅转发卫生部等部门关于建立新型农村合作医疗制度意见的通知意见》均明确:"从 2003 年起,中央财政对中西部地区除市区以外的参加新型合作医疗的农民补助每年不低于人均 10 元。"这是我国政府对农村合作医疗中"政府补助"首次做出如此明确的规定。2005 年 12 月 31 日《中共中央国务院关于推进社会主义新农村建设的若干意见》再次明确:"积极推进新型农村合作医疗制度试点工作,从 2006 年起,中央和地方财政较大幅度提高补助标准,到 2008 年在全国农村基本普及新型农村合作医疗制度。"这充分显示了政府对农村合作医疗的重视以及解决农民健康保障问题的决心,对引导农民参与新型农村合作医疗,促进地方政府对合作医疗的重视和支持,深入推广新型农村合作医疗都将起到关键的作用。

另一方面,合作医疗如果完全依赖政府或集体投入,也显然与我国国情不相符合,只有个人缴费、集体扶持、政府资助有机结合起来,才能解决好资金筹集的难题。一直以来,对于农民个人的缴费,中央没有明确规定,而部门之间的规定经常发生冲突。农业部等相关部门把农民收取合作医疗费视为"不合理负担",1999 年和 2000 年农业部等五部委先后两次联合发文,规定"不得强制推行"合作医疗。政策上的不一致使基层干部无所适从,导致合作医疗工作开展举步维艰。此次,《决定》和《意见》中明确筹资政策,指出:"农民为参加合作医疗,抵御风险,履行缴费义务,不能视为增加农民负担。"这为农民履行"个人缴费"的义务,提供了依据,也解决了传统合作医疗发展中长期困扰人们的一个棘手问题。

2. 确定以家庭为单位参加合作医疗,建立家庭账户与社会统筹相结合的模式

合作医疗具有保险性质,因而容易产生"逆向选择",即年老体弱者愿意参保的多,而青壮年劳动力大多不愿参保。新型农村合作医疗确定以家庭为单位参加合作医疗,避免了年轻与年老、交与不交的矛盾,同时在一定程度上消除了交钱不看病就要吃亏的心理,较好地解决了部分"逆向选择"的问题。而社会统筹部分又能体现互助共济,解决农民医疗费用的社会化。

3. 突出以大病统筹为主

重点"保大",适当"保小"。根据保险学的原理,保险,顾名思义是有"险"才"保"。一般来说,风险是发生在大病,而不是在小病。从当前的筹资水平来说,解决"因病致贫"风险的重点也在大病上,因此,新型农村合作医疗强调"大病统筹为主"符合保险学的原理。当然小病如不及早防治,也可转化为大病,所以《意见》进一步强调"有条件的地方,可实行大额医疗费用补助与小额医疗费用补助相结合的办法"。而传统合作医疗没有突出"保大病",可谓是没有抓住医疗保险的重点。

4. 提高了统筹层次,加强了抗风险的能力

传统合作医疗基本上是以村、乡为单位进行统筹,实行"村办村管"、"村办乡管"、"乡村联办",覆盖人群窄,不仅很难达到应有的互助共济、分担风险的目的,还增加了管理成本。新型农村合作医疗明确规定:"新型农村合作医疗制度一般采取以县(市)为单位进行统筹。"这样,提高了合作医疗的统筹层次,符合保险的"大数法则",合作医疗基金抵御疾病风险的能力大大增强,尤其是抵御大病风险的能力增强,很好地调动了农民参加合作医疗的积极性。

5. 提高了管理体系层次

新型农村合作医疗制度中,强调县(市)各级政府建立领导协调监管机构、经办机构和监督管理机构,管理经费纳入地方政府财政预算。同时,还建立了多部门协调和公众参与的机制,而传统合作医疗工作基本上是由乡、村进行管理,或由卫生部门独自承担。

6. 强调了监督机制的民主公开,赋予农民知情、监管的权利

坟　地

农民对合作医疗的信任是合作医疗可持续发展的关键。传统合作医疗之所以难以重建,农民的不信任也是主要原因,很多农民担心."干部吃好药,自己吃草药"。有鉴于此,新型农村合作医疗坚持公开、公正、公平原则,制定了一系列的规章制度,如明确省、地级人民政府成立农村合作医疗协调小组,在卫生行政部门内

部设立专门的农村合作医疗管理机构,在县级组成农村合作医疗管理委员会,下设经办机构,根据需要在乡镇可设立派出机构(人员)或委托有关机构管理。对资金的监督管理,《意见》强调要加大监督力度,规定县级农村合作医疗管理委员会要接受专门成立的监督委员会和同级人大的监督和审计部门的审计,这比传统合作医疗《章程》规定"专款专用"、"账目日清月结,定期公布"的力度要大得多。在保障农民的知情权上,《意见》强调要将合作医疗作为村务公开的重要内容,定期、不定期地进行公示,将参加合作医疗农民享有的基本权利与义务、基金补助范围和方式、合作医疗基本用药目录和基本医疗服务价格在合作医疗定点医疗机构上墙公布。同时强调监督委员会中要有农民代表,让农民参与到对合作医疗的监督中来。

7. 建立医疗救助制度,为贫困农民缴费提供资助

以前虽然也有一定的医疗救助,但传统医疗救助一般是给予救助对象一定的患大病的费用补助,没有与合作医疗挂起钩来,而这次《决定》明确规定:"医疗救助形式可以对救助对象患大病给予一定的医疗费用补助,也可以是资助其参加当地合作医疗。"明确了医疗救助与合作医疗的关系,有利于医疗救助的制度化,也可使医疗救助资金发挥更大的作用。民政部、卫生部、财政部《关于实施农村医疗救助制度的意见》(民发[2003]158号)进一步明确了"农村医疗救助制度是政府拨款和社会各界自愿捐助等多渠道筹资,对患大病农村五保户和贫困农民实行医疗救助的制度"。医疗救助制度的建立,为贫困农民的合作医疗筹资提供了资助来源。

传统合作医疗是农民群众自发组织起来,采取互助共济,共担风险,解决自己健康保障问题的医疗保障制度。合作医疗在我国

经历了半个世纪的历程，走上了建立新型合作医疗制度的路程。由于新型农村合作医疗有农民个人的缴费，又不是全额报销的公费医疗，这就明确了新型农村合作医疗制度不是医疗救助和医疗福利制度，而是医疗保险制度，因为其中还有政府的补贴，因而也不是商业医疗保险。

（三）我国新型农村合作医疗制度的基本框架

1. 目标

《决定》提出"到 2008 年，新型农村合作医疗制度要基本覆盖农村居民"的目标；同时，《意见》提出了实现目标的明确的方法和步骤，即"按照农民参保积极性较高、财政承受能力较强、管理基础较好的原则，从 2003 年起，各省、自治区、直辖市至少选择 2—3 个县（市）先行试点，通过试点总结经验，不断完善，稳步发展，到 2010 年全国建立起基本覆盖农村居民的新型合作医疗制度。"《意见》提出了试点工作的目标任务："研究和探索适应经济发展水平、农民经济承受能力、医疗服务供需措施、运行机制和监管方式，为全面建立新型农村合作医疗制度提供经验。"2005 年 12 月 31 日《中共中央国务院关于推进社会主义新农村建设的若干意见》再次明确"积极推进新型农村合作医疗制度试点工作，从 2006 年起，中央和地方财政较大幅度提高补助标准，到 2008 年在全国农村基本普及新型农村合作医疗制度"。从这些政策性文件中，新型农村合作医疗的近期和远期目标都已经十分明确。有了目标，就有了努力的方向，构建新型农村合作医疗的基本框架就有了基础。

2. 原则

从《决定》和《意见》的政策要点分析，新型农村合作医疗制度

的基本原则有以下三个方面:

一是自愿参加,多方筹资。农民以家庭为单位自愿参加,遵守有关规章制度,按时足额缴纳合作医疗经费;乡镇、村集体给予资金扶持;中央和地方各级财政每年安排一定专项资金予以支持。自愿参加,多方筹资原则体现的是对农民利益的切实关心,充分尊重农民的意愿,实行个人、集体、政府多方筹资,做好深入细致的宣传动员工作,积极引导农民参加新型合作医疗。

二是以收定支,保障适度。以收定支,保障适度的原则体现的是对基金的科学管理。在调查研究和科学测算的基础上,制定可行的支付内容与标准、结算办法等,做到以收定支、保障适度,当年收支平衡。既要防止超支,保证合作医疗制度持续有效进行,又要防止基金结余太多,影响农民享有最基本的医疗服务,失信于民。

三是先行试点,逐步推广。从实际出发,通过试点总结经验,不断完善,稳步发展。随着农村社会经济的发展和农民收入的提高,逐步提高新型农村合作医疗制度的社会程度和抗风险能力。这一原则体现的是政府办好新型合作医疗的决心,而不是一哄而起。

3. 筹资

新型农村合作医疗实行"农民个人缴费、集体扶持和政府资助相结合的筹资机制"。个人缴费是基础,排除实行医疗救助的对象外,参加新型合作医疗的农民均应缴费,其额度可视当地经济状况和个人承受能力而定。政府资助是引导农民个人筹资的前提,没有这个前提很难吸引农民缴费,很难持续地巩固新型合作医疗制度。《意见》对个人、政府的具体筹资标准作了明确规定:"农民个人每年的缴费标准不应低于 10 元,经济条件好的地区可相应提高标准","地方财政每年对参加新型农村合作医疗农民的资助不低于人均 10 元","从 2006 年起,中央财政每年通过专项转移支付对中西部地区除市区以外的参加新型农村合作医疗的农民按人均 20 元安排补助资金"。2008 年中央政府按人均 40 元安排补助资金,加上地方政府的 40 元,农民人均补助资金为 80 元。集体扶持是调节,从情理上说,只要集体经济存在,包括村集体经济,应尽扶持的责任。但是在政策上,没有对扶持新型农村合作医疗的乡村集体经济组织类型、出资标准作具体规定。对社会团体和个人资助也只是提倡鼓励,没有明确政策。

4. 补偿

新型农村合作医疗实行"以大病统筹为主"的补偿机制。《意见》明确指出,"农村合作医疗基金主要补助农民的大额医疗费用或住院医疗费用。有条件的地方,可实行大额医疗费用补助和小额医疗费用补助相结合的办法"。同时规定,"对参加新型农村合作医疗的农民,年内没有动用农村合作医疗基金的,要安排进行一次常规性体检"。同时要求,各县(市)要根据筹资总额科学合理地确定支付范围、支付标准和额度,确定常规性体检的具体检查项目和方式。《意见》还对补偿方式做了规定:"农民在县(市)、乡镇、村定点医疗机构就诊,可先由定点医疗机构初审并垫付规定费用,然后定点医疗机构定期到县(市)或乡镇新型农村合作医疗经办机构核销。农民经批准到县(市)级以上医疗机构就医,可先自行垫付有关费用,再由本县(市)新型合作医疗经办机构按相关规定及时审核报销。"

5. 管理

此项主要包括新型农村合作医疗的组织实施和对合作医疗基金的管理。《意见》对组织管理体系提出了具体要求:强调新型农村合作医疗要以县(市)为单位进行统筹,建立新型农村合作医疗管理制度。省、地级人民政府成立由卫生、财政、农业、民政、审计、扶贫等部门组成的协调小组;各级卫生行政部门内部设立专门的管理机构;县级人民政府成立由有关部门和农民代表组成的管委会,负责有关组织、协调、管理和指导工作;县级农村合作医疗管理委员会下设经办机构,负责具体业务工作,人员由县级人民政府调剂解决;根据需要在乡镇可设立派出机构(人员)或委托有关机构管理;经办机构的人员和工作经费列入同级财政预算,不得从合作医疗基金中提取。

农村合作医疗基金是由农民自愿缴纳、集体扶持、政府资助的民办公助社会性资金。其使用和管理,要按照以收定支、收支平衡和公开、公平、公正的原则进行管理,专款专用,专户储存,不得挤占挪用。《意见》确定了农村合作医疗基金的管理机构为"农村合作医疗管理委员会及其经办机构",并明确了基金筹集的程序;农民个人缴费和集体扶持资金,由合作医疗经办机构在乡镇设立的派出机构(人员)或委托有关机构收缴,存入专用账户;地方财政支持资金,由地方各级财政部门划拨到专用账户;中央补助资金,由财政部向省级财政划拨。

6. 服务

此项主要是指对医疗服务的管理。《意见》指出,要在农村卫生机构中择优选择农村合作医疗的服务机构,并加强监管力度,完善并落实各种诊疗规范和管理制度,保证服务质量,提高服务效率,控制医疗费用,使农民得到较好的医疗服务。

7. 监督

《决定》和《意见》强调保证农民的参与、知情、监督的权利和监管的独立性,要求"采取张榜公布等措施,定期向社会公布合作医疗基金的具体收支、使用情况";"成立政府相关部门和参加合作医疗的农民代表共同组成的农村合作医疗监督委员会,定期检查、监督农村合作医疗基金使用和管理情况"。同时,强调接受同级人大、政协、社会各界的监督和审计部门的审计。

二、西北新型农村合作医疗制度的
发展现状及分析

（一）西北新型农村合作医疗制度的基本情况

家庭联产承包制和市场经济改革带来的迅猛发展让国家原有的农村医疗保健体制轰然坍塌。农村只有简陋的诊所，贫困病人从来没有去过医院，医院拒绝为穷人治疗，医疗专业人员遗弃了偏僻的西北农村地区。数百万人得不到基本的医疗保健。农村孕产妇的死亡率和婴儿死亡率一直是城市地区的两倍多。近年来，中央设法缩小城乡之间的医疗保健差距，加大了投入，是中国农村医疗保障体系建设步伐最快、财政支持力度最大的几年。中央财政安排的新型农村合作医疗支出从 2004 年的 4 亿元增加到 2007 年的 114 亿元。农村医疗救助支出从 2003 年的 3 亿元增加到 2007 年的 13.2 亿元。不过，这些钱还没有到达一些西北偏僻的农村。一位乡村医生说，"我出生在农村，理解农民的生活有多么艰辛。我认为为穷人治病是积善行德"。而由于医疗水平落后，一些医疗事故还引发了群体性事件，威胁社会稳定。农民的顺口溜说，"救护车一响，一头猪白养；手术台一上，一年田白耕"，"小病拖，大病扛，重病等着见阎王"。2007 年 10 月 4 日《中国新闻周刊》还报道了《一个老人们患病后大多选择自杀的贫困村》。

进入 2007 年，对于地处西北的农民来说，"小病拖，大病扛"，因病返贫、因病致贫的现象有所缓解。在新型农村合作医疗制度中推行大病统筹中，陕西实行低起付线、低封顶线、高补助比例的

"两低一高"办法。低起付线降低了农民住院治疗的门槛,低封顶线避免了少数人占用大量的合作医疗资金,高补助比例使更多参合农民享受到了新型农村合作医疗制度的优惠。目前,新型农村合作医疗制度在中国社会保障最薄弱的农村初具规模,虽然还不能解决兜住农民看病就医的诸多问题,但它所起到的缓解农民因病致贫和困病返贫的支撑作用是显而易见的。

合作医疗证

甘肃自 2003 年开始进行新型农村合作医疗制度试点,首批试点为山丹等 5 个县,据甘肃省卫生厅 2008 年工作总结,截至 2008 年年底已有 1869.12 万农民"参合","参合"率为93.2%,高于全国平均"参合"率。实现了新型农村合作医疗覆盖全省所有农村人口。新"农合"当年筹资达 14.69 亿元。全省乡镇卫生院1390 个,占全省 99.5%的乡镇,拥有床位 16085 张,卫生技术人员 14736 人。"参合"农民就医经济负担大大减轻,到乡镇卫生院就诊人数明显增加。形成了政府得民心、农民得实惠、医疗机构得发展的良好局面。目前全省 86 个县、市、区均成立了相应的领导、管理、监督、经办机构,层层签订了目标责任书。在新"农合"基金的管理和使用中,坚持卫生管事、财政管钱的双印鉴制度,患者住院医药费用报销均实行定点医疗机构现场直报机制,极大地方便了"参合"农民。

甘肃在实行新"农合"试点中,各县还探索新的方法。如会宁县在实现了全县药品集中采购的基础上,又将一次性医疗用品纳入全县集中采购,努力降低药品价格;民勤县在规范新"农合"信息网络建设的同时,积极探索简便易行的农民"参合"费用的收缴方式;康乐县积极强化医疗机构服务的规范化建设;灵台县、西和县积极推行单病种最高限额付费;甘州区实行三项控制线和两项制度,控制医疗费用的不合理增长。各县(市、区)还成立了以人大、政协和相关部门,以及"参合"农民代表参加的新型农村合作医疗监督委员会,市县两级人大、政协加强了对新"农合"工作的经常性督导;建立了县、乡、村三级合作医疗公示制度;省、市、县三级审计部门开展了定期审计和抽查审计工作。

甘肃省还加强制度建设,2004年出台了《甘肃省农村医疗救助管理暂行办法》,2005年甘肃省人民政府办公厅颁布关于做好新型农村合作医疗扩大试点工作的意见。2006年甘肃省卫生厅出台了《关于加强新型农村合作医疗医药费用控制的指导意见》,明确了乡、县、市及市以上各级定点医疗机构的起付线、报销比例、封顶线,并要求新增试点的新农合基金使用率县(市、区)达70%以上,老试点县区达80%以上。参合农民实际住院补偿报销比例,老试点县要达到45%以上,新增试点县要达到40%以上。省卫生厅还规定了各级定点医院必须执行《甘肃省新型农村合作医疗基本用药目录》,村卫生所必须在用药目录范围内用药,乡镇卫生院、县级定点医院使用目录内药品的比例分别不低于90%和85%。并且要严格控制参合农民自费药品和自费检查项目,自费药品比例应控制在药品总费用的10%以内。2008年甘肃省卫生厅、省财政厅发出《关于进一步做好新型农村合作医疗工作的通知》,2008 年中央财政对中西部地区按参合农民人均 40 元补助,同时也将农业人口低于 50% 的市、区纳入补助范围。地方财政补助标准提高到人均 40 元,其中省级财政补助标准提高到人均 30 元,市县两级财政补助标准提高到 10 元。农民个人缴费标准提高到 20 元,并调整实施了新的补偿方案。住院补偿比例原则上乡级医疗机构不低于 80%,县级医疗机构不低于 70%,市级医疗机构不低于 60%,省级医疗机构不低于 50%。起付线原则上乡级医疗机构不高于 100 元(严禁随意取消起付线),县级医疗机构不高于 300 元,市级医疗机构不高于 800 元,省级医疗机构不高于 1500 元。报销封顶线原则上县级医疗机构不高于 10000 元,市级医疗机构不高于 30000 元,三级医疗机构(含三级乙等、三级甲等)不高于 50000 元。

为帮助解决贫困农民就医的特殊困难,甘肃省制定了《甘肃省农村医疗救助管理暂行办法》,建立了针对农村五保户和无力参加农村合作医疗的贫困农民的农村医疗救助制度,提高农村贫困群众的健康水平,及时解决重大疾病医疗费用。凡持有本省农村户口的贫困群众,因患重大疾病、医疗费用超过家庭承受能力和无力参加农村合作医疗的,可申请享受医疗救助。重点救助对象包括:五保户;特困户;三等甲级以下伤残军人;独生子女领证户和二女结扎户中的贫困户;因重大疾病造成家庭生活特别困难的。救助标准为:对多发病、常见病和急性传染病人的住院治疗费用,按整个费用的 40%—70% 给予救助。救助对象全年个人累计享受救助金额不超过 8000 元。

上述做法,初步建立起新型农村合作医疗制度运行机制,撑起了护卫农民健康的保护伞,对农民健康的保障作用逐步显现,笔者在东乡县人民医院的调查表明,66.34% 的参合家庭获得了医疗费补偿。与未开展合作医疗前相比,参合农民两周门诊就诊率提高了8.3%,实施门诊统筹的地区,两周门诊就诊率提高了33.2%,住院率提高了52.7%。农民就医经济负担有所减轻,住院费用的40%得到补偿,平均住院补偿费用达到731元。有98%的试点县建立了农村医疗救助制度,向"人人享有基本医疗卫生服务"目标迈进。农民只需每年缴纳20元的合作医疗费就可以"公费医疗",使农民看病就医问题得到一定改善的同时,也促进了乡镇卫生院的发展,农村医疗设施薄弱得到了逐步的改善。由于新农合提高了农民的就诊率,小病到乡镇卫生院看,分流了对大医院的压力。一位医生对笔者说:现在农民的负担轻了,健康意识强了,看病的农民越来越多,而献血卖血的农民越来越少,全国医院普遍缺血现象,从一个侧面反映了新农合的好处。

(二)西北新型农村合作医疗制度推行中遇到的问题

第一,基层人员编制、工作条件不具备,工作粗放,缴费受益设门槛,起付线以上才报销,只保大病使农民参合顾虑多。

新农合涉及千家万户,大多数农户经济不富裕,文化水平不高,对政府收费有抵触心理。新农合筹资需要"合管办"工作人员挨家挨户上门收钱,耗费大量人力、物力、财力和时间。基层干部有畏难情绪,认为合作医疗资金难筹措、难管理,容易引起群众的不满和意见,因而对办合作医疗缺乏积极性和主动精神。新农合以县为单位集中审核、报销,具体工作由县合管委领导,下设县合管办,再下设县合管中心,各乡镇也设置相应新农合机构;加之数额庞大的宣传组织费用,工作人员和办公经费成本较高。多数基层合作医疗管理人员只能承担最简单的日常管理工作,在方案设计、对供方行为的监督、信息分析等方面能力较差。根据经验开展工作,通过"试错"积累经验,不仅增加了管理成本,也影响到合作医疗的正常运行。有些农民对合作医疗的互助互济性质认识不清,不理解新农合的政策,生怕自己因不生病而吃亏,生怕干部生病吃好药、自己生病吃次药,所以不积极参加新合作医疗,抱着等待观望的态度;有的农民认为参保手续麻烦;有的农民怕交了白交;有的农民怕报销麻烦;有的农民觉得补偿得太少,没必要参加;有的农民认为合作医疗的筹资办法和补偿机制如何不公开透明;有的农民则交不起 20 元钱。新型农村合作医疗主要是"保大病、重病",大病往往需要住院,实际上农民患病住院率只有 3% 左右,而 97% 的门诊常见病、多发病、慢性病费用不能报销。合作医疗直接关系着群众的利益,既要解决好多数群众的基本医疗保健,又要考虑少数群众的大病补偿,以减轻或防止因病致贫、因病返贫,也就是解决好个体利益和群体利益的关系,只有让参加者获得最大的利益,感受合作医疗的好处,才能坚定办好合作医疗的信心。

第二,补偿方案的制定不够科学合理,筹资水平不高,补偿水平不高,资金结余比例高,有悖现收现付;门诊不报销,大多数人不受益,贫困农民因掏不起住院押金,享受不到新农合的好处;大病报销手续麻烦,周期长。

目前,筹资水平不高,补偿水平也不高,乡镇卫生院医疗技术水平和设施条件有限,不能满足人们的看病需求,离帮助农民摆脱因病致贫的目标还有相当大的距离。一些参合农民在大病情况下到二级、三级医院就诊比例较高,不仅造成乡镇卫生院资源闲置,还增加了农民就医成本。以某县为例,2007 年 1 月至 5 月住院补偿 3999 人次,其中 530 人次在三级医院治疗,1644 人次在二级医院治疗,1825 人次(占 45.6%)在乡镇一级卫生院治疗。在高级别医疗机构治疗起付线高、报销比例低。特别是在大的医疗机构,《基本药物目录》以外的药开得多、超标准收费等现象普遍存在,实际报销比例只有 16% 左右。门诊看病占农民看病的 90%,大病住院的只占少数,而门诊不报销,大部分农民不能受益。这样轰轰烈烈的新农合只有得大病的 3% 的参合农民报销了 40% 的费用。有的新农合试点县运行一年,门诊和住院费补助仅用掉 1/3,报销比例低,造成基金结余过多,有悖现收现付的制度设计,降低农民参合积极性。

现在平均住院费超过农民的年收入,有的农民只能压低消费,攒钱看病,推迟看病,缩短看病时间。住院是先掏住院费,由于贫困农民拿不出住院费押金,连院都住不进去,使贫困人口实际上很少住院。笔者就见到靖远县一农民生病,卖了自家的 30 只羊后才住进了医院的情况。农民患了大病住院之后,需要自付较高的医疗费用,这不仅影响到合作医疗的保障水平,也影响到制度的运行质量和效果,并成为不同收入水平农民受益不均的主要原因之一。医疗救助制度的同步建立,确实改善了部分特困人口对基本医疗服务的可及性。但是有的试点县为贫困人口缴纳“参合费”的目的是提高“参合基数”并套取中央财政的补助,而没有真正解决贫困农民的看病难、看病贵的问题。由于提供补偿的资金量有限,仅有很少的救助对象能够获得 60% 以上的医疗费补偿。对于特困家庭,经济状况不是很好,连二三百元的资金都拿不出来,达不到 200 元的最低起付线标准,即使参加了合作医疗,也得自费,在目前较低补偿水平的情况下难以享受合作医疗所带来的服务。

政府筹资增长以及资金拨付等方面尚未建立起相关的制度保障机制,在一定程度上还受到人为因素的影响。这涉及两个问题:一是政府筹资水平随经济发展提高的问题。随着社会经济发展、农民收入增长和医疗费用的自然增长,政府筹资水平理应有所增加,否则保障水平就会相对降低。但目前采用绝对数额的筹资方法,会导致合作医疗筹资水平相对降低,使保障水平难以提高,甚至逐年降低。二是政府资金不能及时、足额到位的问题。中央和省级财政补助资金占了合作医疗资金的70%,由于补助资金往往到下半年才到位,导致很多县报销前紧后松,上半年空账运行,年底有可能出现资金沉淀等问题。此外,个别地市财政困难,补助资金事实上难以到位。在农民筹资方面,尽管筹资难度逐年下降,但农民的自愿缴费仍然是工作难度最大的环节。根据调查结果,仅有5%的农民认为目前筹资水平过高,因此,我们认为目前并非是农民负担不起,而是受农村经济、社会文化特点、农民的价值观、合作医疗制度的实施等各种因素的影响,在相当长时期内采用农民自愿缴费的方式进行筹资有相当大的难度。

第三,部分定点医疗机构服务能力差,不重视基本医疗服务,只保大病造成,以药养医,检查项目多、检查费、药费偏高,甚至"小病大治"和假住院,而私人诊所服务方便。

合作医疗的管理规则受到了医疗服务提供方"对策"的强烈挑战,不少提供者出于经济利益的考虑,采取各种对策,谋求自身利益。调查发现,一些医疗机构存在着不规范的医疗行为,存在"小病大治"和假住院的现象,医院为了自己的利益鼓励医生和病人多开药,影响到合作医疗资金的使用效果和效率。参合农民对各级定点医疗机构医疗技术水平、服务态度、收费、卫生资源配置情况的评价表明,有些定点医疗机构设备较差,药品不全,医务人员治疗一些常见病的医疗技术水平不高,各级定点医疗机构服务质量一般,服务态度较差,卫生资源配置不合理,特别是省市大医院依然看病难,看病贵,以药养医,以检查养医,收费过高,检查项目多,同级别的医院检查结果不互通,反复检查,资源浪费;大处方行为实际上把新农合的资金套取了。一些抗生素在私人诊所 7 至 8 元,而在定点医院要 20 元;在定点医院看病要 200 元,在私人诊所只要 20 元;在定点医院新生儿接生,如果不是剖腹产都要 4000 元,而在乡镇卫生院只要 200 元,新农合的资金并没有促进乡镇卫生院的发展,严重损害了参合农民的利益。

五保户老人

(三)西北新型农村合作医疗制度中的政策缺陷

1. 农民有 20 年没有医疗保障,传统政策留下后遗症

我国传统的合作医疗保障比较成功,但为什么现在不灵了?根本原因是 1982 年农村实行经济体制改革以后,传统合作医疗保

障的集体经济的基础被市场经济取代后，集体的公益金积累明显减少，由此也使以公益金为一部分资金来源的合作医疗制度受到严重影响，加之政府没有及时给予引导和支持，到 1985 年全国实行合作医疗的行政村由过去的 90％下降到 5％。① 20 多年没有医疗保障留下的后遗症，使农民对政府重新建立合作医疗失去信任，为现在新型合作医疗保障政策的推广设置了障碍。计划经济时代，农村合作医疗是公益性的，改革开放以来，农民是自费看病，新型农村合作医疗制度又矫正市场化倾向，突出了公益性。农民认为，过去政府反反复复，行政强制，干了很多失信于民的事，群众"一朝被蛇咬，十年怕井绳"。笔者在兰州市人民医院的调查中，七里河农民马某说："我参加了医疗保障，这次生病花了五六千元钱，跑断腿，拖到现在还一分钱没报销到"。另有同志说："我不是没有几十元钱，而是不愿意拿。从马某的事实，我们对新型农村合作医疗保障政策感到担忧，对新型合作医疗没有信心。"据该村参加合作医疗保障的农民说："医疗费用低者不报销，医疗费用高者却未能报销，真正兑现的也没几个。"他们认为，这与过去收费没什么差别，他们被过去这样那样的收费搞怕了。上面说好收了钱为群众办事，而事实上群众却得不到利。虽然这是个别事例，但是影响很坏。同时以户口为界，城乡医保不统筹，各地政策不一，社会化程度低，影响农民流动和城镇化，县级统筹层次低，资金管理和运行上存在漏洞。

2. 政府部门之间的政策矛盾，农民缴费被当做增加农民负担的乱收费

部门之间的政策矛盾为农村合作医疗政策执行出难题。由于

---

① 参见蔡仁华主编：《中国医疗保障制度改革实用全书》，中国人事出版社1998 年版，第 346 页。

资金来源是农村合作医疗政策贯彻执行的一大难题,对于资金来源,各职能部门的观点不一,政策措施相互矛盾。例如,2001 年财政部、农业部等《关于加大治理向农民乱收费力度,切实减轻农民负担的通知》"严禁在农民办理结婚登记过程中,搭车收取农村养老保险基金、医疗保险基金等任何收费",而这与卫生部《关于建立新型农村合作医疗制度的意见》完全矛盾:为了建立合作医疗制度,地方政府可以向农民收取一定费用。在农业部等五部委颁布的《减轻农民负担条例》中,"合作医疗交费"项目也被列为农民负担不允许征收。与中央政府支持发展合作医疗的政策相冲突,致使一些地方放弃了合作医疗制度的重建。中央政府需要通过公共政策解决公共问题,但是,这些政策,尤其是各个部门出台的政策都服务于不同的政策目标,例如卫生部的规定是为了重建合作医疗的目标,而农业部的政策是为了减轻农民负担,这两种目标都是政府在特定时期中选择的目标,因而发生政策措施的冲突与矛盾,为政策执行设置了一道屏障。

3. 政府干预政策替代集体的自主治理

自主治理与外部干预是公共事务的两种治理模式。旧合作医疗采用的是农民自治组织,而新型合作医疗却是政府的大规模干预。新型合作医疗以政府大规模的干预政策替代了以往村社内部的自治机制和集体提供卫生服务的制度,政府不仅管规划、管融资,还直接管操作、做监督,身兼数职。其结果:一是制度设计成本、运行成本和监督成本都很高,资源利用效率很低,医疗保健可及性增长不大。二是政府的大规模干预使得政府角色错位。政府到底是作为农民的合作医疗政策选择的代理人,还是代表自己的利益,农民对此产生怀疑。可见,这些制度缺陷阻滞了农村合作医疗保障政策的执行。

4. 新型农村合作医疗医药费报销与商业医疗保险理赔之间发生矛盾

这是一件新型农村合作医疗医药费报销与商业医疗保险理赔之间发生矛盾的具体事例:高台县农民杨××参加新农合后又购买了医疗保险,因病住院治疗花医药费 1474 元,新农合按照规定比例报销了 549 元,商业保险公司在理赔时扣除新农合已报销数额后只理赔了 438 元。据购买商业医疗保险申请理赔的农民反映,这种现象在全县已经比较普遍,他们对扣除新农合报销数额再理赔的商业保险百思不得其解,认为商业医疗保险应按照保险合同规定的标准进行理赔。既参加了新农合又购买了商业医疗保险的农民患者却纷纷反映,商业保险公司扣除新农合医药费报销数额再理赔的做法不合理,没有政策依据,减少了购买商业医保患者的理赔数额。

新型农村合作医疗制度与商业医疗保险的基本特性存在较大差别,前者是政府补助的普惠行为,后者是双方自愿的契约商业行为。新农合的目标取向是非营利的社会救助行为,尽量扩大农村补助普惠群体,而商业保险是"多投多保、少投少保、不投不保"的对等互利关系,保险契约一旦终止,保险责任随之自行终止。为此,既参加了新农合又购买了商业医疗保险的农民患者要求,商业保险公司不应该与新农合产生矛盾和冲突,不能扣除新农合已报销数额再理赔,而应该按照商业医疗保险规定的标准进行赔偿,维护购买商业医疗保险农民的合法权益。由于没有法律依据,扣除新农合已报销数额再理赔的做法至今无法得到纠正和妥善处理。广大农民呼吁有关部门尽快协调解决存在的矛盾和冲突,让新农合和商业医疗保险在规范运行中共同发展,确保农民除享受新农合补助普惠的优惠政策外,不折不扣地得到商业医疗保险的赔偿,维护既参加新农合又购买商业医疗保险农民的合法权益。

（四）西北新型农村合作医疗制度发展的主要制约因素

1. 农村医疗资源匮乏，特别是缺医生，城乡差距大，大部分新农合的资金流入了大医院，新农合的资金并没有促进农村卫生事业的发展

新农合提高了农民的就诊率，小病到乡镇卫生院看，促进了乡镇卫生院的发展，分流了对大医院的压力，甚至卫生院为了盈利，大病也自己诊治，结果耽误了最佳救治时间的事故。但是，各地基本是80%的卫生资源配置在城市，20%的资源配置在农村。进入城市的80%，实际上有相当一部分投入到了三级甲等这样的一些大医院，给大医院投入多了以后，大量的病人涌到大医院，由于总体配置不合理、农村投入不到位，导致基层卫生院有20%左右是处于亏损状态，工资奖金基本上发不出，医疗人员人才留不住，农民的看病就医问题随之而来，客观上形成了一个恶性循环，新农合的资金并没有促进农村卫生事业的发展。① 2008年甘肃省第二次全国农业普查主要数据公报，甘肃99.5%的乡镇有卫生院，其中39.2%的村距离卫生院在3公里以内，66%的村有卫生室，73.6%的村有行医资格证书的医生，23.8%的村有行医资格证书的接生员。

2. 资金筹集难，不稳定，保障水平低，不可持续发展

农民的生存环境和生活质量决定了他们对医疗服务的需求是非常高的，而且由于患大病的概率比较高，所需要补偿的数额也较

---

① 参看《南京破解看病贵与难》，中央电视台《新闻调查》2008年3月22日。

大。在新型农村合作医疗制度实行初期,一些农民对此持观望态度,参加者较少,覆盖面较低,致使所筹集到的合作医疗资金数量有限,一些大病不在保障范围。目前造成筹集困难的原因主要有:(1)缺乏集体经济的支持。(2)农民缴纳合作医疗有关费用的积极性不高,要么因经济困难没有能力缴纳;要么对新型农村合作医疗制度不信任、对合作医疗质量不满意而不愿意缴纳。(3)农村县乡政府普遍财源不足,不能及时足额补偿农民的医药费。而一些经济发达地区提高了合作医疗基金的政府资助水平,使人均账户资金达到 200 元以上,从而在更高程度上保障了农民看病的需要。

3. 农村医疗服务定位不明,市场化改革使公立医院放弃公共服务责任,利用公共资源大肆"创收",使农民看不起病

主要表现在:(1)农村医疗服务是公益性的还是营利性的,现在乡镇卫生院由财政支持,而村卫生室 80% 为私人所有,其发展方向为何不明确。(2)卫生费用分配存在较为严重的城乡差距。(3)农村卫生人力资源技术水平低。在大部分农村地区乡镇卫生院的卫生技术人员中,中专学历和未接受专业培训的高中以下学历者分别占 53% 和 30%,在贫困地区这一比例更大,大专学历者比例很低,大学毕业者更是少见。待遇低,没培训进修机会,又加剧了人才的流失。城乡卫生资源分布的不均衡性,增加了农民参加合作医疗的顾虑和成本,进而影响农民参加新型农村合作医疗的积极性。

4. 信息高度不对称,新型农村合作医疗的管理与监督机制不健全

政府对医疗卫生的监管是其重要职责。由于卫生领域具有信息高度不对称的特征,监管尤为必要,难度也相当大。在市场经济的冲击下,由于医院的补偿机制不够健全,依靠增加医疗需求和提

高药品售价获取经济效益成了医院的通常做法。医疗费用的提高,加重了患者负担,也阻碍了新型农村合作医疗的顺利开展。现行制度中,新型农村合作医疗管理工作由卫生行政部门负责,经办机构一般设在乡镇卫生院,也由卫生部门管理,卫生部门身兼两职,既是管理者又是经办者;既代表供方,提供医疗服务,又代表需方,管理卫生院和新型农村合作医疗基金。既代表需求方购买卫生服务,又在一定程度上代表医疗卫生服务提供者,既当裁判员,又当运动员,无法形成有效的监管机制。而卫生服务的提供者和医疗保障部门之间存在着利益冲突,卫生行政部门要调节和平衡卫生服务供给者和合作医疗基金管理者的利益,实现"适度保障"难度很大。医院与医保中心在某种意义上来讲是一种博弈,医院为了经济利益拼命开药、办假住院,医保中心则负责"堵漏",两者之间是永远的矛盾。同时,西部地区新型农村合作医疗机构的管理手段落后,加之农民处于分散状态,缺乏监督意识和能力,无法形成有效的监管机制。由于人手紧张,新农合报销审核漏洞较多,客观上造成了基金的安全隐患。严重制约了新型农村合作医疗制度的正常实施。

三、完善我国新型农村合作 医疗制度的政策建议

(一)完善我国新型农村合作医疗制度的政策建议

1. 建立健全政府责任约束机制,调整财政支出结构,改变公共财政支出的城市偏向,实现公平共享

世界卫生组织《2000 年世界卫生报告》指出,"对一个国家卫

生系统的总体效能负有根本责任的是政府,对人民健康福利谨慎而负责的管理是一个有为政府的根本素质"。而建立新型农村合作医疗制度正是我国政府为解决新形势下农业、农村、农民问题,统筹城乡、区域、经济社会发展采取的重大措施。党中央国务院对合作医疗给予了高度重视,胡锦涛总书记和温家宝总理也做出了重要批示。但新型合作医疗作为一种制度创新,与传统合作医疗相比,它有新的目标、新的内涵、新的要求,没有成熟的经验和模式可以借鉴。而且解决"三农"问题,发展农村经济,增加农民收入不是一朝一夕的事情,农民医疗费用的增长、合作医疗基金的筹集都将受到制约;农村基层管理水平不高,新型农村合作医疗的运行、监督、服务都需要逐步规范,新型农村合作医疗的工作难度比较大。因此,政府的重视仅仅体现在文件、批示中还远不能使建立和完善农村合作医疗的责任落到实处,必须建立健全政府的责任机制,才能确保各级政府真正做到高度重视,精心组织,精心实施,才能确保农村合作医疗的成功。一个地方重视不重视合作医疗,搞不搞得好合作医疗,就看这个地方政府主要领导人的意识和有没有一种责任机制的约束,领导愿意抓,有为民谋利的意识,合作医疗往往就搞得好。目前,重不重视合作医疗,不会影响政府和官员的政绩;相反,办合作医疗、把钱花在合作医疗上未必能立竿见影地体现领导的政绩。因此必须通过责任机制来促使各级政府特别是县、乡基层政府重视农村合作医疗,而不是仅仅停留在口头上的所谓加强领导。要明确政府在建立和完善新型合作医疗制度中应负的责任,要把责任分解到具体的人,对没有履行好责任的要有制约的办法,对不履行责任或没有履行好责任的政府领导,要给予严肃的处理。只有这样,各级政府才有办好合作医疗的动力。卫生部发布的《医疗机构设置规划指导原则(2009 年版)》,要求各地根据实际情况,以合理配置利用医疗卫生资源、公平地向全体居民提供高质量的基本医疗服务为目的,从当地的医疗供需实际出发,面向城乡,以基层为重点,适当调控城市医疗机构的发展规模,保证全体居民尤其是广大农民都能公平、公正地享有基本医疗服务。

2. 加强信息化平台建设,建立农民健康档案,加大健康知识的宣传教育力度,可节约宝贵的合作医疗经费

五保住宅建设

新型农村合作医疗虽然建立在自愿的原则上,试点中,有的县农民参合率较低,其实并非农民完全不愿参加,主要原因是相当一部分农民由于受经济条件限制和传统观念的影响,自我保健意识和健康风险意识不强,互助共济观念比较淡薄,再加上以往农村合

作医疗的几起几落,农民对合作医疗信任不够,对新型农村合作医疗制度又还不十分了解,存在一些疑虑和担心,这必然需要一个认识过程,需要我们进行宣传教育和组织引导。尤其在农村贫困地区,社会网络处于一种较松散的状态,更需要通过政府的组织发动,来提高社会的凝聚力,增强农民对合作医疗的参与意识。凝聚力是一种社会资本,它能够支配和调整人们的行为,以更好地达到所期望的目标。因此,各级政府必须加大宣传力度。通过宣传教育,一可以提高农民对新型农村合作医疗的认识和理解,激发其参与合作医疗的积极性,增强农民的互助共济精神和健康风险意识,改变其不良的生活行为;二可以提高领导干部的思想素质和文化水平,增强其为民办实事的自觉性,密切党群关系和干群关系,从而促进新型合作医疗的持续发展。

要做好新农合和农民健康知识的宣传工作,首先,政府要负起宣传发动的责任,形成全社会的宣传氛围。作为政府,具有保障全体居民健康、减轻农民疾病经济负担的义务,政府的行为对于保障新型合作医疗的发展起着不可替代的作用,因而,政府有必要利用各种政府行为,利用广播、电视、网络等新闻媒介大力宣传,充分调动全社会积极性,形成全社会的宣传氛围,促进新型农村合作医疗的发展和完善。其次,要改变旧体制下的教条式宣教方式,努力把群众的宣传发动与组织工作做细、做扎实。宣传上不要夸大其词,以免让群众有过高的期望而产生负面影响,要符合实际,在充分尊重群众意愿的前提下,提高宣传发动的效率,通过农民群众得到实惠的生动的例子来进行广泛深入的宣传,才能逐步提高农民群众的参与率。再次,要加强信息化网络平台建设,建立农民健康档案,加大健康宣传教育力度,走预防为主的道路,可节约宝贵的合作医疗经费。注意宣传的持久性,建立长期宣传的机制。取得农民对合作医疗的重新信任不是一朝一夕的事情,必须进行长期的宣传。不仅是在实施初期进行宣传,更要在实行过程中进行经常性的宣传,宣传合作医疗的开展、运行情况,以实际行动来赢得农民的信任。

3. 切实落实管理和经办机构的编制、人员和经费

《意见》对县级经办人员和办公经费都作了明确规定:"县级农村合作医疗管理委员会下设经办机构,负责具体业务工作,人员由县级人民政府调剂解决","经办机构的人员和工作经费列入同级财政预算"。但在实际工作中,机构基本成立,但人员多数是从外单位借用,工资由原单位发放,工作人员不安心,工作经费也难以落实。究其原因,除了县一级政府普遍财政紧张这一客观原因外,政府主观上重视程度不够也是重要原因。那究竟如何才能落实呢? 笔者认为,可以分两个层次区别对待:一是县级的合作医疗管理机构一定要成立。新型农村合作医疗以县为单位统筹,因此,在县一级政府必须有一个坚强的管理和经办机构,配备高素质管理人员,来管理合作医疗,这是保证合作医疗持续发展的重要组成部分。县级政府一定要负起责任,将县一级的合作医疗管理机构真正建立起来,明确编制、级别、人员,落实人员及工作经费,以稳定办公人员更好地开展工作。尤其对县级管理机构的人员结构要给予重视,不仅要有管理人员、财会人员,还要配备一些具有丰富临床经验的人员,不能简单凑数。二是对乡镇一级的经办机构。《意见》的政策要点是:"根据需要在乡镇可设立派出机构(人员)或委托有关机构管理。"笔者认为,对乡镇经办机构要根据实际情况采取不同的方式:经济条件好的县市可以将乡镇经办机构设立为常设机构,明确编制、人员、经费,作为县级管理机构的派出机构,由其直接管理。但要注意的是:一定要避免乡镇经办机构与乡镇卫生院两位一体,以免造成管办不分的情况,使对乡镇医疗机构

的监督名存实亡。经济条件较差的县市则可以探索引入市场保险机制,将合作医疗基金委托商业保险机构进行管理,由县级合作医疗管理机构负责对商业保险机构进行监管。这样不仅可以精简机构,节约经费,而且因商业保险机构具有丰富的控制保险费用的经验,出现"赤字"的风险远小于行政管理。因此,能够由市场办好的事,应尽量交由市场完成,通过市场这只"看不见的手",提高资源配置的效率。

4. 调整和完善合作医疗个人筹资机制

筹资是实行新型农村合作医疗的关键,特别是向农民个人筹资尤为关键,是一项难度很大的工作,是合作医疗的核心工作之一。一般认为,影响农民个人筹资的主要因素有缴费额度、筹资方式以及农民对合作医疗的认同意识,其中农民的认同意识,必须在政府长期的宣传引导下,才能逐步得到加强,因此,调整和完善个人筹资机制可从确定适度的农民个人筹资额度和选择合适的筹资方式两个方面来着手。

在农民个人缴费额度的确定上,《意见》对缴费额度的规定是:"要根据农民收入情况,合理确定个人缴费数额,原则上农民个人每年每人缴费不低于 10 元,经济发达地区可在农民自愿的基础上,相应提高缴费额度。"可见,农民个人筹资额度,要与当地经济发展水平相适应,缴费额度要适当,既不能过大,也不能过小。个人缴费额度过大,收缴工作难度大,对参与率有较大影响,个人收缴额度定得小,收缴工作好做些,但也不是越小越好,缴费太小,合作医疗总基金就小,补助能力就弱,合作医疗的救助功能难以得到有效的体现,农民对合作医疗的救助作用感受不大,参与的积极性就不高,反过来又影响了参合率。所以,个人缴费额度要定得适当。

另外,随着新型农村合作医疗的不断发展,为扩大筹资规模,笔者认为可推行多层次、多渠道参加合作医疗的筹资形式,着重可落实二项调整工作。(1)实行参保人群的调整。农村合作医疗筹资的对象范围可从单纯的农业人口向农村所有居民拓展。可在确保纯农业人口参加合作医疗的基础上,吸纳企业、事业、商业等行业的人群参加合作医疗,吸纳外来人群参加合作医疗,扩大合作医疗覆盖面,提高合作医疗保障能力和水平。(2)实行参保层面的调整。单一的合作医疗筹资方式,在一定程度上制约了合作医疗的进一步发展。对此,笔者认为可针对不同层次、不同结构的人群对象,制定不同的多层面的筹资政策。尤其对于农业人口以外的其他人群,要敞开大门,创造宽松的政策环境,允许其自愿参加农村合作医疗,自由选择参加合作医疗的时间和筹资层面,允许其既可以参加"门诊账户＋住院医疗"式的合作医疗,也可以参加单纯的住院医疗统筹,不同的待遇不同的缴费标准,不同的报销比例,逐步建立合作医疗多层面发展的新机制,开辟合作医疗新的融资渠道,提高合作医疗的生命力。

在农民个人筹资方式的选择上,要积极探索操作简便、农民易于接受的筹资方式,尽可能降低成本。我们建议积极考虑整合2004 年之后业已出台的国家财政对农民的优惠措施,可将新型农村合作医疗纳入政府涉农优惠政策框架中统筹,变合作医疗向农民一户一户、一人一人地直接筹资为从财政给农民的优惠补助中统一抵扣。这种合作医疗筹资办法,可以首先选取粮食主产省份,将国家对种粮农民的直补资金,抽出每人 20 元,作为农民参加合作医疗的"份子钱",同时明白告诉农民其已具有享受合作医疗的身份以及从看小病到看大病的全套待遇情况。这种做法的好处,是避开了政府与单个农民之间先"发钱"后"收钱"的烦琐工作流程,通过财政直补与合作医疗的"挂钩"推行,低成本、高效率地完成了合作医疗所需的向农民筹资的过程,从而可以迅速地以近乎"全覆盖"的规模展开合作医疗体系建设,而财政不必多花一分钱(调研中我们就此种方案征求过农村基层干部的意见,得到了积极赞同的反映)。或者将政府补贴以发放医疗消费券的办法给农民,认为对于农民来说,医疗消费券可以当做现金在任何普通病、常见病的医治过程中都可以使用,没有医疗费报销的烦恼,不会有任何的额外负担,有助于提高农民的医疗保健水平。而对于医疗机构来说,它根本不知道农民事后支付的是现金还是消费券,而且这二者完全等值,从而大大减少对正常医治过程的干扰,也不会有什么定点医疗机构来影响医疗卫生制度的正常运行。对政府来说,由于操作程序简单,它既无须增设庞大的机构,避免政府机构进一步臃肿,也不再需要耗费巨额的人力财力浪费在农村医疗保险费的征收环节,而且财政可控性强,可提前设计控制,不会有人不敷出、财政崩溃之忧,各地政府可以根据自己的具体财政情况,确定一个法定的人均医疗消费券的额度。本书认为这些方式值得推广,可大大降低成本,提高效率。但要特别注意的是在与农民签订协议的过程中,一定要尊重农民的真实意愿。在与农民签订协议之前,采取上门收取的方式,要特别注意防止将缴费工作转嫁到乡村医生的做法,医院和医生是卫生服务的提供者,只负责医疗服务,不应成为资金管理者,不适合参与资金的筹集和管理工作。

5. 调整和完善基金管理机制,建立"门诊家庭账户 + 住院统筹 + 大病救助 + 预防保健基金"的模式

管好合作医疗基金,把有限的资金用在刀刃上,对增强合作医疗的保障能力至关重要。要管好基金,首先要分配好基金,其次要保证基金的安全运行。

（1）设立大病救助、预防保健基金和风险基金

试点中,各县(市)对合作医疗总基金的分配比较单一,基本上是"家庭账户 + 住院统筹"或者就是单纯的"住院统筹",本书认为可转变为"家庭账户 + 住院统筹 + 大病救助 + 预防保健基金 + 风险基金"。

一是家庭账户不宜取消,做到门诊报销,小病早治,预防为主,而不是等到"大病统筹"。平凉市 5 个试点县在第一个运行年度中基本上设立了家庭账户。笔者认为建立家庭账户非常重要,这样不仅仅是让农民感觉自己交的钱大部分用在自己身上,自己得到了实惠,同时又可以扩大受益面,对提高参合率有积极的作用,更重要的是可以引导农民及时就医,避免小病酿成大病,节约医疗资源和合作医疗基金。有关调查也显示,从愿意参加合作医疗家庭选择合适的保障形式来看,大部分人认为门诊和住院都要保障,占 58.75%,愿意单纯保住院的只占 24.27%。因此,门诊账户应该设立,在具体分配上,可考虑将个人缴纳的大部分和乡镇集体补助的部分建立家庭账户,用于补偿门诊医疗费用。

二是要设立大病救助基金。根据《意见》精神,新型农村合作医疗的补偿原则是"以大病统筹为主",从实际生活中来看也应该如此,小病的治疗一般农民能够承受得了,大病则是一种无法预测的风险,仅仅依靠个人和家庭难以防范,大病的治疗可能给农民造成倾家荡产、重返贫困的灾难。因此,合作医疗重点要保"大病"。但住院医疗补助不等于就是保"大病",住院医疗补助中,甘肃省试点县都制定了住院医疗补偿封顶线,最高为 20000 元,最低仅 2000 元。而据卫生部第三次国家卫生服务调查显示,恶性肿瘤、心血管疾病的患病率在农村地区上升比较快,成为农民健康的主要"杀手",但这些大病的治疗,医疗费用动则三四万元,甚至十多

万、几十万元也不稀奇。真正染上这些大病的患者,区区几千元、10000元的救助犹如杯水车薪,远远不能解决问题,因此有必要在住院基金之外,再设立大病救助基金,主要用于对一些因急病、重病转外就诊的参保人员以及因患病住院医疗费用特别大,"因病致贫、因病返贫"严重的特困家庭给予重点救助。大病基金为合作医疗中的专项基金,要科学制定补助标准和管理办法,可实行节余累积使用,不得挪作他用。条件成熟的话,大病基金甚至可以考虑在省一级进行统筹。

三是要建立预防保健基金,强化新农合的群众基础。在医学领域,预防医学有十分重要的地位,特别是一些传染性疾病的预防远比治疗要有效得多,并且花费的成本也要小得多,因此,笔者认为还应在结余资金中设立预防保健基金。预防保健基金也作为合作医疗中的专项基金,主要用于对参加合作医疗的人员每年进行一次体检,建立健康档案,发放健康教育材料,对查出的疾病特别是慢性病实行定期上门指导,以及开展农村社区卫生服务等。当然基金具体提取的份额有待进一步研究,也可在实践中逐步摸索确定。

四是要建立风险基金。以收定支、收支平衡是新型农村合作医疗必须坚持的原则之一,但由于合作医疗基金的补偿比例是实施前规定好的,能否真正以收定支,实现当年收支平衡,存在不确定性。假如合作医疗基金当年出现"赤字",用下一年的筹资予以弥补,显然对新加入的人不公平;用财政预算内资金予以弥补,一则财力不允许,二则对医疗资金的运作缺乏制约。因此,有必要设立风险基金,规避基金透支的风险。

（2）确保基金安全运行

为确保基金运行的安全性和完整性,应设立县（市）合作医疗基金财政专户,农民个人缴费部分,应及时存入专户,县财政补助款应一次性划入专户。为确保基金的收支平衡,应建立有效的制约机制,可由县合管办每月提出用款申请,县财政审核后及时拨付,由县合管办负责对各乡镇参加合作医疗农民的基本情况、缴费情况及医药费的报销情况实行监督,及时调整资金的拨付。为确保基金使用的公开、公平、公正,必须建立全方位、全过程监督和民主参与机制:县合管办要定期向农村合作医疗管理委员会汇报基金的收支、使用情况,分析基金的使用趋势;利用财务公开栏等形式定期向社会公布医疗基金的收缴、使用情况,保证参加合作医疗农民的参与权、知情权和监督权;定期向同级人大报告工作,主动接受监督;审计、财政、监察部门、县合作医疗管理委员会要定期对医疗基金的收支情况进行审计、督查。

6. 调整和完善合作医疗补偿机制

合理补偿关系到新型农村合作医疗的持续发展。针对试点中存在的补偿方案中起补线过高、封顶线和补助比例过低以及农民报销手续烦琐等问题,可从以下方面逐步调整和完善补偿机制。

(1)适当调低住院医疗补助的起补线

起补线的高低直接影响到住院医疗补助面和住院基金的支付和结存数额。不设起补线或设置较低的起补线有利于扩大住院医疗补助面,使更多的农民得到实惠,有利于推动合作医疗的发展。不设起补线,其住院补偿人数是最多的,住院补偿人数占参与人数的比例也是最高的。从设起补线的县市来看,其住院补偿人数占参与人数的比例最低,而有的县,四级医疗机构的起补线分别为100、200、300、400元。这充分说明是否设起补线和起补线的高低对病人是否打算住院和住院后是否得到补偿影响较大。当然,不设起补线,住院补助人数必然增多,住院补助经费就大,结存的医疗基金相应减少,支付过多有可能出现赤字,也会增加合作医疗的资金风险。补助封顶线较低,为20000元,也会影响参合效果。因此,笔者认为,不设住院医疗起补线,可扩大参与人员的住院补偿人数,让更多的人得到实惠,感受到合作医疗的好处,有利于扩大合作医疗救助作用的影响,有利于合作医疗的推广,但也存在一定的住院基金过度支付的风险,所以,可考虑设立较低额度的起补线,具体额度的确定要以既避免住院人数出现过滥的现象,又避免住院基金的过多节余以致影响农民受益为原则。

(2)科学测算、合理提高补偿比例

补偿比例的高低也直接影响到农民受益的大小和基金的支付结存数额。确定补偿比例的原则是:以收定支、量入为出、逐步调整、保障适度。既要防止补偿比例过高而使基金透支,又要防止比例过低而使基金沉淀过多,影响农民受益。中央提出的比例是年度节余资金不能超过15%,累积资金不能超过25%,保证各试点县当年对住院农民的补偿,并使补偿比例可在第一运行年度的基础上适当提高。现在县乡为60%—40%,省市为30%—40%,补偿比例明显偏低。

(3)对某些慢性病的费用要适当补偿

目前慢性病已成为威胁农民健康的主要病种。对该类疾病的诊治,农村患者一般不会选择住院治疗,而是选择在家吃药治疗,虽然没有住院,但一些慢性病的治疗药费用比较高。因此,对费用较高的慢性病患者,可视为住院患者对待,从住院基金中予以适当补偿。具体补偿方式可针对不同病种给予适当的定额补偿,这样既保障了农民的健康,又避免了不必要的住院和资源浪费。

(4)简化补偿方式,方便农民报账

从各试点县补偿方式的比较上,可以看出,由医疗机构垫付补助手续简便,病人出院时能及时得到补助,极大地方便了群众;同时,医疗机构审核的效率较高,补偿责任比较明确,对费用补偿中出现的问题能得到及时处理。在这种方式下,县、乡合管办必须加强对医疗机构住院补偿的审核力度,加大对医疗机构违规的处罚力度,一旦发现医疗机构有违规行为,可采取不予拨付资金,直至取消定点资格的方式给予重罚,以保证资金的合理补助。

7. 调整和完善合作医疗监督机制,不能既当裁判员,又当运动员

为解决部分群众对合作医疗缺乏信心和信任的问题,保证合作医疗基金使用的公平性和有效性、卫生服务利用的公平性和质量,除了须做到合作医疗筹资额、补偿比的测算及筹资、补偿方式的科学性以外,调整和完善监督机制是关键。监督内容上,重点是加强对财务管理、人员管理、药品管理、报销补偿管理等方面的监督;在监督形式上,主要推行政务公开的监督形式,由县乡合作医疗管理机构定期张榜公布,接受社会监督,真正做到取信于民;监督主体上,一是要强调农民的参与权,各级监督机构中一定要有农民代表的真正参与。二是要落实审计部门的专业审计制度,审计部门至少每个年度要对合作医疗的财务情况进行一次全面审计,并及时做出审计结论,同时为避免对审计部门审计的干预,应该由上级审计部门进行审计。

8. 合作医疗定点医疗机构由行政指定向竞争择优转变,为降低药费,基本药品和器械要统一采购

公立医院是公共服务部门,却放弃服务责任,利用公共资源大肆"创收",同时却凭借垄断权力排除来自民间的竞争。因此,合作医疗的定点选择,既关系着合作医疗的整体利益,又关系着农民的个人利益。医疗定点选得好可以"质优价廉";选得不好便是"质劣价贵"。过去定点一般选择公有医疗机构,独此一家,别无

选择。现在以公有医疗机构为主体,多种形式办医的格局已经形成。在一个县的范围内,有国家办的、集体办的、企业办的、军队办的和私人办的医疗机构。面对诸多医疗机构,合作医疗在定点选择上,应采取公开招标方式,适当引进私人诊所。由合作医疗管委会制定医德医风、医疗质量、大病单一病种费用标准,并制定对乱收费、乱检查、乱开药的惩罚办法等,让经政府批准有承担能力的各类医疗单位参加竞争。这样,体现一视同仁、公平竞争原则。经评审确定的中标单位,与合作医疗管委会签订合同,形成法律效应。因为政府、集体和农民花钱买的是"质优价廉"的医疗服务,谁家的好就买谁家的,而不是花钱买什么"公办"或"私办"、"营利"或"非营利"的医疗机制。这样,既可鼓励各类医疗机构完善经营机制争取中标,又可使农民从中受益,有利于合作医疗发展。对合作医疗定点选择,每年进行一次,选优弃劣。对违背合同的定点单位可中途终止,另择单位。总之,对上列各项标准、制度都应详细规定,以做到有章可循。

9. 努力提高农村卫生人员的业务水平,搞好乡镇卫生院,健全农村卫生三级预防保健医疗网络,分流对大医院的压力

新型农村合作医疗的巩固和发展需要一个健全的农村三级卫生服务网络作支撑,两者相辅相成,相互促进,共同构成了农村卫生服务体系框架,《决定》中把"农村卫生服务体系"和"农村合作医疗制度"作为农村卫生工作的目标放在同等重要的位置提出来。建立新型农村合作医疗制度并不着眼于制度本身,其根本目的在于保障广大农民基本卫生服务需求得到满足,新型农村合作医疗制度功效的发挥最终还得靠农村卫生服务体系所提供的医疗、预防、保健等卫生服务的质量来体现,也就是说,农村三级医疗卫生机构的可持续发展是新型农村合作医疗制度能够可持续发展

下去的前提条件,体现了医与保之间的协调发展关系,这也是从整体上全面实现21世纪"人人享有卫生保健"全球总目标的客观要求。遵循经济学供需理论,农村卫生服务机构应从参保农民的角度出发,进行深入调查研究,正确把握市场分工,真正了解不同农民的需要,积极转变观念,开发多层次卫生服务产品,努力提高参保农民的满意度和反应性,使他们乐意接受合作医疗,从而保证卫生服务需方的参保率和资金到位率。各级政府必须加大对乡村医护人员的培养力度,如要求高等医学院校针对我国农村卫生实际需要,定向为农村培养适用的卫生人才;建立巡回医疗制度;积极开展城市支援农村,发达地区支援欠发达地区等对口支援活动;拟定切实可行的乡村医生培训计划,全面开展农村卫生人员在职培训工作,特别强调县医院对乡镇卫生院的培训指导;争取用几年时间来提高乡村医护人员的业务技术水平和学历层次,使农民群众能就近得到较好的医疗服务,同时能降低费用。

乡镇卫生院作为农村三级医疗预防保健网的重要枢纽,是新型农村合作医疗制度的重要支点,把搞好乡镇卫生院作为当前农村卫生改革的突破口,积极发挥农村卫生院的独特优势和管理职能,对巩固新型农村合作医疗制度发挥着不可替代的作用。

(二)对我国新型农村合作医疗制度发展方向的思考

实践证明,合作医疗是最适合当前我国农村实际情况的健康保障制度。建立和完善新型农村合作医疗制度,是长期实践经验的总结,符合中国国情,符合农民愿望,是一项"民心工程"和"德政工程"。定型、稳定的制度安排,有利于增强国民的安全感以及对未来发展的良好预期、降低制度改革与建设的成本,有利于建立

福利院

统一的劳动力市场、实现劳动力的自由流动与人力资源的优化配置,有利于全面发挥社会保障制度维护公平、实现共享、促进发展的功能。但是,传统合作医疗"几起几落"的现实也证明,新型合作医疗必须随着经济和社会发展而不断发展,才会有持久的生命力。从世界范围来看,当前不少发展中国家已经建立起了包括覆盖农村范围的医疗保险制度,如泰国的农村健康卡制度、墨西哥和巴西的农村医疗制度等。这些国家在农村医疗保险制度方面具有一定的先进性,对于我国建立新型农村合作医疗制度无疑具有十分重要的借鉴意义。上述各国的农村医疗保险制度各有特点,但其中的一些成功经验值得我们借鉴。

其一,立法保障。由于这些国家在整个管理经营监督过程的每个环节都有法律的制约,法律制约的效应远大于权力制约效应,所以其国民健康保险制度运行畅通无阻。而没有法制的保障,正是我们的合作医疗制度时兴时衰的一个主要原因。

其二,政府的支持。上述国家的一个共同特点是政府参与,既参与管理,又给予适当的补贴。这种参与保证了这些国家农村医疗保险制度的正常运行。

其三,多渠道筹资。这些国家的医疗保险基金都是由政府、个人,还有雇主多方出资。只有多方筹资,扩大基金来源和数量,才有足够的支付能力。

其四,扩大合作区域,增强基金调剂能力,提高保障水平。日本的"国民健康保险制度"是覆盖全国的;泰国健康卡所筹资金,由省管理委员会统筹;而墨西哥和巴西的农村医疗保险均在全国范围内实行,具有覆盖面广和参保人数多的特点。

其五,建立贫困农民医疗救助制度。泰国对贫困农民免费发放健康卡,墨西哥对贫困农民提供免费医疗,费用全部由政府负担。这项制度对维持社会公平,促进社会稳定具有重要的作用。

本书认为,新型农村合作医疗的长远发展,必须要走法治化道路,必须改革政府的组织管理模式,必须在农村卫生一体化的基础上,建立农村多层次健康保障制度,并逐步过渡到城乡一体化的社会医疗保障制度。

1. 我国新型农村合作医疗要由不稳定试点状态走向定型、稳定和可持续发展状态,必须走法治化的道路

市场经济是法治经济,任何好的制度都需要法律的支持。农村合作医疗作为农民的一项保障制度,它和其他的社会保障制度有着相同的概念,应该是政府为保持经济发展和社会稳定而立法,并强制实行的对农民提供的物质帮助和社会服务,应具有一般社

会保障的特点——强制性,而强制性是通过立法手段来实现的。国家应尽快出台农村合作医疗保健方面的法规,以指导农村合作医疗制度的改革和建设,可以由国家先制定统一的农村合作医疗法,以规定农村合作医疗的实施办法;规定合作医疗管理机构及其职能;规定参加合作医疗农民的权利和义务;规定定点医疗机构的职责等。各省、自治区、直辖市在农村合作医疗法的基础上,制定新型农村合作医疗条例。

(1)政府资金的补助能否长期坚持,需要法律的规定。公共选择理论表明,政府有着与生俱来的追求利益最大化的倾向。而新型农村合作医疗筹集资金以各级政府补助为主,实践已经证明如果没有政府强有力的引导和资金支持,合作医疗就很难实施,各级政府能否保持长期补助,特别是市县两级政府补助是否落实,是农民最担心的问题,一旦政府停止补助,在贫困地区合作医疗很难坚持。因此,有必要以法律的形式对新型农村合作医疗中的政府资助做出强制性规定。

(2)农民个人应依法参保,从农民个人筹资来看,目前政策是农民参保讲自愿,由于个别农民小农思想严重,合作医疗大病补助受益面小,农民看不到眼前利益就会产生保保停停或不愿意参保。我国有 8 亿农民,完善新型合作医疗制度,为农民提供医疗保障是当务之急,要想从根本上解决农民医疗保障问题,农民个人资金的筹集也必须走法治化道路,依法参保。

(3)以立法的形式确定更为周密的制度设计。目前,关于新型农村合作医疗,中央的政策都是一些原则性的要求,具体实施办法都是由各县(市)自行制定,包括农民个人筹资的多少、补偿方案的确定,基金的管理使用等都是各县根据各自实际制定的。这样做,使合作医疗的实施能够符合当地实际,调动地方政府的积极性,但是这也带来了一些问题,如机构的不健全、补偿方案的不科学、资金管理的不规范等。因此,对机构设置、基金管理等方面的一些制度,国家要多作调研,制定全国统一的政策,如:在财务管理上,要统一设置合作医疗核算科目,统一财务审批程序,真正保证经费有专户储存,专款专用;在医药费用的报销补偿上,要明确参加合作医疗的人员应该报销的范围、档次、比例,严格报销补偿的程序和手续。另外,合作医疗资金的收入、支付程序,参保农户资料核对、登录、发证程序,合作医疗责任争议的受理、调查、仲裁、处理程序,医疗机构的定点与定点撤销程序等,都可以制定统一的规定,并抓紧进行立法研究,以法律的形式予以规定。也可以由地方先行立法,各省的人大常委会可根据地方组织法规定进行立法,通过立法明确政府组织实施农村合作医疗的职责,为推进农村合作医疗持续发展提供强有力的保证。

2. 我国新型农村合作医疗必须改革政府的组织管理模式

从各国的实践情况来看,在农村健康保障的组织管理方面,大致有以下三种思路:第一种思路是以政府机构管理为主,如英国设有保健和社会保险部,法国有卫生及社会部,加拿大有健康福利部。政府机构管理模式比较符合社会保障性质的非营利性,但是它又常常形成庞大的社会福利管理机构,使得社会保障行政经费开支庞大。第二种思路是由政府和社会组织共同管理,如日本由厚生省、保险公司和信托银行共同管理。这种模式政府主要起委托和监督作用,不但可以节省政府管理所产生的大部分行政经费开支,而且保险公司或银行专业管理还能够提高保障资金的管理水平和使用效率。第三种思路则是由社会性组织管理,如前南斯拉夫由社会保险协会管理,实行自治体制。这种模式的缺陷比较明显,协会管理不具有应有的强制性,对管理者的约束不够。

目前,新型农村合作医疗的组织管理模式,采取的是政府机构管理模式的思路。这种模式带有很强的计划经济体制色彩,它的缺陷,一是集权式的管理很容易产生官僚主义和腐败行为;二是由此衍生的政府派出机构庞大,从乡镇到县,从市到省层层设置"合作医疗管理委员会"和经办机构,进行合作医疗的组织以及资金管理、医疗费用给付等工作,无疑要增加专门的领导和办事人员,直接导致管理经费的大额支出,增加农村合作医疗制度的运行成本。随着经济和社会的不断发展,这种模式的缺陷将越来越明显,会成为影响农村合作医疗可持续发展的重要因素。因此,笔者认为,可采取由政府和社会组织(如保险公司)共同管理的模式,政府主要负责政策制定、宣传、组织,其他事务则委托保险公司开展,政府负责对保险公司的行为进行监管,而保险公司则负责保障资金的收集、管理、运用,使之保值增值,并对患病农民的实际情况进行调查并合理补偿,保险公司定期对政府主管部门报告保障资金的收集水平和给付情况,政府根据保险公司的业务量情况支付其一定的管理费。这种模式具有较大的优越性,首先,这种模式最显著的优点是节约运行成本,由于政府只负责政策的制定与宣传,以及对社会组织进行监管,因而不必新建大量的管理机构,只需要分派专人负责。而政府管理的模式,成本较高,尤其是县一级财政难以负担,难以保证合作医疗的可持续发展。其次,这种组织管理模式可以提高效率。健康保障是一个专业性比较强的领域,无论是保障资金的收集,费率的厘定,还是对保障资金进行管理使之保值增值,或者对患病农民进行调查,确定合理的给付水平,都需要很强的专业知识和经验,由这种管理模式可以充分利用社会组织内部现有的资源,保险公司中无论是中保、人寿还是其他保险公司在各县(市)的分支公司业务量都比较少,营运机构的利用率不高,业务员工作量少,而他们的固定成本支出却难以节省,如果充分利用这部分闲散资源,不仅给保险公司增加收入,而且可以扩大保险公司的影响,甚至引起其他业务量的增加。再次,合作医疗基金由专门保险机构来管理和使用,资金运作相对规范,政府部门对其监督和制约也相对健全,有利于提高合作医疗制度的可信任程度。最后,有利于加强对农村医疗机构行为的制约和引导。政府管理模式下,合作医疗基金管理机构与当地公立医疗机构基本上同属一个政府部门管理,因此,容易造成卫生服务"供方垄断",使合作医疗基金成为当地公立医疗机构的稳定收入来源,这种模式往往助长了医疗机构的"官医"作风,服务意识淡薄,服务水平和质量低下,服务成本高。既不利于农民医疗服务需求的满足,也不利于发挥农村现有的有限的卫生资源的使用效率。而由保险公司来管理合作医疗基金,可以对医疗机构实施更为有效的监管和引导,不仅可以对其不合理的供给行为进行制约,而且可以通过相应的支付措施促使医疗机构降低费用,提高质量,为农民带来实惠。因此,由政府和社会组织共同管理的组织管理模式值得探讨和尝试。

3. 我国新型农村合作医疗要以农村卫生改革作保障,实现农村卫生事业由盈利自费到公益小病免费,大病统筹

据国际社会保障协会有关专家介绍,近年来,医疗保障政策的关注点从遏制医疗费用和维持医疗保障计划的可持续发展转向解决医疗体系的效率问题,包括促进适当而有效的医疗服务的提供,采取有效措施更好地利用有限的医疗资源,以及采取措施提高医疗服务质量,使服务提供方能提高医疗服务产出、更好地响应消费者的需求。而从全球范围看,医疗服务体系效率不高,主要表现在以下几个方面:一是对医疗服务的提供进行组织方面的效率不足,如:医疗服务提供方对医保的职责缺乏透明性,医保方面对好的做

法缺乏充分奖励,在不同的医疗服务部门间的协调非常有限。二是提供的医疗服务不适当,且医疗服务成本过高,如:对同样的症状可能出现不同的治疗方式;使用价格昂贵的药物和设备,但治疗结果与现有诊疗方式比较只有轻微程度的改进或根本没有改进;对不同的干预方式缺乏明显的有效考虑。三是尽管资源投入较多,但医疗服务质量不佳,如:缺乏统一的质量标准、医疗保健系统对消费者需求的响应不充分。

由营利性到公益性,并不是医疗体系效率不足原因,许多低收入国家通过对医疗机构的职责以及合同要求进行再评估来实现提高效率这一目标,很多中等收入和高收入国家,在发挥市场机制、调控各方面机构的作用方面进行了新的探索。如英国正在按照医疗服务效果向服务提供方支付费用,以便将可利用资源与综合医疗服务内容和质量挂钩。为使医疗机构间能协同合作,澳大利亚正在进行医疗服务协调试点,荷兰正在推行跨医院服务。

由此可见,发展农村健康保障制度,不单单是解决农民治病后的医药费补偿问题,而且要想办法降低保障成本。这就要求农村健康保障制度不仅能够给农村居民提供健康保障,而且还能以最经济的方式提供,即建立的健康保障制度要尽量满足成本最小化。合作医疗基金是解决农民看不起病或给农民就医的医疗补助,不是给农村医疗卫生机构的补偿,更不是给农村卫生人员的补助。因此,发展新型农村合作医疗,不仅是要解决农民的医药费补偿问题,还要包括乡镇卫生院的配套改革以及医疗服务方式的转变等内容,在提高农村卫生资源利用率、节约农民的医疗卫生费用等方面做有益的尝试。必须促使医疗卫生机构在加强内部管理、扩大业务范围、提高技术水平、增加工作量、改善服务态度上求效益,切忌不要在合作医疗经费上动脑筋、做文章。

首先,要健全机构。县、乡、村三级医疗卫生机构,既是农村预防保健网,也是新型农村合作医疗的载体。村卫生所为网底,乡镇卫生院为枢纽,县级医疗机构为中心,它们在新型农村合作医疗中,各自承担着不可替代的任务。因此,机构建设非常重要,必须合理布局卫生资源,原则上,除县城所在乡镇外,每个乡镇必须建好一所卫生院,除乡镇所在村外,每个村必须建好一个卫生所。否则,开展新型农村合作医疗制度就会落空。

其次,要改革卫生机构的管理体制。对村卫生所实行乡村一体化管理,即实行行政、业务、财务、人员、分配、药品统一管理的模式。乡镇卫生院上收县管,行政管理、卫生人员的任用和调动、业务管理、设备配置等,均由县卫生局管理。要对乡镇卫生院院长和乡村医生的产生办法进行改革,卫生院长要由以往单一的任命制改为选聘或在一定范围内公开招考聘用制,乡村医生要由过去的乡村领导决定改为以县为单位公开组织招考,择优录用。积极推进乡镇卫生院的人事和分配制度改革,主要是打破平均主义,实行按劳分配,按岗定酬,拉开分配档次,调动职工的积极性和主观能动性。加强公共卫生保健工作,合理解决乡村预防保健人员的补偿机制问题,促使公共预防工作具有稳定的经费投入,保证预防保健工作的正常开展。

最后,要加强人才培养的力度,努力提高乡村卫生人员的业务水平和待遇。采用长短结合、脱产培训与函授学习结合等方式,对现有乡村医务人员进行培训,分期分批安排进修学习,使卫生人员的学历层次和业务水平普遍提高,做到“小病不出村,常见病不出乡,大病不出县”。这样既能减轻农民舍近求远带来的不便和经济负担,不耽误病情,又能充分利用农村卫生资源,更重要的是能相应节约有限的新型合作医疗资金。

第六章 西北农村的养老
保险制度研究

一、农村养老保险制度概述

　　1992 年,民政部制定的《县级农村养老保险基本方案》在有条件的地区开始实施,到 1997 年全国有 8200 万农民投保,由于是个人缴费为主,集体补助为辅,国家给予政策扶持的筹资方式,国家和集体所体现的社会责任太小,不仅造成资金来源不足,降低了保障水平和覆盖面,而且影响各级政府对这项工作的重视和农民参加社会养老保障的积极性,加大了农民养老保险工作的难度。造成个人账户、储备积累的保险模式不可持续发展,1999 年国务院指出目前农村尚不具备普遍实行社会养老保险的条件,农村养老工作陷入停顿,农村依然是"靠天吃饭"的传统家庭养老,养老取决于家庭供养人的"天地良心"。中华文化的一个传统美德就是大家庭的养老模式,但是家庭保障的一个缺点就是家庭成员之间可能存在的弃老虐待现象。同时,在人口日益老龄化和社会迁移加快的形势下,家庭保障的社区约束力不断减弱,家庭养老面临着执行难的问题。2002 年后,按照十六大精神,新型农村社会养老保险制度又开始进入新的探索试点阶段,由国家建立的、社会化的风险分担机制,旨在为将来的农村老人多提供一种选择,以减少

"寄人篱下"受虐待或者无依无靠受穷的风险,但是制度的发展在西部农村基本停顿。2009 年国务院决定在全国 10% 的县(市、区)开展新型农村养老保险试点,以后逐步扩大试点,到2020 年前基本实现全覆盖。其基础养老金将由中央和地方财政分担。中国农民自古以来依赖土地和子女养老的模式即将发生改变。随着新型农村养老保险制度试点的逐步推开,农民以后将可以像城里人一样每月领取养老金。由于有中央和地方财政补贴,这意味着,中央财政首次对农民的养老承担责任。是继在农村全面建立最低生活保障和新型合作医疗之后的第三大社保制度。对农民而言,这一政策的意义,堪与 2006 年我国正式取消延续了数千年的"皇粮国税"(农业税)相提并论。

新型农村社会养老保险制度采取基础养老金与个人账户相结合的基本模式和个人缴费、集体补助、政府补贴相结合的筹资方式。中央财政对中西部地区最低标准基础养老金给予全额补助,对东部地区补助50% ,确保同一地区参保农民将来领取的基础养老金水平是相同的,这体现了新农保制度的基本性、公平性和普惠性。地方财政对所有参保农民给予缴费补贴,对农村重度残疾人等困难群体代缴部分或全部最低标准保险费,对选择较高档次标准缴费的农民给予适当鼓励。个人账户养老金依据本人缴费多少和年限长短,有高有低,多缴多得、长缴多得,反映了个人收入、地区发展、集体组织实力等方面的差距,体现了权利与义务相对应的原则。年满 16 周岁、不是在校学生、未参加城镇职工基本养老保险的农村居民均可参加新型农村社会养老保险。年满 60 周岁、符合相关条件的参保农民可领取基本养老金。国务院要求各地根据本地实际认真选择试点地区,制定切实可行的实施方案。各有关部门要加强统筹协调和监督管理。农村土地承包关系包括老年人

　　的土地承包关系要保持稳定并长久不变，子女仍然要承担赡养老人的责任。同时，要处理好新老农保制度之间的衔接，妥善做好新农保制度与农村计划生育家庭奖励扶助政策、农村五保供养、农村最低生活保障制度等的配套衔接工作。新型农村社会养老保险基金纳入同级财政社会保障基金财政专户，实行收支两条线管理，并建立公示和信息披露制度，加强社会监督。温家宝总理要求，中央财政和地方财政相结合的基础养老金必须到位，地方政府对农民个人缴费的补助必须到位，在国家财政困难的情况下，宁可少上点项目、压缩其他方面的开支，也要挤出钱来把这件大事办好。

　　养老社会保险是化解劳资双方矛盾的制度安排。有了养老保险，劳动者的权益能够得到维护，没有了后顾之忧，资方也就不用担心劳动者的对抗行为。发达国家因社会保险制度健全，劳资双方由尖锐的对抗走向了妥协合作，历史上的雇主单赢因社会保险制度而走向了双赢，人类的工业化现代化才顺利发展。农业的特殊性在于我国农民不是真正的农业工人，劳资关系不明确。权利义务的主体和责任主体也不明确。因此，现在建立新型农村养老保险具有非常重要的意义。

　　第一，中国是一个农业国家，农民占人口的绝大多数，因此，中国的问题仍然是农民问题，农民问题解决好了，就有利于中国社会的发展和稳定。农民的老年保障问题历来是农民最关心的问题之一，"养儿防老"就是农民对自己老年生活依靠的一个生动写照。因此，农村社会养老保险制度的建立，对于解除农民的后顾之忧，对于推行计划生育的基本国策都将起到积极的作用。目前我国农村孩子基本上由老人照看。如果老人每年拿到国家 660 元的基础养老金，根据中国尊老爱幼的传统，很大一部分会改善后代子女的营养健康，这对祖国的二代培养是大有益处的。

第二,建立新型农村社会养老保险制度,是加快建立覆盖城乡居民的社会保障体系的重要组成部分,对确保农村居民基本生活、推动农村减贫和逐步缩小城乡差距、维护农村社会稳定意义重大,同时对改善心理预期、促进消费、拉动内需也具有重要意义。

第三,在国际上尚无大范围解决无固定收入社会成员的社会保险问题的成熟经验,在中国整体发展水平仍然比较落后的情况下,建立农村社会养老保险制度,体现了中国政府对农民的责任和关心,这对于调动广大农民的生产积极性,进一步深化农村改革,促进农村经济发展,都将起到积极的推动作用。

第四,中国农民依靠或者希望依靠家庭养老,基本没有社会养老保险的意识。新型农村养老保险试点不仅使农民具备最基本的养老保险意识,而且会进一步强化社会全体成员的社会保障意识,这对于促进中国社会保障事业的发展将起到巨大的促进作用。

第五,新型农村养老保险试点虽然只具有引导功能,但是它的制定和颁布实现了农民养老保障制度在中国从"0"到"1"的突破,标志着中国在不断健全和完善现代社会保障制度上迈出了重要的一步。

新型农村社会养老保险制度的基本原则,即"保基本、广覆盖、有弹性、可持续"。一是从农村实际出发,低水平起步,筹资和待遇标准要与经济发展及各方面承受力相适应,以保障老年人的基本生活为目的;二是个人、集体、政府合理分担责任,实行基础养老金加个人账户的模式,不同于以往纯个人账户模式,这既可体现公平,又在总体上有利于实现城乡养老制度的衔接与转换,权利与义务相适应;三是政府引导和农民自愿相结合,引导农民普遍参保;四是先行试点,逐步推开。

这个试点办法从基本国情出发体现了中国特色。第一,人口众多的基本国情,要求我们的社会保障制度把公平目标放在第一位,农村老年人的收入比城市老年人少,农村的贫困老年人多于城市,这带来不少因养老而引发的社会问题。农民养老保险不是商业保险,不是"保富不保穷"。而是有集体与国家参与其中的、以确实保障农民老年基本生活为目的的政府行为;通过普惠性的基础养老金制度,以缩小社会收入分配差别,促进实现社会公平、和谐与稳定。同时,也要体现个人责任,把缴费型的社会保险作为社保体系的核心制度,而不能建立"从摇篮到坟墓"的高福利制度,坚持公平与效率相结合。因而对于农民个人来说,是否参加养老保险,选择何种交费标准,由农民自己决定,不强迫命令,不搞"一刀切",不能片面追求参保率。能搞多大规模就搞多大规模。这种"星星之火,可以燎原"的发展策略,非常适合中国农村人口多,底子薄,各地发展不平衡的国情,适合社会主义初级阶段中国农村经济发展水平,能被广大农民接受,有发展前途和成功希望。

第二,长期处于社会主义初级阶段的经济发展水平,决定了我国社保体系只能从低水平起步,保障基本生活,同时决定了当前完善社保体系的战略重点选择,是把弥补制度缺失作为优先目标,先解决"从无到有"的问题,再循序解决"由低到高"的问题。

第三,我国地区之间、城乡之间存在的巨大差别,决定了我国社会保障体系的两个重大取向:一是要促进制度的整体性和统一性,努力缩小差别,整体设计,统筹协调,防止制度的"碎片化";二是要面对现实,正视差别,在统一体系和法律规范下,尊重现阶段城乡发展的特殊规律,给地方实施政策以一定的弹性和空间,从而形成多形式、多层次的社会保障制度体系,同时注重各项保障制度的相互衔接。

第四,我国老龄化具有未富先老、速度快、持续时间长的特殊性。这要求我们不但要解决历史遗留问题,解决现实中各个群体之间利益差别问题,还要为应对未来人口老龄化高峰的挑战做好政策和资金准备。

第五,我国具有 2000 多年的基本由中央政府统一治理的社会政治史,我国社会保障制度的建立要坚持政府主导和社会参与相结合的方针。特别是在现阶段,政府尤其是中央政府必须在制度设计、资金投入、组织发动、管理运营、督促检查等方面,都起主导作用。同时,要继续发挥家庭养老、土地保障的功能,发扬中华民族文化中尊老爱幼、扶危济困、邻里互助、社区团结和集体主义的优良传统。

截至 2008 年年底,全国参加新型农村养老保险的人数达到 1168 万。全国 464 个县市区开展了新型农村养老保险试点工作。其中,江苏 7 个省辖市新农保参保人数就达 300 万人。2009 年试点地区的基础养老金从 55 元/月起步,中央财政将按这个标准给予补贴,补贴的总额是全国 10% 的县区补贴额的汇总,以后每年随着试点覆盖面的扩大将增加。这也就意味着,从 2009 年起,试点地区年满 60 周岁的农民,不需要缴费,每月就可以领到不少于 55 元的养老金,财力好的地区可以增加,北京已经达到了 280 元。与此同时,上海、武汉、杭州等地已经开始针对身体失去功能的老人发放护理津贴的试点;宁夏面向 80 岁以上的高龄老人发放高龄津贴。

由于在中国农村建立农民养老保险是一项全新的工作,在国内和国际都没有成功的经验和模式可资借鉴,因此,在这一制度建立的过程中,还存在着不少困难。主要是:

第一,一部分干部对在我国农村建立养老保险制度的紧迫性、复杂性、艰巨性、长期性和重要性认识不足,没有把这项工作列入各级党委和政府工作的重要议事日程。有的干部认为,农民应该依靠家庭和土地养老,有条件的农民可以搞商业保险,不必搞社会养老保险;有的认为,搞农村社会养老保险会加重农民负担,不应推行而应制止;有的认为,农民养老是农民个人的事情,政府不应过问,由农民自己计划和安排自己的晚年生活。不仅广大农民对农村社会养老保险制度不了解,甚至许多基层干部也不能准确理解。广大农民对农村社会保障制度不了解、不认同,一些中青年农民认为养老问题离自己还很遥远,对参保关心程度低,存在观望心理。这不仅是一个传统观念的问题,更主要的是缺乏宣传。要让农民充分理解参加新农保的好处,见到实实在在的利益。

第二,基金管理存在比较棘手的问题。农村居民居住分散,新农保基金管理环节多、在途时间长、金额大,存在安全隐患。基金如何归集、应由哪一级集中管理、如何保值增值等都需要认真研究和切实加以解决。基金投资渠道单一,收益有限。基金只能存银行、买国债,难以使基金的增值同国民经济增长水平、国民收入增长水平同步,财政部门管理的基金也有违规经营的情况,这就使得农民养老保险基金潜在很大风险;基金由县级管理,使得基金分散、运营层次低和难以形成规模效益;若参保人数下降,保险费收缴额下降,县级财政普遍吃紧,会有一些地方用养老保险基金和提取的管理费发工资或弥补财政赤字。

第三,经办力量严重不足。机构设置和人员配备,在制度运行初期已显现难以满足经办业务的实际需要。农保经办业务主要由县(市、区、旗)、乡(镇)和行政村三级经办,而恰恰这三级经办机构力量十分薄弱。由于是试点养老,如果一些农民怕政策变化而不再续保,有些农民干脆退保,会使得参保人数逐年下降,使得已开展农保工作的基层单位减少,地方各级专门机构和工作人员的数量减少,组织管理工作会更加薄弱。.

第四,经办手段比较落后,业务流程不统一。不少地方经办工作还以手工操作为主,经办成本高、效率低。目前全国没有统一的系统软件和网络建设规划。一些地区为解燃眉之急,开发了过渡性应用软件,但在系统结构、业务模块、数据接口、指标体系等方面均存在不同程度的差异。另外,各地的新农保经办管理模式不统一,操作流程差别较大,增加了管理成本和难度。

第五,农村半数老年人基本生活缺乏社会保障;整个社会的养老服务业滞后,产品种类少、服务层次低,缺少活动场所和护理设施;缺乏长期护理需要的照料机构和养老护理员。

二、西北农村的养老保险制度的现状及问题

(一)西北农村养老保险的现状

目前,我国60岁及以上的老年人口超过1.69亿,占人口比例达13.6%,且以每年近1000万的速度增加。[①] 我国已经进入老龄社会。农村老年人超过1亿,由于很多农村青壮年外出打工,实际上农村老龄化程度甚于城市。如2008年甘肃省第二次全国农业普查主要数据公报,甘肃农村劳动力资源总量1234.12万人,而外出劳动力247.8万人,占20%。而甘肃农村人均纯收入2008年只有2723元。农村社会未富先老特征更为明显。值得注意的是,农村与城市的社会养老保障程度存在明显差距。2006年,我国城市老年人领取养老金(退休金)的比例为78%,在农村,这一比例仅

---

① 民政部司长王振耀在天津举行的2009中欧社会论坛上的讲话。

为4.8%。在许多城里老人忙于习书作画、健身养生的时候,不少农村老人们的晚年却是在贫病中挣扎度过。"城里老人为长寿忙,农村老人为活命愁"的强烈反差,凸显破解农村养老难题迫在眉睫。如家住陕西省合阳县黑池镇黑西村的王根荣和车继梅老两口,虽已年过七旬,却还要干活。老人有两个儿子,大儿子几年前去世,留下有精神病的大儿媳妇以及一儿一女,小儿子虽同住一村,但平时对老人照顾甚少。老人说,几年来,小儿子给的钱加起来不到100元。黑龙江省民营企业家翟玉和,曾自费组织人员做了一项中国农村养老现状的调查,涉及全国各省份1万多位60岁以上的农村老人。结果发现,在这些老人当中,一人独居的占45%,一日三餐难以保证的占5%,只有一套换洗衣服的占69%,生了病没钱医治的占67%。①

千百年来,家庭养老一直是中国农村最普遍的养老方式。目前,养儿防老受到多方面的冲击,保障程度下降,亟须社会养老保险替代、补充。计划生育是基本国策,政策实施多年来,我国的家庭规模出现小型化特征。在农村,家庭规模逐年缩小,2006年每户常住人口已经下降到4.05人。许多农村家庭面临一对夫妇供养4位老人的现实,在经济不富裕的情况下,养老已成为许多子女的不可承受之重。他们响应国家计划生育的号召,但国家并没有为他们建立起养老保障。目前,数以亿计的农民外出打工,竞争压力往往使其无暇顾及农村父母。老人年纪大了,许多活都干不动了。要不是有自来水,打水都成了问题。娃娃在外面工作,老人半夜死在家里也没人知道。

---

① 参见石志勇等:《应对"未富先老,老后更贫"农村养老保险需新突破》,《半月谈》2008年第9期。

除了农村老人的养老困难,人口流动还有一个副产品——农民工自身的养老问题。目前,中国农民工总数达到 2.1 亿人。在数量庞大的农民工群体中,参加养老保险的是少数。如果农民工游离于社会保障制度之外,进入老年后丧失劳动能力又没有养老保障,势必成为严重的社会问题。

近年来,我国的城市化水平每年以 1 个百分点的速度提高,在快速推进的城市化进程中,出现了大量失地农民。目前,我国失地农民人数超过 4000 万,并且以每年 300 万的速度在增加。土地不仅是农民的生产资料,在一定程度上还具有保障功能。失地之后,农民的养老需求亟须社会保障补充替代。

与养老需求快速增长形成对比的是,西北农村社会养老保险事业相对迟滞。从 20 世纪 90 年代,我国已经开始在农村探索建立社会养老保险制度。由于制度设计存在缺陷、农民保险意识差、运行管理不规范等原因,"老农保"实施后发展缓慢,一度陷于停滞状态,而新农保才开始试点。

(二)西北农村的养老做法和成效

现在西北农村积极探索个人缴费、集体补助和政府资金支持三方共同负担的筹资模式,开展以个人账户为主、保障水平适度、缴费方式灵活、可随参保人转移、符合农民自身特点的新型农村养老保险制度试点,逐步建立覆盖农村居民的养老保险制度。

1993 年以来,甘肃省先后在敦煌市和西固区等部分县(市)开展了试点工作。到 1995 年,全省已有 4 地(市)16 个县(市、区)建立了农村社会养老保险机构,培训业务骨干,制定实施办法,积极开展工作。截至 1998 年,已有 8 万多农民参加养老保险,积累保险金 350 多万元。从 1998 年起至今都处在停顿状态,仅有的村给在村委会工作 20 年以上的村干部,一月发 80 元的养老金,也有的村给 80 岁以上的老人一个月发 80 元的养老金或一天一斤牛奶。

2008 年甘肃省出台了《甘肃省村干部养老保险试行办法》,由于有了政府补助,各地村干部的养老有了保障。现在各地探索新的养老办法,对象也由村干部向全体农民扩展。如嘉峪关市在全省率先开办新型农村居民基本养老保险,具有嘉峪关市农村户籍,年满 18 周岁,男未满 60 周岁,女未满 55 周岁的农民均可参保。遵循权利与义务相对应,社会统筹与个人账户相结合的原则,保险费由个人、集体、财政三方负担。参保农民累计缴纳 180 个月,男年满 60 周岁,女年满 55 周岁开始,在市社保中心领取养老金。60 岁以上的农民因年龄段不同,一次性缴纳 4000 元至 1000 元不等,就可按月领取 120 元的养老金。男 80 周岁、女 75 周岁以上的老人不缴费,每月领取 80 元。保险基金纳入财政专户,实行收支两条线管理,专款专用,委托银行实行社会化发放,并建立了养老金增长机制。对在外务工人员参保也作了相应规定。省市劳模、"两证户"、村干部可获最高 3% 的上浮照顾。

2009 年 5 月 4 日《甘肃省被征地农民养老保险暂行办法》(以下简称《办法》)正式实施。目前甘肃省失地农民约为 50 万人,近几年仍以每年 10 万人左右的速度递增,其中完全失地农民约 10%—15%,《办法》实施后,被征地农民养老金待遇"至少将高于当地农民最低生活保障水平"。《办法》规定,今后征收土地时年满 16 周岁以上、征收土地占现有承包地 20% 以上的被征地农民应当参加养老保险。其中征收土地 80% 以上的视为完全失地农民,剩余土地可交回村集体,转为城镇户口,纳入城镇职工基本养老保险,实行统账结合的养老保险模式,完全失地农民男 60 岁、女

55 岁时平均每月领养老金 318 元;征收土地 20%—80% 的,视为部分失地农民,实行完全个人账户模式;如果征地 20%—30%,全省平均每月可领取 58 元;征地达到 70%—80% 的,全省平均每月可领取 154 元,并与今后新型农村社会养老保险办法相衔接;征收土地 20% 以下的暂不纳入。被征地农民参加养老保险的费用由个人和政府共同承担,采取在征收土地时一次性足额缴纳的办法,其中,个人承担 40%,政府承担 60%。①

从 2004 年起,我国开始推行农村计划生育家庭奖励扶助制度试点。只有一个子女或两个女孩、年满 60 周岁的老人,可以享受年人均不低于 600 元的奖励扶助金,直至亡故。2006 年,这项制度将在全国普遍实施。截至目前,我国已有 185 万农村计划生育模范领到养老金。②

2009 年 10 月《甘肃省新型农村社会养老保险试点试行办法》实施,甘肃 10% 的县开始试点新型农村社会养老保险。

上述养老保险的特点:(1)参保对象由村干部、党员、乡镇企业职工、失地农民到全体农民,逐步扩大。(2)建立了个人缴费、集体补助、地方财政补贴三方分担保费的筹资机制。(3)确立了合理的筹资基数和标准,确保农民退休生活的基本保障,养老水平确定在当地农民人均收入的 30%—农民最低生活保障水平的 120% 之间,分不同的保险水平。(4)养老金采用社会统筹和个人账户结合,改变农民单一账户的模式。参保当年个人承担 75%、财政承担 25%,逐步过渡到个人承担 50%、财政承担 50%,其中

① 参见吕宝林:《甘肃:被征地农民养老保险暂行办法出台》,《甘肃日报》2009 年 5 月 17 日。
② 参见白剑峰:《我国农村计划生育家庭老有所养:两项制度将实施》,《人民日报》2006 年 10 月 11 日。

农民个人缴纳的养老保险费计入个人账户,财政的 80% 作为统筹,20% 划入农民缴纳的个人账户,通过统筹基金调剂实现再分配,体现公平,调动农民参保积极性。(5)注意城乡各养老保险制度衔接,新型农村养老保险试点县的村干部养老、征地农民养老的个人账户则并入新型农村养老保险的个人账户,城乡之间的区别在缴费基数不同。新型农村养老制度是通向城镇职工基本养老保险制度的平台,具有过渡性、可衔接性,在农转非时,由于农民缴费低,可按一定比例将农民缴费时间和资金折算为城镇的缴费资金和缴费时间,进行转移。

(三)西北农村养老保险存在的问题

与全国农村相比,西北农村养老保险存在较大差距。从以上做法看出,除了村干部养老保险和失地农民的养老保险,西北农民基本没有养老保险。目前已有的农村养老则形式多样,主要有 8 种:(1)家庭养老包括投亲靠友。(2)土地收入养老。(3)农村社区养老(政府建敬老院、老年公寓,提供福利待遇)。(4)商业保险养老。(5)最低生活保障虽不针对老人,但是达不到最低生活保障的老人都纳入。(6)旧的农村社会养老保险,1995 年启动,1999 年退保,但是,还有一部分人没退。如肃南县 1203 人参保,目前 112 人没退,3.13 万元留在账户。(7)农村计划生育家庭奖励扶助制度下的养老。(8)新型农村养老保险试点,有财政投入的养老金形式出现。

农村的养老保障是多种的、分散的、局部的,没有统一系统的基本养老保险,制度残缺,养老覆盖面低,财政投入不足,各地差异大,养老保障的各项事业没有充分的发育。各地的养老保险社会统筹基金,有的地方收钱多,支付多;有的地方收钱少,支付多;还有些地方收得多,支付少,标准不一,社保体系"划疆而治",统筹层次不一,有的搞省统筹,有的搞市统筹,还有的搞县统筹,自然不利社保衔接;同时,各地对非户籍人口的区别对待,造成了对外地人、对农民工养老保险接续的现实"伤害"。在基本养老保险关系跨统筹范围转移时,农民工只能转移个人账户内的社保资金,退保时统筹账户内用人单位缴纳的资金则被留在了工作所在地。企业交的那份钱是20%,是农民工损失的一大块利益。这种多样的制度并存,一方面确实满足了各地的实际情况,适应了不同农民群体参加养老保险的需要,提高了农民参加养老保险制度的覆盖率;但是,另一方面也造成了制度之间的分割和竞争,未来养老保险制度的城乡统筹更加困难,缺乏公平性和一致性,保障对象无所适从,特别是农民转换身份和地域时,无法保持账户的连续性。如有的农民今年在务农,明年去外地打工,回乡后又成为失地农民,如何养老? 现在西北农民养老存在以下一些问题。

1. 基本没有养老保险制度。笔者在甘肃省委党校的 2008 年秋季乡镇党委书记培训班的调查结果是:30 个学员只有 2 人所在的乡有养老保险。

2. 家庭小型化对现有的家庭养老的冲击。家庭养老具有农民个人预缴储蓄积累的商业保险实质,农村养老政策滞后,制度的不稳定,农村社会保障组织与制度广泛缺位,村集体和政府都没有成为农民养老的义务主体。随着农村工业化、城市化加快,土地收入和保障功能削弱,储蓄防老,消费较少,而农村居民的生活成本在提高,商品性支出增大;计划生育使家庭人口规模缩小,劳动力流动和人口迁移导致农村老龄化更加严重。

3. 资金来源困难。缺乏政府财政支持是我国农村养老保险发展缓慢的根本原因。集体补助在绝大部分农村地区是一句空话。《关于开展新型农村社会养老保险试点的指导意见》规定新农保在筹资上实行"个人缴费、集体补助、政府补贴"方式,由于承包制和取消农业税,除了有村办企业、合作社的村集体情况较好,大部分村集体经济成为空壳,有的甚至负有债务,基本上拿不出补助,可能影响农民的参保率。养老金的来源只能是国家的基础养老金 55 元,地方政府补贴的 30 元,农民个人缴费部分的 100 元(假设选择最低档)。地方政府补贴如果不由省统筹的话,按惯性会分解到县级。对东部富裕县来讲没有问题,但对我国中西部数百个吃财政饭的贫困县来讲,是一大难关。如果一个县参保 30 万人,则每年需要多增加开支 900 万。如果财政补贴力度小,缺乏稳定的资金支持,农村社会养老保障就会水平低,可持续性差,覆盖面小、共济性差。同时农村社会养老保险管理水平低,投资政策不完善,基金保值增值难,基金安全性难以保证,监管不力,风险大,流失严重。60 周岁的老人要想拿到国家基础养老金,全家要参保才行,这样将自愿参保变为强制参保,会出现逆淘汰现象,也就是他们可能连孩子们每年要交的那几百元都拿不起。因目前正式试点意见的个人缴费部分标准设为每年 100 元、200元、300 元、400 元、500 元 5 个档次,对于不少中西部的农民家庭来讲,100 元是他们的首选。一般农村家庭正常的为 6 个人,也就是两位老人,两个孩子,两个大人,假设两位老人都已超过了 60 岁,为了拿到国家的基础养老金,每年必须交纳 400元,而两位老人一年可以拿到 1320(12×55×2)元,除了交纳 400元,净拿 780 元。如果是一位老人,一年只能领到 660 元的养老金,势必降低其参保积极性。将使基础养老金作用效果大减,也会使养老保险的完成任务成本大增。

4. 土地保障功能弱化。把农民束缚在土地上,让他自己耕田养老,不是社会保障。在土地保障功能弱化的同时,城镇化的加速发展还将使很多农民面临失去土地的风险。

5. 农民社会养老意识缺乏。老龄化社会悄然来临,而农民养老至今处在停顿状态,不仅广大农民对农村社会养老保险制度不了解,甚至许多基层干部也不能准确理解。特别是与工人相比,农民的政治参与度低,表达利益的力度弱,导致了城乡养老政策的严重差异。

6. 对个人交纳的保险费部分可能导致"保富不保穷",由于个人账户的积累资金越多,未来领取的养老金就越高,而对于西北农村的低收入者来说,由于收入有限,通常会选择较低档次的交费标准,导致未来领取养老金数额也较少,可能出现新型养老保险制度难以为继的情况。

三、完善我国农村养老保险制度的对策建议

(一)农村具备了建立养老保险的条件,要重估农村社会养老保障的重要性

从经济发展水平看,较早建立农村社会保险制度的德国、法国等欧盟国家在类似目前中国或更低经济发展阶段时,已成功建立了农村养老保险制度。因此,目前在中国农村建立社会养老保险制度不算太早,因为瑞典、西班牙等欧盟国家在类似中国 20 世纪 90 年代或更低经济发展水平时,即农业占高比例,人均国内生产总值更低时,已经开始建立农村养老社会保险制度。并且,与中国经济发展水平相当甚至稍微落后的印度。为避免"因老返贫"现

象,也为 65 岁老年农民每月提供 5 美元的养老金。经济相对落后的越南也以"米保障"的特殊方式建立了农民的养老保险制度。①因此,西北农村不能以经济发展水平作为制约因素,忽视和轻视农民的养老需求,西北农村建立养老保险制度的条件已经成熟。

农民任劳任怨地辛苦了半世,没有工资,国家回馈给他们养老保险金是理所应当的,这是一个政治和道义问题,不能仅用商业规律去讨论其亏空盈利。完善农村养老社会保障体系,对于进一步落实计划生育基本国策,正确引导农民消费,增强后代体质和健康,积累建设资金,促进经济发展,维护农村稳定,都具有深远的意义。我国老年人口的 80% 在农村,随着人口老龄化速度的加快,在农村建立社会养老保险制度势在必行。近几年来农村经济不断发展,农民收入不断增加,率先奔小康目标的地区已具备了建立农村社会养老保险的经济条件。

各级政府要切实加强领导,重估农村社会养老保障的重要性,首先在观念上要从以城镇和城镇职工社会养老保险为重点向建立覆盖城乡居民的社会养老保险制度转变。家庭结构日益小型化,靠代际供养已经难以解决养老问题,因此,需要建立专门的农村养老保险制度,农民的基本养老,政府要起主导作用。充分认识土地保障功能弱化,农民家庭保障遭遇家庭小型化难题。农村面临人口老龄化的"银发"冲击和城镇化加速导致的农民失去土地的风险等问题。农村社会养老保险工作由各级民政部门负责组织实施,其他部门不得在农村开展社会养老保险业务。同时,县以上政府要成立农村社会养老保险事业管理委员会。委员会由政府主管领导任主任,

---

① 参见蒋蕾:《中国农村养老保险制度现行模式的制约因素与发展思路》,人大复印资料《社会保障制度》2007 年第 8 期。

其成员由民政、财政、体改、人事、乡镇企业、税务、农委、银行、审计等部门的负责人组成,把养老工作列入社会发展规划,认真安排部署,精心组织实施。各级民政部门要充分发挥职能作用,与人事、财政、计生委、税务、金融等部门一起,密切配合,共同做好工作。开展农村社会养老保险工作的地区,应结合机构改革,设立由民政部门管理的农村社会养老保险机构,配备专职人员。选调或招聘的专职人员应具有一定的文化知识,懂金融、财务业务,政治素质好,热爱农村社会养老保险事业。要加强培训工作,提高干部的政治业务水平和工作能力,以适应农村社会保险事业发展的需要。

(二)加快建立新型农村养老保险制度,贫困农民以政府代缴的模式养老

从 2009 年开始试点新型农村养老保险之"新"在于:一是明确实行基础养老金制度,并由政府负责。现在我国 60 岁以上的老人有 1 亿人在农村,国家基础养老金按 55 元算,每年每人需 660元,1 亿人一年就是 660 亿元。这笔数目,财政是可以承受的。二是实行基础养老金加个人账户的模式,不同于以往纯个人账户模式,这既可体现公平,又在总体上有利于实现城乡养老制度的衔接与转换。过去,我们国家实行的是个人缴费、集体补助为辅,国家给予政策扶持的筹资办法。农业税取消后,大部分地方集体经济成为空壳,集体补助难以落实。因此,财政投入建立新型农村养老保险制度的关键,可以说没有财政投入就建不起新型农村养老保险制度。新型农村养老保险制度要建立由个人缴费、集体补助、政府补贴相结合的三方筹资方式,并坚持以个人账户为主。个人账户积累筹资模式是应对中国农村人口老龄化的重要对策。个人缴

的钱,集体缴的钱,包括政府补贴的一部分放在个人账户上,农民心里踏实,符合农民的心态,有利于提高农民的参保积极性。同时考虑到西北欠发达地区农民收入水平偏低的实际情况,贫困农民采取由政府代缴的模式,对重度残疾人等其他困难群体缴不起费的,地方政府可以代缴部分或者全部养老保险费,使得那些最需要帮助参保的贫困群体也不被甩在制度覆盖之外。建议在 1—2 年内无条件给农村年满 60 周岁的老人发放国家基础养老金,这样做国家负担其实并不重。而地方要给参保农民补贴的每年 30 元,西部地区也应由中央财政负担。

应当根据财政承受能力、农民缴费能力、当地消费水平等,合理测算待遇水平,根据平均余命和保险精算原则确定个人账户养老金的缴费标准,适时调整养老金领取标准。对于 60 岁以上应该领取养老金而没有缴纳或者缴纳了很少数额养老保险费的人,可以将当地的养老金与最低生活保障金一并考虑,或者规定按其缴纳的保险费的数额提供养老金,在养老金不足以维持领取人的最低生活需求时,可以补足最低需求;或者提供最低生活保障金。基础养老金是所有参保人享有的同样金额的保险金给付,不考虑在保险费和身份上的差异和不同贡献,具有互助共济的性质,体现养老保险制度的一致性和公平性。而个人账户体现对养老保险的“个人责任”,特定成员所享受的保险金给付和其所缴纳的保险费相关,适应养老保险缴费的灵活性和保障水平的多层次性、多样性需求。不同群体的农民参保意愿和参保缴费能力不同,不至于只规定一个统一的缴费标准,缴费标准高,贫困农民无法负担缴费义务,缴费标准低,高收入农民认为参加养老保险可有可无。基础养老金与过去“统账结合”模式相比,“统账结合”的弊端是社会保险关系跨地区转移会影响地区的局部利益。转出时劳动者只能带走个人账户里的钱,而不能带走统筹部分,使发达地区沉淀了许多本属于农村的统筹基金。而流入地因为要负担其"统筹部分",意味着将来要承担责任,导致多数地方不愿接收社保转入。而基础养老金是国家财政统一支付的,基础养老金55元走到哪里都属于自己。

(三)以地养老

　　应该继续发挥土地养老的作用。在有孝文化传统的我国,家庭养老一直是养老的主要方式。然而,目前在农村,女儿嫁到外村,土地带不到外村,娶儿媳的不增地,嫁走女儿的不减地,有半数老人在年老时种不了地,或仅得温饱,或被子女遗弃,生活质量非常低劣。因此,应利用利益机制来改善养老状况,即:对60岁以上的老人实行退休制度,给予养老金或送其到敬老院安度晚年,将其土地交公或实行重新分配,明确老人是他所承包土地的权利主体,老人就具有由子女或他人赡养或照料的经济手段,老人有权决定承包权的流转,在他年老或去世之后,由谁继承土地的耕种和收益权。如果老人与子女同住,可以把属于老人的那部分田产划出来以供养老之用。如果子女不愿为老人养老,则由集体请人供养,土地耕种和收益归供养人所有。有的地方,以村或镇的名义,集体替农民办养老保险,保险金就是农民的土地款。

　　由于受土地制度、土地数量及土地收入的限制,不能对土地的养老保障作用估计过高。以土地换养老要慎重,注意总结经验。土地的所有权并不属于农户所有,也没有自由转让权。土地数量少,农产品价格低,单靠土地是无法维持生计的。农村老人如果单靠转让土地使用权的收入,根本无法满足老年生活的基本需要。在农民家庭的经营收入中,近40%来自第二与第三产业,1/4来自劳动收入,转移性与财产性收入仅占纯收入的 5.7%。因此,老年农民单靠转移性与财产性收入很难保障老年的基本生活。

土地养老首先要明确的是土地的产权问题。《中华人民共和国土地管理法》第 14 条规定:"农民集体所有的土地由集体经济组织的成员承包经营,从事种植业、林业、畜牧业、渔业生产。土地承包经营期限为 30 年。发包方和承包方应当订立承包合同,约定双方的权利和义务。"这种承包经营权实际上是一种长期的佃权。农民虽然可以自主地决定生产方式和收入分配方式以及自由支配劳动力,然而由于不拥有对土地的所有权,所以就谈不上有权决定土地可以由谁来耕种或者不能由谁来耕种的问题以及土地的继承问题。由于农民只是承包经营集体土地,在农村生产方式普遍落后和靠天吃饭的情况下,农民从土地中获得的收益,能够维持正常基本生活需要已是很幸运的事情,遇到天灾人祸,生活将会发生较大困难。因此,目前的土地承包制度,似乎还不能从利益机制制约有赡养义务的农民的子女,以达到促使他们赡养父母的目的。也就是说,土地养老在我们这样一个土地公有化的国家还有限制。

(四)家庭养老

老人养老总得有个地方,家庭是最适合的地方,家庭亲情和孝心的支持对老人的健康长寿影响最大。现在家庭养老的不可靠性除了家庭小型化、人们的伦理道德观念在新的时期发生很大变化外,农民收入少、负担重,也是家庭关系紧张、老人不能得到较好赡养的一个主要原因。但是实践证明,农村家庭养老之源不单是一种利益机制,除了经济因素,还有一种孝文化传统机制。表现为家庭养老始终受民族文化和家庭文化的双重影响。民族文化的持久性决定了家庭养老的持久性。家庭养老遵循伦理原则,注重家庭关系互动中的道德要求和个人义务,不追求量间的交换目标。所以,只要对血缘关系的责任认同还存在,中国基本道德原则就不会发生根本变化,作为基本道德载体的家庭养老也就会持续下去。中国传统社会是以血缘动力为基础构建价值观动力的,因此,家庭养老能够接受社会变化的冲击。当价值观动力弱化时,血缘动力依然可以发挥作用。在家庭养老的文化机制中,利益机制始终处于伦理机制的控制之下。所以,尽管社会在不断发生变化,家庭养老依然是中国的主要养老模式。当人们过分强调家庭养老的实际功能而忽视其文化功能时,这正是在丢弃家庭养老的精髓。从文化角度探寻养老方式应当是人们进行思考的基本原则,并通过加强农村社区的服务,解决家庭养老的具体问题。

(五)构建农村社会养老保障法律制度,而不是农村社会保障政策,更不能引导广大农民去参加商业保险

法律所具有的强制性,对于农民按期如数缴纳社会保险的保险费以及国家在一定的条件下为农民提供社会保险待遇都具有很强的约束力;而社会保障政策所具有的引导功能,使得允许农民自愿参加和政府随时终止社会保障政策的实施成为可能,试点具有极大的随意性而难以得到保证;商业保险以及农民个人为养老和疾病准备的储蓄都是个人为防御生活风险所作的准备,是社会保险的一个补充,它们能够增加农民抵御风险的能力和提高生活质量,现在财政的阳光不能不照农民,尤其是失地农民,他们的微薄收入缴不起保险。大量作为城市边缘人口的农民工和亿万农民,基本上没有任何养老保险,不让他们"指望政府",而指望他们到

市场上买商业养老保险？只有社会保障才真正具有最基本的保障功能。因为社会保障制度和商业保险的一个根本区别在于，它是由政府组织的、在必要时由政府承担责任的、社会成员联合起来共同抵御各种生活风险的联盟。因而它具有最大的可靠性。

（六）新型农村养老保险、家庭养老和土地养老相结合，发展养老服务业

如何养老，以及由谁成为养老的主体？不能全指望政府。政府建设养老机构和床位投入大，效率低，要在传统家庭养老的基础上，政府通过新型农村养老保险发放养老金，由老人购买服务，拉动家政服务公司等私人养老企业的发展。家庭养老，居家养老是我国的传统，也是国际潮流。但是单指望家庭"养儿防老"也不行。现在，相对于父母来说，儿女已经是一种"稀缺资源"了，一对小夫妻，上面有四位老人，即便他们想养，恐怕也会力不从心。因此，坚持新型农村养老保险与家庭养老、土地养老、社区扶持相结合，抓好农村务农、务工、经商、乡镇企业职工、招聘人员、村、社干部以及有固定收入的各类人员的参保工作，努力扩大保险覆盖面，提高投保率，并逐步建立和完善各项制度及有关地方性法规，实现农村社会养老保险工作法制化、规范化管理。坚持低标准起点，以保障老年人的基本生活为目的，以此带动整个农村社会养老保险工作。

（七）增加财政对基本养老保险基金的补助，明确全国社会保障基金应包括农民养老

国家规定，各级政府都要加大调整财政支出结构力度，增加对

社会保障的投入。2000 年,中国政府决定建立全国社会保障基金。全国社会保障基金的来源包括:国有股减持划入资金及股权资产、中央财政拨入资金、经国务院批准以其他方式筹集的资金及投资收益。全国社会保障基金由全国社会保障基金理事会负责管理,按照《全国社会保障基金投资管理暂行办法》规定的程序和条件实行市场化运营。全国社会保障基金是养老保险等各项社会保障得以实施的重要财力储备,2003 年年底已积累资金 1300 多亿元。① 作为全民所有的资产,应明确全国社会保障基金要对包括农民的养老负责。

(八)建立适应农民工的养老保险制度

2007 年劳动和社会保障事业发展统计公报显示,2007 年末,参加基本养老保险的农民工为 1846 万人。这意味着,在全国 2 亿农民工中,只有不到 10% 的人有可能享受到"老有所养"的保障。农民工养老保险办法是一套以个人账户为基础、费率较低的基本养老保险制度,适应农民工流动性强和收入低的两大特点,将个人缴费和单位的全部或绝大部分缴费都纳入这个账户。这个账户可以随着农民工流动而在全国进行流动,农民工的权益在流动过程中不受损失。在费率方面也会比现行的城镇企业职工基本养老保险低。可能采取的费率政策是个人交 4%,单位交 10%,只相当于现行城保缴费的一半。"高门槛、高缴费、高收益"为特征的城保制度,不能适应农民工的特点。对于稳定就业(从事正规就业、建立劳动关系及事实劳动关系 5 年以上或签订无固定期限劳动合同

---

① 《中国的社会保障状况和政策》白皮书。

的)的农民工,可以纳入现行的城保制度。对于不稳定就业(签订短期合同、频繁流动以及从事各种灵活就业的)的农民工,则引入这套过渡性的办法,将包括统筹部分的社会保障权益直接记入个人账户。养老转移办法充分考虑到了农民工分类情况,将可以实现与城保和农保的"两头衔接"。如果农民工能够稳定就业,他就可以带着个人账户进入工作地城保;如果他选择回乡,有农保的可以纳入当地新型农村养老保险,没有农保也可以折算纳入当地城保。这套制度在实践中可能会面临两个问题:一是专门为农民工设置一个制度,将导致中国社保制度更加碎片化;二是以完全积累制的个人账户为特征的农民工养老保险办法与统账结合的城保制度之间很难衔接。只有待将来基础养老金实行全国统筹之后,农民工最终可以逐步纳入统一的城镇社会保障体系。因此,这种农民工的养老保险办法,将来和城镇企业职工基本养老保险办法、新型农村养老保险办法,要有一个转移、衔接机制。

总之,多层次的农村养老社会保障主要包括新型农村养老保险、农村家庭养老、农村养老救助等层次。西北地区应加大政府责任和养老补贴,加紧建立以新型农村养老保险为主,以家庭养老和农村养老救助为辅,充分发挥社会养老保险、农村家庭养老和农村社区养老的综合作用。

第七章　西北农村的社会救助制度研究

一、农村社会救助制度概述

社会救助是指国家和社会对依靠自身努力难以满足其基本生存需求的公民给予的物质帮助和服务。社会救助以居民最低生活保障为基本内容,并根据实际情况实施专项救助、自然灾害救助、临时救助以及国家确定的其他救助。社会救助因保障低收入群体或者困难群体的生活而直接缩小了贫富差距,是调整缓和不同社会阶层利益矛盾的制度安排。一个没有社会救助的国家,贫富差距走向两极分化是必然的,贫富之间的对抗也是不可避免的。不仅贫困人口的自身安全直接受到威胁,就是富裕人口也会因贫富对抗而受到威胁。社会总有一部分人会陷入生存危机,饥寒生盗贼,安全稳定的威胁就无时无处不在。历史上的农民起义大都是以大灾害造成大饥荒为背景,百姓的生存陷入危机,以抢米抢粮为前奏的。就社会公平而言,救济制度能够缩小收入分配差距,减少因收入差距和贫富分化而导致的社会对立,而且由于救济制度解决了人们的生存乃至发展的后顾之忧,就使得人们有更多的时间和收入进行人力资本投资,从而提升整个国家的竞争力。同时有助于提高穷人的消费倾向、提升有效需求,实现宏观经济的均衡。

在西方国家,把社会救济称作社会保障网的漏洞守门人或者称作社会保障的最后安全网,社会救济资金从公共财政资金中筹措,这足见设立社会救济制度对于保障生活处于困境的人的生存权利具有多么重要的作用。社会救助应当遵循下列基本原则:(1)与经济社会发展水平相适应;(2)与其他社会保障制度相衔接;(3)保障基本生活;(4)鼓励劳动自救;(5)公开、公平、公正、及时。中华人民共和国公民享有申请和获得社会救助的权利。申请和获得社会救助的公民应当如实申报家庭收入和财产状况,接受相关部门的核查。《中华人民共和国社会救助法(送审稿)》规定,社会救助所需资金,由地方各级人民政府列入财政预算,专项管理,专款专用;对财政困难的地区和遭受特大自然灾害的地区,中央财政按照规定给予适当补助。发生重大自然灾害时,各级人民政府民政部门可以开展救灾募捐并接受国内外的社会捐赠。受赠的财产应当按照国家有关公益事业捐赠的规定使用。我国的社会救助分为居民最低生活保障、专项救助、自然灾害救助、临时救助等四类。具体有:

(一)五保户供养

20世纪50年代,中国开始建立五保供养制度,2006年年初国务院发布的《农村五保供养工作条例》,对农村村民中符合下列条件的老年人、残疾人和未成年人实行保吃、保穿、保住、保医、保葬(未成年人保义务教育)的"五保"供养:无法定扶养义务人,或者虽有法定扶养义务人,但是扶养义务人无扶养能力的;无劳动能力的;无生活来源的。为解决部分生活不能自理五保老人的照料问题,各地相继兴办敬老院,将这些人员集中供养,并逐步发展成为五保供养的一种重要形式。2006年以前,农村五保供养一直是集体福利事业,供养资金主要来自农村集体社区。2006年年初国务院发布的《农村五保供养工作条例》规定,农村五保供养标准不得低于当地村民的平均生活水平;供养资金在地方政府财政预算中安排,中央财政对财政困难地区的农村五保供养,在资金上给予适当补助。从此,农村五保户从集体供养变成了财政供养。截至2007年8月,实现了500万五保对象的生活保障。①

(二)灾民补助

灾民补助是在出现单个家庭无法应付的大范围自然灾害时,由国家提供的临时性帮助。国家建立了针对突发性自然灾害的应急体系和社会救助制度。政府视人民生命安全为第一,灾害发生时及时抢救、转移受灾群众,灾后引导群众进行生产自救、互助互济,并动员社会各方力量参与,最大限度地减少灾害造成的人员伤亡和财产损失,确保受灾群众有饭吃、有衣穿、有房住、有病能医。各级政府在财政预算中安排救灾支出,用于救灾物资储备和转移救济灾民。灾民补助主要解决灾民口粮、衣被、住房和医疗卫生等四个方面的问题。民政部2004年出台《春荒、冬令灾民生活救助工作规程》、《灾害应急救助工作规程》、《灾区民房恢复重建管理工作规程》等。

(三)特困户生活救助

对因大病、重残、缺少劳动能力陷于长年生活困难或暂时最低

---

① 参见华建敏:《加快建设中国特色社会保障体系》,《新华文摘》2008年第3期。

生活困难的农村贫困人口,由国家提供现金、实物与服务方面的定期、定量帮助的制度。按照我国现行救助政策,尚不具备建立农村低保条件的地区,继续坚持"政府救助、社会互助、子女赡养、稳定土地政策"的原则,发放《农村特困户救助证》,建立农村特困户基本生活救助制度;同时,对患病的农村困难群体实行医疗救助。这种保障的范围和水平在很大程度上取决于地方财政能力。

(四)农村最低生活保障制度

1995 年,民政部在部分地区开展农村最低生活保障制度试点工作,以此改革以往的农村社会救济事业,保障真正困难的农村人口的生活,树立政府的良好形象。在各级政府的大力推动下,到1999 年年底,全国农村实行最低生活保障的县区市有 1935 个,占全国 2126 个县的 91%,占农村人口的 3.4%。保障资金由国家和集体筹集。而在西部地区,农村最低生活保障制度形同虚设、不能贯彻。2007 年国务院出台《关于在全国建立农村最低生活保障制度的通知》,开展对农村特困居民按最低生活保障标准实施生活救助的制度。这项制度的实施有助于解决农村传统社会救助制度存在的问题,比如救济面窄,救济标准较低,工作存在较大的随意性,难以持续规范有序地满足和维持贫困人员基本生活的需要。目前全国 31 个省(自治区、直辖市)都已建立农村低保制度,实现了农村低保制度全面建立、低保金发放到户的工作目标。农村低保对象截至 2007 年 8 月达 2574 万人。[①] 基本覆盖了农村全部的

---

① 参见华建敏:《加快建设中国特色社会保障体系》,《新华文摘》2008 年第3 期。

绝对贫困人口。最低生活保障制度更有利于体现对人的尊严的尊重,体现社会对于生活在贫困境况下的农民的责任。

(五)西部地区"少生快富"扶贫工程

2004 年 3 月,国家计生委、财政部和国务院扶贫办联合下发《关于在西部地区开展"少生快富"扶贫工程试点工作的意见》,决定在宁夏、青海、甘肃、云南等西部生育水平较高的贫困地区实施一项计划生育利益导向政策,其主要内容是:按照现行生育政策可以生育三个孩子的夫妇,如果少生一个孩子,并采取了可靠长效节育措施,可获得一次性不少于 3000 元的奖励。它把计划生育与扶贫开发相结合,在稳定现行生育政策的基础上,政府通过经济奖励的办法,鼓励少生,并引导和帮助这些家庭把奖励资金用于发展生产、勤劳致富。既有效扶贫,又促进少生,有利于推动西部地区进一步降低生育水平,缓解计划生育农牧民家庭在生产、生活中面临的特殊困难。这种有条件的转移支付是扶贫开发方式的创新,也是贫困地区计划生育工作思路和机制的创新,更有助于推动贫困地区走出"越生越穷、越穷越生"的困境。西部地区"少生快富"扶贫工程虽然名为"扶贫工程",实质内容却属于生育保险的范畴,而且是西部农村社会保障的特色,因其是扶贫性质,将其归属于社会救助体系。

(六)军烈属的优待抚恤安置

优抚安置制度是中国政府对以军人及其家属为主体的优抚安置对象进行物质照顾和精神抚慰的一种制度。目前,中国有 4000

多万优抚安置对象。我国陆续颁布了《革命烈士褒扬条例》、《军人抚恤优待条例》和《退伍义务兵安置条例》，义务兵服现役期间，其家庭由当地人民政府发给优待金或者给予其他优待，优待标准不低于当地平均生活水平。

抚恤一般是指国家对烈士遗属、因公牺牲军人以及病故军人遗属所采取的一种物质抚慰形式。现役军人死亡，根据其死亡性质和死亡时的月工资标准，由县级人民政府民政部门发给其遗属一次性抚恤金。对于无生活来源或生活水平较低的烈士遗属、因公牺牲军人遗属、病故军人遗属，发给定期抚恤金，其标准应当参照全国城乡居民家庭人均收入水平确定。享受定期抚恤金的烈士遗属、因公牺牲军人遗属、病故军人遗属死亡的，增发6个月其原享受的定期抚恤金，作为丧葬补助费。

退出现役的因战、因公致残的残疾军人因旧伤复发死亡的，由县级人民政府民政部门按照因公牺牲军人的抚恤金标准发给其遗属12个月的一次性抚恤金，作为丧葬补助费；其遗属享受因公牺牲军人遗属抚恤待遇。其中，因战、因公致残的一级至四级残疾军人因病死亡的，其遗属享受病故军人遗属抚恤待遇。

《中华人民共和国兵役法》、《退伍义务兵安置条例》等法律法规，对退役军人的安置作出规定。政府为城镇退役士兵安排就业岗位，对自谋职业的城镇退役士兵发给一次性经济补助，并给予优惠政策扶持；对农村退伍义务兵在生产、生活、医疗等方面的困难，视不同情况予以解决。机关、团体、企事业单位招工时，在同等条件下优先录用城乡退伍军人。对报考大中专院校的，在同等条件下优先录取退伍军人。对退出现役的伤残军人，在就业、生活等方面给予适当照顾。对军队干部（含士官）退出现役，分别实行复员、转业和退休等安置办法。目前，各级政府普遍建立了相关工作机构。

（七）教育、医疗、法律援助、住房等单项救助政策

住房救助制度主要是指对城乡特殊困难居民和因灾倒房户在住房修缮、重建和租房方面给予现金与物质补助的制度。住房救助采取政府救助与社会帮扶相结合的原则。在城市，住房救助主要是廉租住房制度，在农村主要是资助农村特殊困难农民搬迁、修缮和新建住房，资助因灾倒房户恢复重建。

上述制度在救助机制方面，经过多年的实践，我国救助机制的体系已经基本建立。具体有三个方面：一是应急响应机制，比如2008年的自然灾害和四川特大地震，国家和民政部的应急响应机制受到国内外的一致好评。二是我国已经建立了紧急救援机制，目标就是保证灾民在遇到灾害的时候能够有饭吃，有衣穿，有房居住，有干净的水喝，有病能够得到及时治疗。三是建立了灾后灾民的救济制度，主要是房屋倒塌重建和灾民灾后的生活救济，各省对口援建活动房。由于中国的自然灾害较多，发生比较频繁，所以每年灾民的数量也比较大，需要政府给予救济的灾民每年大约7000万人。

关于救济资金监管方面，民政部对救灾、低保和捐赠资金如何进行监督和管理，以保证专款专用，并及时足额发放到困难群众手中。民政部历来把救灾款和社会的捐助都看做是救命钱，是"高压线"。防止对救灾款和捐赠款违规挪用或者贪污，保证救灾款和社会捐款能够用到灾民的身上，主要有以下几点措施：第一，建立制度，把救灾款和捐助款的使用范围明明确确地告知各级，告知每一个人，让大家都知道这些款项的用途。并规范工作的程序，怎

样下拨,怎样管理,都有明确的规定。第二,要公开、透明,特别是在基层,这些救灾款、捐赠款发给谁了,都要张榜公示,接受群众的监督。第三,要接受社会的监督,特别是舆论的监督。新闻媒体暴露或者揭露哪些地方挪用了救灾款,都有及时核查和查处,然后对相关人员给予一定的处罚。所以,对于救灾和社会捐赠的款物,一是要靠制度来保障;二是靠道德来约束;三是靠监督来运行。

目前我国社会救助体系建设取得了长足发展,社会救助体系框架基本建成,社会救助工作对经济发展和社会稳定所起的作用显而易见,但与农民的期望值相比,社会救助工作还有一定距离,存在一些突出问题:

一是部分地方的领导思想还不适应新形势的要求,认为社会救助制度会养懒汉,扼杀农民的积极性。误以为社会救济会导致高劳动成本,不利于本国产品的出口,福利也会导致高税收,不利于激励人们去工作和创业,从而造成国家竞争能力的衰退等。对社会救助体系建设重视研究不够,支持不力,影响了社会救助功能的发挥。

二是部分地区的社会救助资金保障不足,导致一些农村和经济欠发达城区救助水平偏低、部分困难群众未能纳入社会救助的范围;财政普遍困难,地方配套资金落实不到位,影响了救助力度和效果。

三是医疗救助、教育救助、住房救助等专项救助和自然灾害救助制度缺乏法律行政法规的依据。

四是现行的各项社会救助制度、救助标准过于原则,各地制定具体救助标准时缺乏统一的依据,随意性过大。

五是基层救助管理机构人员配备不足,直接影响救助工作的开展。有关部门对社会救助的申请审查手段不足,申请人骗取社会救助待遇的现象时有发生。因此,要进一步完善社会救助体系,并通过立法加以解决。

二、西北农村最低生活保障制度的现状及问题

党的十七大提出以最低生活保障为重点,加快建立覆盖城乡居民的社会保障体系的奋斗目标。为了切实解决我国农村贫困人口的生活困难,实现基本生活救助制度方面城乡困难群众同等待遇,逐步缩小城乡公共服务差距,2007 年国务院出台的《关于在全国建立农村最低生活保障制度的通知》,对农村低保的目标任务、原则要求、保障标准、对象范围、操作程序、资金筹集、组织机构等内容进行了规范。在中国最大的群体建立低保制度是历史性的突破,实现了城乡对困难群众的社会救助制度的均等,对解决农村困难群众,特别是病人家庭、残疾人家庭、贫困老年人家庭和生活条件十分恶劣地区的贫困群体的最基本生活具有重要意义。对长期生活困难,生活没有着落的农民,临时的、短期救助不能满足他们的需要。农村低保制度弥补了临时的、短期救助的不足。农村低保制度在西北地区开展得如何？是否能够保证农村低保对象的基本生活？农村低保怎样才能做到应保尽保？如何缩小农村低保的"地区差、城乡差",使低保制度持续、有效地发展？

(一)甘肃省以农村最低生活保障为重点的社会救助体系建设的情况

甘肃省位于祖国西北,总人口 2618 万,其中农村人口 1800万,是国家重点扶贫开发省份。目前,全省有农村贫困人口 680.5

万人左右,每年还需救助灾民 200 多万人。保障这些部分困难群众的基本生活,是全面建设小康社会的重点和难点。近年来,甘肃扶贫式开发和慈善事业有了较大发展,但都不能全面解决贫困人口的生存问题,为此,甘肃省建立了以农村低保制度为主的社会救助体系。

1. 各级党委和政府高度重视社会救助工作。近年来,省委、省政府就社会救助工作作出了一系列重要决定,加大了资金投入。特别是全国推进城乡社会救助体系建设工作会议以来,对城乡社会救助体系建设给予了特别关注。各地各部门从坚持科学发展观、构建和谐社会的高度出发,重视和解决困难群众的生活问题。各级民政部门认真履行管理协调职能,相关部门积极协作,社会力量广泛参与,形成了社会救助体系建设的合力。农村低保从 2006年 10 月建制以来,通过提标扩面,年人均保障标准已从 600 元提高到 728 元,月人均补助水平从 18 元提高到 50 元,保障对象增加到 160. 64 万人。①

2. 金昌的试点为全省城乡社会救助体系建设提供了有益经验。为了推进城乡社会救助体系建设工作,甘肃省决定在金昌市先行试点。在省民政厅的精心指导下,金昌市坚持政府主导,建立公共财政,严格依法救助,强化社会监督,加强部门协作,城乡联动发展。在自然灾害救助、五保供养、农村特困救助、临时救助、医疗救助、子女就学救助、法律援助、住房救助、流浪乞讨人员救助、社会捐助、老年人残疾人优抚对象优待等方面建立起了比较齐全的救助制度,为全省探索了很有借鉴意义的经验。省政府在金昌市

---

① 参见 2008 年甘肃省国民经济和社会发展统计公报,《甘肃日报》2009 年 3 月 12 日。

召开全省城乡社会救助体系建设现场会议,进行了观摩交流和安排部署。

3. 民政部门积极探索,协调建立完善社会救助各项政策制度。目前甘肃省政府已经出台的政策性文件有《关于推进全省城乡社会救助体系建设的实施意见》《甘肃省农村自然灾害救灾应急预案》《关于进一步加强和改进救灾资金管理使用工作的意见》《关于建立和完善农村特困群众生活救助制度的意见》《甘肃省农村医疗救助管理暂行办法》《关于进一步完善城乡社会救助体系的意见》等。市县两级也成立领导机构,制定操作规程,出台地方政策,探索综合或单项社会救助,努力完善社会救助体系。

随着一系列救助政策的出台实施,目前,农村社会救助体系的基本框架在甘肃省已初步形成,各项救助工作取得了较大进展。

——农村低保作为救助体系建设的重点取得了突破性进展。低保管理从居民申请、入户调查,会议评审、两榜公示、审批发放到社会监督,各个环节的操作程序日趋规范。许多地方开展分类施保,制定各种配套救助措施,取得了良好效果。政府兜底施救、扶持个人自救、鼓励社会互救,为社会救助体系建设提供了保障。

——自然灾害应急体系建设取得重大进展。甘肃省自然灾害频发,中部地区十年九旱,东南山区洪灾、冰雹、泥石流、滑坡多发,河西走廊沙尘暴、干热风严重。农业基础薄弱,农民收入低积累少,灾后自救能力差,救灾任务繁重。近几年平均每年转移安置灾民10万人次。2004年全省下拨救灾资金2亿多元,解决了220万人次的口粮和15万人的衣被困难。灾民建房工程自1999年启动以来,深受群众称赞,特别是2008年陇南、甘南震灾重建工作多方筹资,高质量、高标准地完成了房屋重建和房屋维修工作,得到了省委、省政府的充分肯定。目前省市县三级都出台了救灾预案,灾害信息系统基本形成,能够保证受灾群众在灾后 24 小时内得到救助。

——农村特困救助工作稳步推进。目前全省共有农村特困群众 202 万人,其中急需救助 79.3 万人,占农村人口的 4.2%。上半年有 66.9 万人得到定期或临时救助,发放资金 2365 万元。

——农村医疗救助起步良好。2006 年下拨资金 1000 万元,在 20 个县区进行了农村医疗救助试点,共发放资金 536 万元,救助 10 万多人,目前,农村医疗救助工作已经全面推开。

——流浪乞讨人员救助管理制度改革进展顺利。国务院《城市生活无着的流浪乞讨人员救助管理办法》正式实施以来,救助机构、工作经费、基础设施建设逐步得到落实。全省 29 个救助站共救助 2 万多人次。

——社会捐助成绩显著。甘肃省建立城市经常性社会捐助接收站 93 个、接收点 707 个,建立了省内市州之间对口捐助制度。①2008 年地震后全省为灾区捐款创历史最高,仅金川公司就捐款1.17 亿元。

甘肃省的农村社会救助体系建设工作从点上突破到面上扩展,从单项制度建立到系统完善,已经逐步形成了比较全面的救助体系,为保障农村困难群众基本生活,化解社会矛盾,维护社会稳定,促进经济社会协调发展发挥了积极作用。

(二)西北农村低保工作中存在的主要问题

目前,全国 31 个省(自治区、直辖市)都已建立农村低保制

---

① 参见甘肃省民政厅:《甘肃省城乡社会救助体系建设工作情况》2006 年 1 月 6 日民政部网站。

度,实现了农村低保制度全面建立、低保金发放到户的工作目标。
基本覆盖了农村全部的绝对贫困人口。虽然中国地域差别比较
大,全国没有统一的低保标准,由各地根据本地区的实际情况来确
定,但是基本要求是保障这些困难群众最基本的生活。这个基本
生活的需求主要是温饱。现在全国农村低保平均补差标准是 28
元钱,虽然较低,对贫困农民却能解决生存问题。

目前西北农村低保与全国相比有较大差距,存在的问题主要
有以下几点:

1. 各地的农村低保制度还存在覆盖面低,不能应保尽保。比
如截至 2008 年年底,甘肃农村有贫困人口 680.5 万,而甘肃农村
低保人数为 161.64 万,覆盖率占贫困人口的 25%,是穷中挑穷。
如果加上低收入人口,覆盖率更低。①

2. 补助标准低、区域差距大。由于中国地域差别比较大,所
以全国没有统一的低保标准,各地根据本地区的实际情况来确定,
但是有一个基本的要求,就是要保障这些困难群众最基本的生活,
即解决温饱问题。目前,中国的农村贫困人口主要集中在西部地
区,而困难多的西部地区低保的保障比例、保障标准明显低于东
部,也低于全国的平均水平。甘肃农村的低保标准为 728 元/年,
每人每月 57 元,平均补差标准 50 元。在东部,2006 年浙江农村
低保人数是 53.98 万人,而浙江的贫困人口为 190.5 万,低保人数
占 28%,低保标准是每人每月 160 元,覆盖面和补助标准是甘肃
的 3 倍。而全国农村平均低保标准为年人均 1148 元,其中最低的
甘肃为 728 元,最高的上海为 2560 元。

---

① 参见 2008 年甘肃省国民经济与社会发展统计公报,《甘肃日报》2009 年
3 月 12 日。

3. 最低生活保障的城乡差距也很大。如甘肃农村人口是城镇人口的 2 倍多,而 2006 年甘肃城市低保资金支出 66867 万元,农村社会救济资金支出 13614 万元,城市是农村的 5 倍。① 2007年,城市最低生活保障标准,兰州 210 元/月,北京 330 元/月。全国城市低保平均标准为人均 211 元/月,而全国农村低保平均标准为人均 95.7 元/月,甘肃农村的低保标准为每人每月 57 元,甘肃农村与城市和全国农村的平均水平差距都很大。在维持最低生活水平方面,城市和农村成本相当,要统筹城乡,标准不能差距过大。当然,城乡低保也有不同点:一是标准不同,因为城市和农村对基本生活这一块的资金支出是不一样的,城市和农村相比,支出的资金量可能要大一些,农村相对要小一些。所以体现在各地的标准上是农村低于城市。二是从保障对象上看有差别,在城市除了一些病人、残疾人、老弱家庭之外,很大的一部分是下岗职工,或者是零就业的家庭。所以城市的困难家庭有相当一部分是带有临时性的,而农村这些家庭是长年困难、长期困难。农村的这些家庭应该说就是不救济就不能生活的家庭。三是农村和城市的家庭维系生活的经济来源也有些不同。在城市里主要是靠就业来维系生活,在农村还有一些土地,还有其他一些副业的生产来维系生活。所以对城市也好,农村也好,低保补助标准虽然有些不同,但是作为政府、作为民政部门应该看到一个家庭生活状况的改变,实施动态管理。

4. 农村低保工作基础薄弱,各地发展不平衡。在实施农村低保制度过程中,乡镇(街道)、村民委员会承担了大量的基础性工作。如何确定低保户的家庭收入,要摸底调查,有无手机,是否养狗,还要询问邻居有关情况才能把低保户确定准确。但乡镇低保

---

① 《甘肃年鉴 2004—2007 年》,中国统计出版社 2004—2007 年版。

工作经费及工作人员严重不足,工作进展缓慢,影响农村低保工作的整体水平。

分析农村低保存在困难和问题的主要原因有:一是国家财政投入有限,地方财政压力大。仅甘肃农村贫困人口达680.5万人,财政投入负担很重。二是基层力量薄弱,缺乏工作经费。市县两级低保管理机构人员编制少,乡镇无专职低保工作人员,工作难以应对。而农村低保工作面广、程序多,需要投入大量的人力,如果没有经费保障,工作难以开展,漏保率、错保率较高。三是家庭收入难以核定。农村副业收入不稳定而且难以货币化,影响农村低保对象的界定。四是低保政策法规相对滞后,与农村五保、合作医疗等制度不衔接。最低生活保障主要解决低保对象的最低生活需求,难于解决低保对象大病治疗、住房、子女教育以及其他突发事件造成的生活困难。国务院低保通知明确规定了政府和低保对象的权利义务,但确定农村居民最低生活保障对象的标准和范围各地不同,也不规范和透明。谁应作为低保对象,谁不应作为低保对象?对于骗保人员如何追究责任的问题,由谁执行处罚,如何处罚都没有明确规定,对被征地农民如何纳入低保问题,也缺乏可操作的政策法规,全面建设农村低保制度的配套措施不完善。因此,需要有关部门建立和完善与之相关的医疗、教育、住房、就业、生产、司法等专项救助制度,以提高农村低保工作的整体水平,确保农村低保对象的基本生活。

(三)完善农村最低生活保障制度,投入要向贫困地区倾斜

农村社会保障应以不缴费的社会救济为主,缴费的社会保险

为辅。最低生活保障制度源于济贫,是缓解贫困痛苦的重要手段,是免于饥饿、疾病,减少农村流浪乞讨人员,实现人权和社会稳定的重要保障。根据国务院文件要求,农村低保对象为家庭年人均纯收入低于当地低保标准的农村居民。但是,由于各地经济社会发展水平差异大,工作推进步伐不一等原因,实现"应保尽保",只能循序渐进,逐步落实。应坚持"低水平、广覆盖、保重点"的原则,向区域发展中的短板——西部地区因病、因学、因残导致家庭生活困难的农村贫困人员——倾斜,为基层群众打造阳光低保、诚信低保和公平低保。

1. 各级领导要高度重视以农村最低生活保障制度为基础的社会救助体系的建设。社会救济包括临时应急的救灾、医疗救助制度和经常化的最低生活保障制度。建立农村最低生活保障制度不是临时性的应急措施,而是国家解决民生问题和社会公平的战略任务。从世界其他国家来看,建立基本的社会救济制度都是政府义不容辞的责任,而不是对贫困农民的施舍和恩赐。在完善我国最低生活保障体系的过程中,政府首先要发挥主导作用。农村低保制度从建立到完善需要一定的过程,关键在于发现问题后,要通过建章立制,规范管理来解决问题。目前农村低保制度已经建立起来,但与国务院文件要求和农民需求还有差距,需要进一步规范和加强。各级领导提高认识,切实把农村最低生活保障工作提上重要议事日程,发扬"人一之、我十之,人十之、我百之"的精神,克服困难,狠抓落实,不断提升农村最低生活保障工作水平,把这一关注民生的好事办好。2008 年年底,由于金融危机的影响,国务院决定给农村低保对象一人 100 元的生活补助,反映了中央对低保制度的重视。

2. 覆盖面要扩大,城乡标准统一,资金投入要保证。合理确定最低生活保障标准，准确核定保障对象。最低生活保障标准应该是地区有别而不应该是城乡有别，因为在同一区域内，其经济社会发展、居民生活消费水平与消费价格指数应该基本相同，同时农村居民虽然拥有承包地，但其承包地收益已体现在家庭收入的计算之中，不应在保障标准上再做区别。低保资金不足是农村最低生活保障制度存在的重要问题，尤其是西部农村保障制度的推行离不开财政资金的到位。虽然近来各级政府投入资金已大幅增加，但仍难以满足农村贫困群众的救助需求。反映在救助效果上，表现为穷中挑穷，救助范围偏窄、救助水平偏低，部分困难群众没有真正摆脱生活困境。从统计数据上看，农村低保全面推开后，在主要食品价格大幅上涨的情况下，实际低保补助水平有明显下降。这表明各级财政的投入还明显不足。国家有没有财力来实现包括农民居民在内的"全民低保"呢？如果以目前农村 4977 万贫困人口为低保对象，平均补差为每人每月 30 元计算，全年各级财政要为之付出 150 亿元；而 2008 年，政府的财政收入已经超过 5 万亿元，仅增收部分就达 5000 多亿元。这样一算，显然就不是什么财力够不够的问题，而是一个想不想为的问题。农村低保标准一般是由县或县级以上地方人民政府根据不同地区、不同群体、不同家庭状况等情况，按照维持当地农民基本生活所必需的吃饭、穿衣、用水、用电等费用确定不同的最低生活保障标准，并报上级人民政府备案后公布执行。同时，根据当地经济发展水平和群众生活水平的提高，综合考虑物价水平变化等情况，适时、适度进行调整。这样既能保障特困农民的最低生活需求，又不会让国家背上沉重的经济包袱。通过制定农村低保金保障办法，按照实际保障人口和实际资金支出，拨付农村低保金。针对个别财政困难和农村贫困人口比例高的县，中央和省应加大补助转移支付资金，否则基层财政负担增加，影响实际保障水平和工作积极性。

3. 解决管理体制和工作保障滞后的问题。农村低保管理体制的主要问题是：低保制度执行的成本和责任由基层政府承担，由于低保制度的实施涉及面广、业务量大、操作复杂、政策性强，加之扶贫开发一方面会减少低保人数，而物价上涨又会增加低保人数，动态管理的工作量很大，而目前部分地区基层民政部门和街道、乡镇开展低保工作的人员、编制、工作设施、经费却得不到有力的保证。影响了低保工作的正常开展和实际救助效果，也使低保制度随意性、变通化的问题时常出现。

4. 管好用好监管好困难群众的"救命钱"，降低漏保率和错保率。目前我国农村低保制度框架已经基本建立，下一步的工作重点是狠抓落实，采取有力措施把这件好事办好、实事办实，尤其是要防止优亲厚友、徇私舞弊，杜绝人情保、关系保，切实保障低保制度的实施效果，确保每一分钱都能发到低保对象手中。农村低保管理部门要严格申请、审核、审批程序，坚持村评议、乡审核、县审批。乡镇一级要做好家庭收入的初审工作，并填写初审意见，编制花名册上报市县民政局，并负责发放低保款物等工作。村委会一级要做好接受个人申请、入户调查、召开村民代表会议评议、张榜公布、填写审批表、核实上报有关材料、代行动不便的低保户领取低保款物等工作；将低保金列入财政预算，实行专项管理、专账核算、专款专用；做到低保政策、低保对象、低保标准、低保水平四公开，让群众明明白白地参与到农村低保工作中来。低保金原则上按照申请人家庭年人均纯收入与保障标准的差额发放，也可以在核查申请人家庭收入的基础上，按照其家庭的困难程度和类别，分档发放。国务院还要求各地加快推行国库集中支付方式，为低保对象建立家庭账户,通过银行、信用社等金融服务机构,直接、及时地将低保金发放到户。还要加强监督检查,建立行政监督、审计监督、纪检监督、司法监督和人大、政协监督等有机结合的监督制约机制,并做到制度化、经常化,定期跟踪检查工作进展,促进农村低保工作的健康发展。

5. 强化动态管理,克服低保制度的养懒汉现象,给有劳动能力的低保对象寻求脱贫就业的门路。被批准纳入农村低保后,绝不等于进了"保险箱",可以永远享受低保待遇。农村低保管理部门要定期审核低保对象家庭经济状况,对困难程度缓解且收入水平已在低保线以上的家庭,要及时退出低保,停发低保金;对收入发生变动但仍在低保线以下的家庭,要及时增发或减发低保金。建立健全低保对象农户家庭收入的申报和统计制度,推行"一户一档、分类建档"的管理办法,搭建动态管理信息处理平台,合理确定、调整低保户和低保标准。因为完全丧失了劳动能力和生活来源的,给予重点保障,按全额标准给予补助;基本丧失劳动能力,近期脱贫无望,按家庭收入给予补差,因其家庭成员有劳动能力、家庭生活存在暂时困难,则以帮扶为主、补助为辅。为有劳动能力的低保对象寻求脱贫就业的门路。加强农民"脱贫致富"的工作力度,为低保户建立收入增长的长效机制,从根本上帮助低保户脱贫,进而改变他们的生活状况和精神面貌,这也是农村低保制度建立的初衷。为鼓励低保对象脱贫,很多地方规定,低保家庭成员就业后,一年内继续享受低保待遇。如有正常劳动能力但不耕种、不经营承包的田地、山林、水塘,从查实的次月起停止其享受低保待遇,建立有退有进的动态管理制度,促进贫困农民脱贫致富的积极性。

三、西北农村五保户制度的现状及问题

(一)甘肃省农村的五保户制度建设情况

甘肃农村五保供养政策在税费改革后得到较好落实。全省已有 47575 人纳入五保供养,其中集中供养 6525 人。集中供养标准为 1000 元;分散供养标准为 800 元。有各类敬老院 653 所,床位7148 张。其中 2006 年至 2008 年中央和省级财政投入敬老院建设补助资金 5350 万元,资助新建和改(扩)建敬老院 171 所、维修40 所,新建五保家园 7 处。服务管理水平明显提高。五保供养标准从 2006 年的年人均不足 600 元提高到 2009 年的 1600 元。[①] 但是与全国农村五保发展情况相比还存在差距,当前五保制度存在的问题主要有:

1. 五保供养补助资金不足,没有应保尽保。存在没有五保的五保户,五保对象调查摸底不准确,审核审批工作进展缓慢,由于有的县区担心财政负担较重,核查工作落实不到位,上报的五保对象数较少,有的县仅占农村人口的 1%,远远低于省内的平均保障比例。

2. 五保对象集中供养水平不高。供养资金不落实,没有按时兑现保障金,农村敬老院建设和管理整体水平不高,2008 年甘肃省全国农业普查数据表明,甘肃只有 36.6% 的乡镇有敬老院,同时大部分敬老院又存在资源闲置浪费现象,集中供养率低,没有完

---

① 参见李保荣:《我省社会救助整体水平显著提高》,《甘肃日报》2009 年 5月 20 日。

全落实供养标准,实际供养水平不高。管理人员、管理经费缺乏。部分分散供养对象的住房问题还未解决。

(二)进一步做好农村五保供养工作

为认真贯彻落实国务院《农村五保供养工作条例》,针对发现和存在的主要问题,进一步做好农村五保供养工作,需要从以下几方面着手:

1. 提高思想认识,全面落实五保供养政策

五保供养对象是农村最困难的群体,解决这部分人的生活问题,关系到党和政府在农村工作中的形象,关系到农村的社会稳定。民政部门要切实履行好自己的职责,把五保供养工作作为关注民生,建设社会主义新农村,构建和谐社会的一项重要工作,认真落实五保供养政策,加强对农村五保供养工作的组织领导,及时制定出台实施管理办法,合理制定保障标准,认真审批五保供养对象,妥善解决好五保对象生活,实现五保对象"应保尽保",把保障金兑现到户。认真分析研究当前农村五保供养工作中存在的突出问题,找准根源,提出切实有效的解决办法,进一步加大政策落实力度,全面提高农村五保供养工作水平。加强五保供养工作经费的筹集、管理和发放工作,按照供养标准不折不扣地按时兑现保障金,切实取信于民。

2. 坚持规范管理,努力实现应保尽保目标

农村五保供养是一项政策性、原则性很强的工作。各级民政部门要进一步规范对五保供养工作的管理,严格按照国务院《农村五保供养工作条例》组织核查,严格审批,按照实际保障人数拨付五保供养补助资金。一是准确确定供养对象。各县区要严格按

照《农村五保供养工作条例》规定,准确合理地确定五保对象,把符合条件的对象全部纳入供养范围,做到应保尽保,绝不允许出现"以钱定人","分配指标",平均发放现象,切实保障五保对象的合法权益。二是坚持依法行政,规范审批管理。严格落实本人申请,村民代表会议民主评议,村民委员会初审,乡镇人民政府审核,县区民政部门审批的管理程序,对批准给予农村五保供养待遇的,及时发给《甘肃省农村五保供养证》,从批准当月起发给保障金,并向市民政局备案;对不符合条件不予批准的,发给不予批准通知书并说明理由;对丧失供养条件的,及时办理停止供养手续。三是签订供养协议,明确权利义务。对于分散供养的五保对象,由乡(镇)人民政府、受委托的抚养人和五保对象签订五保供养协议书,约定各自的权利和义务,落实服务责任制和帮扶措施。对于在敬老院集中供养的五保对象,签订入院协议,明确相关责任和义务。五保供养协议书一般在县区民政部门批准供养后一个月内签订,由本人、乡(镇)人民政府、受委托的抚养人或供养服务机构各持一份,并送县区民政部门备案。四是严格五保供养经费的使用范围。农村五保供养资金主要用于解决农村五保对象的衣、食、住、医等基本生活问题。民政局要切实加强管理,坚持专款专用。敬老院院长和工作人员的工资应由县区、乡(镇)财政解决,不得从五保供养资金中开支。建立和完善《农村五保对象花名册》,具体内容包括姓名、性别、年龄、身份证号、住址、供养类型、供养标准及救济款物发放情况等。《农村五保对象花名册》由县区民政部门统一印制,乡镇存档,并由县区民政局制成电子表格报市局低保处备案,如有变化,及时更新上报。

3. 加强敬老院建设,进一步提高集中供养水平

各级民政部门要积极争取当地党委、政府的重视,加大资金投

入,在敬老院建设和五保户住房改造资金上给予更多支持,提供相关优惠政策和措施,制定切合实际,符合本地发展的敬老院建设规划。对一些条件很差的敬老院,要作为建设重点,尽快改善五保对象的居住和生活条件。无论是新建还是改(扩)建敬老院,在规划和设计上都要以方便老人生活为出发点,注重生活设施的配套和完善,厨房、餐厅、文化娱乐室、卫生间、浴室等基本设施应配套齐全。挖掘潜力,充分整合和盘活现有资源,新建和原有的空闲住房要尽快组织五保对象入住。农村敬老院以保障供养为主,原则上不搞自费收养,并尽量减少办公用房和工作人员住房,以接纳更多的五保对象入院,提高集中供养率。在抓好农村敬老院硬件建设的同时,各县区民政局要着力抓好敬老院软件建设。乡(镇)敬老院院长可由乡(镇)负责民政工作的人员兼任,也可聘请有事业心、责任感的离退休人员兼任,乡(镇)配备敬老院院长,须经县区民政部门考察同意。对现任的一些素质差、管理水平低的敬老院院长,建议乡镇给予及时调整。敬老院的管理人员和工作人员由乡(镇)政府根据敬老院需求和规模进行配备,实行公开招聘和组织派遣相结合。招聘人员的条件是:热爱敬老养老工作、有一定文化水平、身体健康、责任心强、能吃苦耐劳,从事财会、医疗等专业工作的人员应当具有一定的专业技能和资格。按照不低于当地最低工资标准为敬老院聘用人员解决工作报酬。县区民政部门根据《老年人社会福利服务机构基本规范》,加强对敬老院管理服务人员的业务培训。坚持以人为本,推行人性化管理,亲情服务,把五保对象满意不满意、高兴不高兴作为衡量做好管理服务工作的标准,不断提高敬老院管理和服务水平。

4. 切实解决五保对象医疗问题

通过农村医疗救助,资助农村五保对象参加新型农村合作医疗,参合金从农村医疗救助资金中全额支付。农村五保对象门诊医疗费用、住院治疗费用,在新农合报销后,个人实际负担部分通过农村医疗救助资金全额报销;并按照每个五保对象每年100元的标准,年初一次性发给门诊医疗费。门诊医疗费可在医疗救助金中抵扣,节余部分归个人支配,不再跨年累计。各县区民政局要严格落实上述政策规定,加强管理,完善程序,切实解决五保对象医疗问题。

四、完善我国农村社会救助制度的对策建议

作为社会保障体系的重要组成部分,社会救助与广大农民尤其是困难群众的切身利益密切相关。社会救助对于保障和改善民生、构建社会主义和谐社会,发挥了重要作用。随着经济社会的发展,中国农民最低生活保障、农村五保供养、低收入家庭专项救助、自然灾害救助、低收入家庭医疗救助、教育救助、住房救助、司法救助等各项社会救助制度需要完善。

(一)制定《社会救助法》,为社会救助建设奠定制度基础

现在《社会救助法》正在征求意见,这部法律把现有的城乡低保制度、灾民救助制度、农村五保制度,包括医疗救助,还有城市流浪乞讨人员救助,以及教育、司法、住房等方面的专项救助,进行了梳理,力求构建一部城乡统一、标准有别、适应国情的社会救助法。清理原有社会救助制度和办法,尽可能出台救助实施办法,对部分条款进一步细化,将有争议性的条款明了化,应保留的保留,该取

消的取消,便于操作,利于执行。对救助对象、救助范围、救助程序、救助资金等事项用制度来规范,避免出现随意性。最终建立社会保险、社会救助和慈善事业三者相衔接的覆盖城乡居民的社会保障体系。

(二)加快推进城乡社会救助体系建设,尽快加强和完善慈善事业的管理

完善农村最低生活保障制度,健全灾害应急体系,加强农村五保工作,健全农村特困群众救助制度,加快建立城乡医疗救助制度,做好农村贫困群众子女就学救助工作,做好流浪乞讨人员救助工作。现在低保人群、低保边缘或低保边缘外的部分困难群众,一旦遭遇突发性灾害、不可预测的事故、难以预料的重大疾病等,其基本生活将难以维持,对临时性救助依赖性较大,而目前有关部门对解决这部分人的救助不完善,信息不灵,制度缺失,没有一个完整的临时性救助制度,救助的随意性较大,解决不了实质性问题。要以建立和完善各项社会救助制度为重点,以创新救助体制和机制为动力,以加强服务网络建设和信息化为手段,逐步建立起以农村最低生活保障为基础,以医疗、教育、住房、司法等专项救助为辅助的社会救助制度,以优惠政策相配套,以社会互助为补充,政府责任明确,社会广泛参与,运转协调、资金落实、管理规范、网络健全,与经济社会发展水平相适应,覆盖城乡的社会救助体系。我国慈善事业还处在发展的初级阶段,有关制度还不完善,公众参与率还较低。因此,慈善事业急需转变政府职能,着力培养一批高质量的慈善机构,并给予相关的政策支持和发展空间,为公众参与慈善事业搭建平台。要尽快就慈善捐赠立法,利用法律的强制力来提

高慈善捐赠的积极性。

(三)实施城乡一体化救助标准,真正消除城乡壁垒

社会救助目前尚无统一科学的困难评价方法,而且在不同地区、城乡之间低保标准差距较大。一些城区边缘的农村,目前实际支出与城镇居民没有两样,水、电、煤气等都是城乡一个价,就是因为户口问题,每月享受的标准就有可能不一样。因此,就低保标准实行城乡一体化,已到了时机。当前,可以在城乡结合部和经济发达的设区市采取市、区、镇三级财政提供不同比例的救助金,实行救助标准城乡一体化试点。

(四)实施资源整合,加强部门之间的协作和配合,规范农村救助管理

救助工作包含多种方式,相应地涉及多个职能部门,各部门在具体实施救助时,一般以部门为单位各自为政,所救助的对象互不通气,设立的贫困标准也不统一,救助的时机也不一致,救助的额度随意性较大,导致救助工作失于公正。按照目前的管理体制,必须要建立统一的协调机制。明确职责,合理分工,提高救助效果。民政部门是社会救助工作的主管部门,要切实担负起管理、综合、协调的职能;财政部门要做好社会救助资金使用的监督检查工作;卫生部门要做好医疗减免政策的制定和落实工作;建设部门要抓好困难群众的住房援助工作;教育部门要制定和落实教育救助政策;劳动保障部门要做好就业援助工作,为困难群众提供就业信息和技能培训服务;审计、监察部门要搞好救助款物的审计、监察工

作。也可以采取"救助对象统一管理,资金共同分担,统一使用"的救助制度,即在政府的统一领导下,将财政、教育、卫生、劳动、司法、工会、共青团、妇联等部门所能提供的救助资金集中在一起,所有救助对象由各级民政部门牵头分类统计,根据提供救助资金的多少,由民政部门具体分配救助对象数量,其余部分由财政兜底。这样既可避免救助对象的重复、遗漏现象,同时也便于统一救助标准。

(五)保证财政资金的持续性和有效性,扩大社会救助资金的来源渠道

近几年,政府和慈善机构用于社会救助的资金虽然一年比一年多,但以社会救助对象增长的速度与有限救助资金来比较,两者比例失衡。反映在救助效果上,表现为救助范围偏窄、救助水平偏低,部分困难群众没有真正摆脱生活困境。农村社会救助的资金来源主要靠各级政府,中央给予补助。实行的是属地管理的原则,是"救命钱",不能可有可无、可多可少。它具有明显的税收特征,通过税收的方式筹集资金,既可以体现税收在保护贫困人群方面的强制性,也是农村社会救济的发展方向。现在中央补助资金主要是面向中西部,今后中央支持的力度将会逐年增大。地方公共财政要继续"向弱势群体倾斜、向农村倾斜"。要根据救助对象的家庭特征或者本人特征及其不同方面的需要,设立一个不同类型救助金的结构,可以体现有特征区别的救助金标准系统,以满足不同方面的需要。

仅靠以政府财政投入为主体的救助资金,对社会救助工作来说还是有相当缺口。要制定相应的政策,开辟社会救助资金筹集

渠道,鼓励、支持知名企业和社会名流以企业或个人名义设立民办社会救助慈善基金。对企业和个人用于捐助各类公益事业和社会救助的资金给予税收政策优惠,鼓励企业和个人向社会救助机构、慈善基金捐款捐物。对于企业和个人捐助设立的社会救助基金,由基金管理机构自行管理、自主投资,基金的增值部分,只要向政府和社会公告资金的来源和去向,就可以免除相应的税收。对自愿成立社会救助基金的发起人、捐助的有功人士,政府要予以表彰。在条件许可的情况下,按照规定的程序,政府也可以注入一定的资金,共同建立社会救助基金,并参与社会救助基金的管理,确保社会救助资金规范运作,服务社会、稳定社会。

(六)设立民政办公室,加强救助工作信息网络建设

救助时间"不及时"在实施医疗救助制度上尤为明显:因为现行医疗救助一般是事后救助,治疗与救助未能同步实施,致使贫困户有病无法看。在住房救助、教育救助上同样存在这些问题。社会救助工作实施涉及面广、业务量大、操作复杂、政策性强,而目前部分地区基层民政部门和街道、乡镇开展低保工作的人员和经费不足,工作手段落后,影响到救助工作正常开展和实际的救助效果。加强社会救助管理工作力量和基础设施建设,在农村社区设立民政办公室(站),解决社会救助工作机构人员和工作经费问题。加强救助体系信息系统建设,构建城乡社会救助信息网络系统,通过信息系统的技术支撑,建立相应的网站平台和信息数据库,由配备的协管员和相关人员,及时、准确、动态地汇集农村各类困难群众的信息,真正实现资源共享化、工作流程化、救助规范化、数据一致化,以有效地增强社会救助的准确性和时效性。

（七）通过社会救助体系加强对流浪乞讨的救助管理，在流出地解决流浪乞讨人员的流出问题

国务院《城市生活无着的流浪乞讨人员救助管理办法》对生活无着的流浪乞讨人员以人性化、关爱、劝导的方式管理救助，对极少数选择流浪乞讨为个人生活方式的，加强教育和引导，使他们通过劳动就业来解决个人的生计问题。对裹胁未成年人和残疾人以流浪乞讨方式牟利的，属于犯罪行为的，根据我国刑法和社会治安管理处罚法予以惩处。对于城市流浪乞讨人员中的危重病人，各级政府都实行了医疗救助，有专门制度性的安排。目前流浪人员分三类：一部分流浪乞讨人员是因为进城务工不着，或者一时遇到生活困难，或者丢失财物，这部分人应该是政府的救助对象；第二部分人他们也想受到救助，但不知道有救助站，或者不知道救助站在哪儿，解决这个问题的方法是：在闹市区、重点地区设立引导牌，建立救助的站点，或者开出流动的救助车；第三种情况，有些流浪乞讨人员长期生活困难，因为他知道到救助站的救助是临时的、短期的，他生活没有着落，还会出来流浪。不愿意接受救助站的短期救助是因为根本的生活问题没有得到解决。在全国农村普遍建立低保制度，就会解决他们的生活问题，使这个问题得到大大缓解。

第八章　西北农村的社会
福利制度研究

一、农村社会福利制度概述

（一）农村社会福利的主要内容

社会福利是指政府和社会向老人、儿童、残疾人等特别需要关怀的人群,提供必要的社会援助,以提高他们的生活水准和自立能力。社会福利解决的是人们在温饱问题基本解决的情况下,如何提高人们的物质和精神生活水平的问题;是各个不同社会阶层、社会群体共享发展成果的不可替代的制度安排。如老年人福利是让退出劳动岗位的劳动者在分享发展成果中增强老年人的安全;残疾人福利是让无法与正常人公平竞争的人群在分享发展成果中增强残疾人的安全;儿童福利也是如此。对解决社会危机,提升人们的生活质量有重大贡献。而社会救济解决的是人们的生存问题。1993 年 4 月,民政部发布了《国家级福利院评定标准》;同年 8 月,民政部又发布了《社会福利企业规划》。1994 年 12 月,民政部发布了《中国福利彩票管理办法》。1999 年 12 月,民政部颁布了《社会福利机构管理暂行办法》。到 2006 年年底,社会福利企业中的残疾职工达到 55.9 万人,57 万孤儿得到救助,各类社会福利机构

4.2 万个,收养人数 147 万,显著改善了老年人、儿童、残疾人的生活福利服务,但是农村有多少福利机构,其中多少人受益不详。①

　　人们往往把社会保障与社会福利两个概念混同使用。西方的社会福利包括社会保障,而我国将社会福利作为社会保障法律体系之下的一个项目来使用。社会福利如果按主体划分,包括老年人福利、残疾人福利、妇女儿童福利;如果按福利的内容划分包括农村教育福利、住房福利、农村医疗卫生福利、农村文化福利等。在现实中,社会福利通常包括满足人们在生活照顾、护理保健、文化娱乐、精神慰藉等方面需求的活动,广义上亦包括住房、教育、医疗等内容。在社会保障法律体系中,社会保险旨在为人们的例如生老病死这些一般生活风险提供保护;社会救济旨在为那些不能从社会保险中获得待遇,或者从社会保险中获得的待遇不能维持其基本生活需要的人们提供的保护;而社会福利旨在为提高和改善人们的生活质量以及人们的全面发展而提供的物质帮助和服务设施,例如住房津贴、教育津贴、青少年津贴、老年公寓、免费的博物馆等。三者之间的区别是:

　　其一,实施对象和保障水平、方式不同。社会保险为暂时或永久丧失劳动能力、劳动机会的劳动者提供基本生活保障,如医疗保险、工伤保险;社会救助是国家和社会对灾民、贫民等提供最低生活保障;社会福利服务则依据不同对象的不同情况,主要为老年人、残疾人、孤儿等特殊群体提供不同层次的有偿、低偿、无偿的福利服务。

　　其二,奉行的原则不同。社会保险体系实行的是权利与义务

---

　　①　参见华建敏:《加快建设中国特色社会保障体系》,《新华文摘》2008 年第 3 期。

对等的原则,即劳动者只有履行了劳动和投保的义务,才有享受社会保险的权利;而社会救助是国家和社会的责任,公民的权利;社会福利则是国家、社会、单位、家庭、个人共同的责任。

其三,资金来源不同。社会保险基金主要来自参加保险的单位和个人,政府给予必要的补助;社会救助基金主要来自政府的财政;社会福利服务除政府拨款、社会资助、慈善恩济外,还可以发行福利彩票等多渠道筹集资金,包括实物和志愿者服务。

社会福利有三个本质特征:

(1)脆弱群体优先。在任何时代、任何社会中都存在老人、儿童、残疾人等社会脆弱群体,他们存在一些特殊的需求,由于自身能力的不足,需要来自社会的保护和满足,其中主要是生活照顾服务,也包括身体康复、教育、就业、权益保护等方面的需求。国家和社会应该首先满足这类群体的需求,并随着社会经济的发展不断地提高他们的生活质量。

(2)福利性。对受益者个人来说,社会福利具有福利性。面向脆弱群体提供的社会福利服务,因为他们的经济收入和支付能力有限,常常是免费或者是象征性的收费。即使康复等收取的费用比较高,但只要未达到该项服务的市场价格,则仍然存在着福利性,属于社会福利的范畴。市场价格是判断是否存在社会福利的标尺。如果按照市场价格收费,就超出了社会福利领域而属于营利性的经济领域。

(3)服务性。社会福利侧重于满足社会成员较高水平或较高层次的社会保障需求,这些需求大多是以服务的形式提供的,因此社会化的服务是社会福利主要的实现方式和表现形式。社会福利的特点是为个人提供服务,以满足他们各方面的需求。因此,福利服务的主体和资源是社会化的,但服务的对象和方式却是个体化的,必须针对每个服务对象具体的特点和情况,灵活多样、因地制宜地开展福利服务。

社会福利服务体系随着社会的发展,社会福利服务的重要性日益突出。就老人而言,"家家有老人,人人都会老",因而照顾好老年人,惠及的是全社会。我国现有老年人1.69亿,今后每年以1000万的速度攀升。我国有残疾人6000多万。还有一定数量的孤儿和弃婴。随着我国家庭结构的变化,代际之间的供养关系,家庭照顾的模式发生很大变化,社会福利服务的需求急剧增长。发展我国社会福利服务,必须走社会化的路子,以居家为基础,社区为依托,福利机构为补充;实现投资主体多元化,服务对象公众化,服务内容多样化,服务队伍专业化和志愿者相结合。

（二）我国农村社会福利制度的发展现状

从20世纪50年代初建立社会福利制度至80年代末期的整个计划经济时期,城镇居民能够享受到的福利待遇在不断增加,从职工的生活困难补助、冬季取暖补贴、探亲补贴、交通补贴、休假疗养,到为职工建立托儿所、幼儿园、食堂、洗澡堂、医务室、阅览室、体育场,再到为所有城镇居民提供粮油以及副食品价格补贴,一个企业或者一个单位就是一个无所不管、无所不包的小社会。城市的教育和住房分配也是福利待遇。在教育方面,从小学到高中教育是免费的,高等教育不仅免交学费、住宿费等费用,而且学生还可以享受到能够解决吃饭问题的助学金;在福利分房方面,企业或者单位按照职工的工龄和年龄等条件以及家庭人口数目,为职工分配住房。总之,计划经济时代的40年,我国的社会福利是以职业为依托、以城镇职工为主体、关怀职工生活方方面面、所需经费几乎全部由国家财政和单位提供的福利制度。在"高就业、低工资"的就业和分配制度下,城镇职工享受到了无所不包的福利待遇,不仅极大地填补了职工由于低收入而造成的生活上的亏空,改善和提高了他们的物质和精神生活水平,而且使他们切实地感受到社会主义当家做主的满足和自豪。

在农村,社会福利经历了互助合作福利、人民公社体制下的集体福利和市场经济体制下的社会化福利三个阶段。农村社会福利是典型的补缺型集体救济模式。农村没有法定福利,农民的福利主要由集体提供,国家主要负责的是救灾救济,优抚安置,基本上不对农村的社会福利承担责任,农村的集体组织(如人民公社、生产队等)承担有限的责任,许多地区建立了养老院、福利院,对农村的孤老残幼等"三无"人员实行"五保"供养。由于当时农村的经济发展十分落后,又很少得到来自国家的财政支持,因此农村集体所办的福利只能覆盖少数"三无"人员,在解决农村无家可归、无依无靠、无生活来源的社会成员的生存问题上,做出了有益的贡献,使得那些社会上最脆弱群体的生存有了保障,由此极大地显示出新生的社会主义制度的优越性,保证了社会稳定。但是国家包揽的城市福利与项目残缺、救济型的农村福利相互分割,形成了鲜明的对比。

20世纪80年代开始的经济体制改革带来了社会结构的巨大变化,传统福利制度日益暴露出一系列不适应新社会环境的弊端:首先,家庭联产承包责任制使农村社会福利失去了经济基础;其次,农村社会福利的平均主义也调动不了农民的生产积极性;再次,经济体制改革带来经济结构多元化,农村人口流入城镇,进入不同所有制企业和单位就业,他们理应当享受到的社会保险待遇都享受不到,何谈享受社会福利待遇。这种从制度建立之初就对农民实行的不平等待遇,在社会主义市场经济下不能再延续下去,否则会继续扩大城乡差距,城乡隔离的二元社会经济结构也无法打破。可以看出,在市场经济下,农村传统福利制度不但不能适应不同社会成员的需求,而且将农村义务教育由于失去集体经济的支持而将负担转嫁到了农民身上。改革传统的福利制度势在必行。

1997 年 4 月,民政部与国家计委联合发布《民政事业发展"九五"计划和 2010 年远景目标纲要》,指出残疾人可以由过去单一的在福利企业就业改变为在福利企业或分散就业。随着社会主义市场经济体制的建立,为解决国家和集体包办社会福利资金不足、福利机构少等问题,民政部提出社会福利社会化,逐步形成了一个以国家、集体举办的福利机构为骨干,社会力量举办的福利机构为新的增长点,多渠道、多形式发展社会福利事业的局面,福利机构的数量迅速增长。并按福利需求设立福利项目,例如将原来单一的以集中收养孤寡老人的养老院,按照老年人的不同需求设立养老院、老年公寓、老年护理服务、老年家政服务等福利项目,面向所有有福利需求的老年人。民政福利的社会化不仅使民政福利走出封闭,而且提高了民政福利机构的效率。与此同时,社会办的福利机构也在迅速发展。尤其是社会办的社会福利企业,其发展势头甚至超过了官办福利企业,有数字表明,到 20 世纪 90 年代末,官办福利企业占福利企业总数的比例从 65% 下降到 14%,社会办的福利企业占福利企业总数的比例则从 35% 上升到 86%,就业的残疾人数占到福利企业就业残疾人总数的 84%。[①] 随着福利事业逐步走向社会化,单位和企业对于社会福利事业的投入大大减少,负

[①]　参见郑功成等:《中国社会保障制度变迁与评估》,中国人民大学出版社 2002 年版,第 351 页。

担大大减轻。我国社会福利事业的改革虽然没有社会保险改革进展快、步伐大,但是它正在缓慢地朝着社会化、规范化的方向发展。

2004 年中国社会保障白皮书统计:中国政府积极推进社会福利事业的发展,通过多种渠道筹集资金,为老年人、孤儿和残疾人等群体提供社会福利。

1. 老年人社会福利

《中华人民共和国老年人权益保障法》规定,国家和社会采取措施,改善老年人生活、健康以及参与社会发展的条件。各级政府将老年事业纳入国民经济和社会发展计划,逐步增加对老年事业的投入,并鼓励社会各方面投入,使老年事业与经济、社会协调发展。近年来,通过推进社会福利社会化,逐步形成以国家、集体举办的养老院等老年社会福利机构为骨干,以社会力量举办的老年社会福利机构为新的增长点,以社区老年人福利服务为依托,以居家养老为基础的老年人社会服务体系。目前,中国共有各类老年人社会福利机构 3.8 万个,床位数 112.9 万张,平均每千名 60 岁以上的老年人拥有床位 8.4 张。2001 年,国家开始实施“全国社区老年福利服务星光计划”,截至 2004 年 6 月,全国城乡共新建和改建社区“星光老年之家”3.2 万个,总投入 134.9 亿元。

2. 儿童社会福利

依据《中华人民共和国未成年人保护法》、《中华人民共和国教育法》等法律法规,国家为儿童提供教育、计划免疫等社会福利,特别是为残疾儿童、孤儿和弃婴等处在特殊困境下的儿童提供福利项目、设施和服务,保障其生活、康复和教育。目前,全国共有 192 个专门儿童福利机构和近 600 个综合福利机构中的儿童部,收养 5.4 万名孤残儿童。全国各地还兴办康复中心、弱智儿童培训班等社区孤儿、残疾人服务组织近万个。中国政府从 2004 年开始,用三年左右的时间,筹集 6 亿元资金,开展"残疾孤儿手术康复明天计划",每年为 1 万名左右的残疾孤儿实施手术康复。争取到 2006 年,使全国社会福利机构中收养的具有手术适应征的残疾孤儿,都能得到有效的手术矫治和康复。全国农村约有 220 万例白内障患者得到了手术治疗,年手术量由原来的 10 万例提高到 45 万例。实现了白内障盲人数的负增长。经费主要来自于发行福利彩票筹集的福利金。

3. 残疾人社会福利

国家颁布实施《中华人民共和国残疾人保障法》,为残疾人康复、教育、劳动就业、文化生活、社会福利等提供法律保障。政府通过兴办福利企业、实施按比例就业和扶持残疾人个体从业等形式,帮助残疾人实现就业;采取临时救济和集中供养以及兴办残疾人福利机构等福利措施,对残疾人提供特别照顾。截至 2003 年年底,全国城镇共有 403 万残疾人实现就业,农村共有 1685 万残疾人从事生产劳动;259 万贫困残疾人得到生活保障;44.2 万残疾人在各类福利院、养老院享受集中供养、五保供养;246 万残疾人得到临时救济、定期补助和专项补助;累计扶持 701 万贫困残疾人解决基本温饱。2003 年,各级政府安排残疾人事业费 15 亿元,募集社会福利资金近 1 亿元。

近年来,免农业税、免农村义务教育学费,增进了农民的福利。现在农村的敬老院有 37000 多所,主要是为农村"三无"老人提供一种生活照料和服务。很多民政部门都在推进农村福利中心的建设,民政部正在实施"霞光计划"。这些举措都是为农村有困难的老年人提供一种社会福利。我国农村社会福利事业有了较大发展,但从整体来看,农村社会福利很薄弱,把福利与身份地位挂钩,当做一种待遇,覆盖面狭窄,城乡、地区发展不平衡,各福利项目发展不平衡,缺乏统一的组织管理,政府责任在福利领域中的退位,集体经济的普遍亏空,使提高福利水平的任务更加艰巨。

二、西北农村社会福利事业的发展现状

(一)西北农村社会福利事业的发展成效

近几年来,西北农村社会福利事业获得较快的发展,主要呈现如下的特征:

第一,农村社会福利以五保户福利为主,具有社会救济的性质。我国农村社会福利对象主要是五保户,福利的内容是以分散供养为主,集中供养为辅。一些地方政府正在尝试为低收入者发放补贴,集体经济好的还为老年人和孩子提供牛奶。有的地方对无劳动能力、无经济来源、无扶养人和赡养人等"三无"人员办理免费医保手续,免缴个人应缴纳的大病医疗保险费,由户籍地所在区县财政给予全额补助。

第二,不断加大对农村社会福利机构的投资力度。为适应农村人口老龄化的发展趋势,国家和集体增加了对农村养老机构以及敬老院设施的建设投入,有计划、有目的地建成了一批农村社会福利中心的样板机构和示范窗口单位,进而带动了整个农村福利事业的发展。农村社会福利中心的服务功能。一是农村五保供养服务。为所属乡镇需要集中供养的五保对象提供吃、穿、住、医、葬等方面的供养服务;为享受义务教育的孤儿提供义务教育所需费用;协助乡镇政府为分散供养的五保对象提供生活照顾、医疗保健服务和物资帮助。二是社会养老服务。吸纳农村老人进入社会福利中心自费养老。三是社会救助服务。协助乡镇政府建立低保

户、灾民、重点优抚对象、残疾人等困难群众的档案,准确掌握困难人口情况;组织公益岗位人员和志愿者队伍为困难群众提供生活上的照顾和生产上的支持。四是医疗卫生服务。定期为老人检查身体,治疗常见疾病。五是文化娱乐服务。组织开展适合老年人特点的文化、体育活动,丰富老年人的文化生活。六是信息服务。组织开展家政培训,建立家政、老年婚介服务信息网,向社会提供中介服务。同时开展生产和经营服务,为农村专业协会提供信息交流平台,促进农村专业协会发展。七是维权服务。联系乡镇司法所或者其他法律援助机构,为所辖区的居民提供法律咨询和维权服务。

第三,农村社会养老福利机构的服务功能不断扩展。甘肃农村不仅改建和新建了一大批敬老院、光荣院、老人公寓等社会养老机构,而且新增了社会福利服务设施,如儿童福利院、老年人活动中心、活动站、茶社等,为农村老年人、儿童提供了满足其基本生活需要和精神需要的各类服务项目。社会福利机构的服务对象开始公众化,不仅对五保老人提供"五保"服务,还逐步扩展到社会老人,提供了诸如寄养代养、托老服务、家庭护理以及其他一些临时性的养老服务。一些地方的乡镇敬老院还担负着分散供养五保老人的生活保障服务管理中心的职能,定期发放生活费,定期检查监督各村的供养和护理工作。

第四,农村残疾人的生活和身体状况得到较大改善。为了帮助贫困地区的残疾人尽快脱贫致富,1992年中国残疾人联合会和中国农业银行共同制定并实施了"康复扶贫贷款计划"。十年来,通过这种贴息贷款和地方政府的匹配资金,许多西北贫困地区的残疾人摆脱了贫困、解决了温饱,在一定程度上缓解了残疾人的贫困状况。从残疾人的康复治疗来看,"明天计划""白内障复明计划"使不少残疾人恢复了健康。

（二）西北农村社会福利事业存在的问题

与全国农村社会福利事业相比,西北农村社会福利事业严重滞后于社会和经济发展水平,并且由于缺乏长期统一规划,结构混乱,社会福利机构匮乏。如农村残疾人福利和社会生活状况是衡量社会文明进步的一个重要标准。在我国残疾人口中,城镇占24.96%,农村占70.04%,东、中、西部地区的残疾比例分别为6.11%、6.46%、6.67%,这表明大多数残疾人生活在农村,经济不发达的西北地区残疾人比例高,人数多,是实现残疾人"人人享有康复服务"的重点地区。2005 年,纳入最低生活保障的农村残疾人有202.9 万。① 据统计,我国只有五分之一的残障人士能够使用康复中心的服务,而在需要矫形术的残障人士中间,只有五分之一的人能够接受矫形术。而生活在中国农村的残障人境况更为糟糕。西北农村大多数的残疾人贫困问题突出,在街上做乞丐的大多是残疾人,他们的收入不及正常人的三分之一或没有收入,付不起康复费用,买不起辅助器具,少数盲人只能去按摩或卖唱,大多残疾人没有工作或以务农形式自然就业,他们上不了大学,受到歧视,甚至认为残疾是上天对他们的惩罚,家里出了残障人是报应,是倒霉的事,家庭、邻居和社会都有不愿接受他们的心理。为农村残疾人所提供的道路等无障碍设施严重缺乏,他们只能待在家里。农村的残疾人大多是工伤事故、矿难和环境灾难增多造成的后果,人们把生下残疾子女视为灾难,孤儿院中的孩子大多是因残疾被

---

① 参见《发展残疾人事业,保障残疾人权利——访中国残疾人联合会副理事长申知非》,人大复印资料《社会保障》2008 年第 6 期。

父母抛弃的儿童。家长没有足够的钱维持生活,也没有钱找医生,更不能为了照顾孩子而放弃打工,只能抛弃残疾子女。农村几乎没有帮助这些家庭的医疗保障项目,使残疾人获得医疗资助。西北残疾人的福利基本代表了西北农村的福利现状,他们更需要福利和关心。这说明:

其一,农村社会福利覆盖面狭窄,供需矛盾尖锐。以农村老年人社会福利为例,社会福利设施供给远远满足不了需求。2008 年甘肃省第二次全国农业普查主要数据公报,甘肃只有 36.3% 的乡镇有敬老院。可见,农村现有的社会福利事业只能保障部分福利对象的需要,存在相当多的应保未保的老人。

其二,农村社会福利在城乡和地区间的发展不平衡。我国各地经济发展的不平衡决定了各地之间农村社会福利事业发展的不平衡。近年来,新增的社会福利机构主要在城市,收养人员也主要针对城市老人,同样的对象只是所处地域不同而享受不同待遇,同样的政府职责,一部分由政府财政承担,另一部分则由农民承担,显然有失公平。首先,从社会福利机构数量来看。应办而未办敬老院等社会福利机构的乡镇主要集中在经济欠发达和贫困地区。其次,从社会福利机构的服务项目来看。在发达地区,不仅有敬老院、光荣院、老人公寓等养老服务机构,乡镇和集体经济还建立了社区老年人活动中心、茶社、活动站等,满足了养老、康复、医疗保健和精神生活等各个方面的需要。而在欠发达地区,仅有敬老院来满足部分五保户的基本生存问题。再次,从供养标准来看。在经济发达地区人均年供养标准几千元,在贫困地区每人年均几百元,有的只供给粮食不给现金,以保障供养对象不挨饿不受冻为目的。最后,从社会福利机构的人员素质、管理水平、服务质量等方面来看。西北地区的不少敬老院的服务管理工作存在观念守旧、管理不到位、督察不力的问题,有的无服务人员,老人生活无人照料;有的管理不力,院容院貌差,院办经济思路不畅,发展缓慢。不论是应保已保率、供养水平、供养条件、服务设施,还是工作人员、庭院经济、财政支持力度,等等,城市福利和经济发达地区的农村社会福利发展都要优于西北地区。

其三,农村社会福利各项目发展不平衡。在西北农村,大多乡镇兴办了敬老院、养老院等社会福利院,用于供养老人。但农村的儿童福利和残疾人福利没有受到应有的重视。随着进城打工的增多,农村留守儿童现象将长期存在,农村托幼事业相当滞后。从孤残儿童福利来看,县级社会福利院老人儿童大多不分,没有专门的机构来保护和监护农村孤残儿童,部分孤残儿童能获得福利院的照顾,部分由亲戚或朋友代养,部分被人领养,大部分与年迈的长辈或年幼的亲人相依为命,有的甚至成为流浪儿,生活贫困,受教育状况普遍不佳,缺乏必要的康复治疗,不仅集中居住在农村敬老院的残疾儿童常常因敬老院经费的短缺或乡镇卫生院缺少相应的医疗设备而不能接受康复医疗,分散居住的残疾儿童更常常因家庭困难而未能获得医治。从残疾人福利来看,农村残疾人生活困难,缺乏经济保障,90%的残疾人都是靠自己或家庭成员和亲戚的帮助维持低水准的生活状态。农村残疾人普遍缺乏积极的康复治疗。大多数县也没有设立残疾人康复训练中心,各县残疾人联合会在农村没有真正起到应有的作用。西北农村中的社会福利企业更是寥寥无几,残疾人隐性失业严重。

其四,农村社会福利事业缺乏统一的组织管理。目前,主要由民政部负责农村社会福利工作。具体到下面的乡镇,对农村社会福利工作重视程度不一,有的乡镇由一名分管领导和一名民政助理员负责和管理,有的乡镇未配民政助理员,因此在落实工作时常面临较大的难度。此外,农村社会福利事业除了要满足特殊人群的基本生活需要,还要满足特殊人群的特定需要,如五保老人的医疗需求、孤儿的受教育需求、残疾人的康复需求,等等。而这些项目涉及各级政府的财政、民政、教育、卫生等多部门,因此需要各方协调一致共同为特殊人群服务。但是目前各部门分割,各有自己的规定,缺乏统一性,一有矛盾就难以协调。

总之,目前西北农村社会福利事业与全国相比仍处于低水平的发展阶段,西北农村集体财力薄弱,政府投入也少,农民福利差,现阶段的农村社会福利仍然保留着救济的性质,政府要致力于农村社会福利的发展,由补缺型向普惠型转变。在服务好"三无"对象的前提下,为更多的社会老人、残疾人和社区儿童提供服务,使农民平等参与社会生活,共享经济社会发展成果。

三、加快建立适合我国国情的
农村社会福利制度

中国特色的农村社会福利应当坚持适度普惠的模式,以社会公平为基础、国家主导与社会参与相结合、福利机制与市场机制相结合的新福利模式。我们不能、也没有必要照搬西方那种机制不灵活、过于刚性、缺乏柔性调节机制的福利国家模式,而应当立足于中国经验,建立一种"广覆盖、保基本、多层次、可持续"的底线公平福利社会模式,解决好经济发展与社会公正的关系问题,明确政府和市场的关系,把无差别公平与有差别公平结合起来,基础部分和非基础部分结合起来,限制福利刚性,增加柔性调节机制,从而能够以较小的成本获得较大的福利,最大限度地防止福利依赖,实现经济发展和社会公平的平衡。从众多福利项目中挑选出若干个民众最需要的项目加以实施,优先提供与个人基本权利相关的福利,与人力资本提升相关的福利,优先提供集体共享的福利。并通过底线公平构建福利社会,推进我国社会再分配机制的形成,促进社会公正,使人民群众能够分享经济发展的成果,提高全民福利水平。

1. 高度重视农村社会福利建设,明确政府的福利责任,加大政府投入。社会福利是一种社会保障政策,政府主体地位与社会参与是有机联系、并行不悖的。改革开放以来,在推进社会福利社会化的过程中,中国逐步改变了单纯由政府举办社会福利机构的模式,广泛调动社会力量参与兴办福利事业,促进了社会福利事业的发展。但有一些地方和部门的同志对社会化存在一定的误解,认为倡导社会福利社会化就意味着政府可以不管或少管了,政府可以"甩包袱"了,甚至淡化了政府的责任,实行民进国退,这种认识是错误的。据 2006 年第二次全国残疾人抽样调查数据公报,全国残疾人口中,城镇残疾人口为 2071 万人,占 24.96%;农村残疾人口为 6225 万人,占 75.04%。全国有残疾人的家庭户 2005 年人均全部收入,城镇为 4864 元,农村为 2260 元。其中 12.95% 的农村残疾人家庭户年人均全部收入低于 683 元,7.96% 的农村残疾人家庭户年人均全部收入在 684 元至 944 元之间。农村残疾人口中,有 319 万人享受到当地居民最低生活保障,只占农村残疾人口总数的 5.12%。还有 11.68% 的农村残疾人领取过定期或不定期的救济。甘肃残疾人总数 187.1 万人,占全省总人口的 7.02%。如此巨大的福利任务离不开政府的主导作用,行使政府在制定政策、出台规划、资金投入等方面的职责,这是推动社会福利事业健康、顺利发展的基础。因西北农村乡镇和村级组织绝大多数都负有大量债务,导致的直接后果是削减对社会福利的经费支出。中央"财权大事权小",政府的财政能力增长远远高于 GDP 的增长,而农民福利的增幅又远远低于政府财政收入的增长,地方政府在教育、医疗等公共福利的"事权"责任大。目前亟待解决的是明确各级政府对农村社会福利事业的职责以及农村社会福利事业的资金来源,以确实保障农村相应人群的社会福利待遇。同时也要看到农村社会福利事业的发展表现出明显的地域性,经济发展水平比较高的农村地区,相应地,社会福利水平也较高;而经济发展比较落后的农村地区,相应地,社会福利水平也较低。因此从长期来看,使我国农村社会福利事业均衡发展,使城乡社会福利事业均衡发展,必须加大政府投入,一方面要通过经济发展来加大政府财政对社会福利事业的投入,另一方面也要通过发行福利彩票和社会力量的捐赠,来更多地筹集社会福利资金,并向西北农村倾斜,推动社会福利事业的发展。

2. 应重新建立适合我国农村的教育津贴制度。教育津贴是为人的全面发展和提高人的物质和精神生活水平所采取的政策,属于社会福利范畴。我国在教育方面,义务教育已免费,但学前留守儿童得不到照顾,应对农村入托入园的学前留守儿童也实行免费或部分免费,鼓励其入托入园,促进其健康发展。而大学由过去的助学金制改为现在的贷学金制,贫困家庭的负担很重,而且在比较长的时期内不可能改变,因此其子女的上学问题,尤其是上大学,给他们带来了很大的经济负担和思想压力。据教育部门统计,西部地区考上大学的学生20%左右来自贫困家庭,北京高校24万在校生,其中贫困生占15%—20%,有些学校达到40%。[①] 因

---

① 参见戚海燕:《首都高校贫困生无一辍学》,《北京日报》2000年12月10日。转引自多吉才让:《中国最低生活保障制度研究与实践》,人民出版社2001年版,第75页。

此,在教育福利改革方面,应当制定适合我国农村的、按一定条件提供的教育津贴,以减轻农民在教育方面的经济负担,最大限度地体现社会公平。

3. 应尽快建立青少年援助制度。青少年援助制度适用于那些父母因打工、死亡、离异、被判刑等原因,无人照管的农村留守儿童和未成年人群体,此项援助应当是社会福利中的一个组成部分。近几年来,在我国出现了许多有社会良知、社会责任感的人士,他们利用自己办企业赚来的钱或者从国家慈善机构争取来的资金,收养那些流落街头的未成年人,为国家承担了责任,使无家可归或有家不能归的未成年人生活有了保障,也得到了教育。但是,由于这些从事慈善事业的人经济能力有限,使得所从事的慈善事业常常处于困境甚至难以为继。每当此时,当地政府不能接手,使本来有意义的事情变得非常被动。这不仅不利于那些未成年人的成长,而且给以后愿意做善事的人造成恐惧和担心,使他们不敢再重蹈覆辙。所以,需要尽快制定青少年援助法,为那些不属于残疾遗弃,但又无人照管、流落街头的未成年人提供生活和教育援助,并做到家庭化、亲情化、社区化,使他们能够与其他青少年一样健康成长,成为对国家和社会有用的人才。青少年援助所需资金应由国家财政支付或者从福利彩票收入或社会募捐中拿出一部分支付,这样才能鼓励人们积极从事类似的慈善事业。

4. 要将社会福利与社会救济作比较明确的界分。在我国以往的社会福利项目中,有些项目属于社会救济范畴,比如五保人员,民政部门为其提供的生活保障属于社会救济,而不属于社会福利,尽管所需费用都是从国家财政支付,所以没有必要将社会救济列入社会福利的范畴,因为为它们解决的仅仅是最基本的生活问题。残疾人则是一个特殊的群体,其生活问题应由社会救济机构提供保护,而他们的劳动就业、康复、接受特殊教育等问题则属于社会福利范畴,由残疾人保障法作出专门规定,并由残疾人企业、康复机构、特殊教育学校等机构予以实施。政府提供免费的义务教育也是福利。

5. 要将社会福利社会化与第三产业提供的服务区分开来。社会福利社会化应当理解为国家办社会福利,而不是企业和单位办自己职工的福利。在社会保障领域,国家与社会在同一意义上使用,主要是指国家用公众(社会)缴纳的税金举办社会福利事业;其次是政府将发放的福利彩票和组织募捐获得的资金用于社会福利事业。比如教育津贴、青少年援助资金由国家从财政支付,发行体育彩票的资金也要用于农村社区设立健身设施。社会福利在我国以后相当长的时期内不应是无所不包的,实践证明它是包不了的。过去涉及面广泛的其他福利服务则应由称作第三产业的服务行业提供并由人们自己去购买。

6. 在政府主导农村社会福利的前提下,政府要鼓励社会力量兴办社会福利事业,给社会福利事业在资金上以适当的扶持。发展社会福利事业必须动员社会资源为着力点。建立中国特色的社会福利服务制度,离开政府的主导不行,完全由政府包揽也不现实。针对农村社会福利服务设施相对匮乏,公共服务水平相对较低的现状,要加大对农村社会福利服务基础设施建设的投入,保证基础设施建设项目延伸到基层,尽快改变农村社会福利事业发展滞后、设施匮乏、水平低下的现状。民政服务设施是落实民生、服务民生的基础。但长期以来,民政基础服务设施建设的历史欠账太多,已成为制约民政事业发展的瓶颈,严重影响了民生问题的解决和公共服务的供给。民政基础服务设施涵盖社会救助服务、社会福利服务、社会事务服务等方面,包括综合性社会福利院、老年福利院、农村敬老院、儿童福利院、福利医院、救灾物资储备库、社区服务设施、社会捐助站、流浪乞讨人员救助管理站等实体。这些服务设施的服务对象包括民政保障的困难群体、特殊群体、优抚群体等在内的全体社会公众。实施民政事业"十一五"发展规划,首先要注重民政基础服务设施建设。其次要加强基层,要保证基础设施建设项目延伸到基层,基础设施建设资金投向基层,政策手段向基层倾斜。改善福利基础服务设施,才能增强解决民生问题的能力。

政府还需要大力支持民办福利机构,减少对民办福利机构的限制,包括对民办福利机构成立的条件不能要求过严,为民办福利机构提供适当的税收减免政策,扶持民办福利机构健康发展,并为民办福利机构与官办福利机构的公平竞争创造条件。实践证明,调动社会力量参与,推进社会福利服务社会化是发展我国福利事业的必由之路,有利于缓解政府财力不足同全社会日益增长的福利服务巨大需求之间的突出矛盾,为建立中国特色的社会福利服务体系开辟了广阔的发展道路。现在北京市就规定社会力量办的养老机构,每个月给一个床位补助 100 元人民币。现在许多地方民政部门对社会力量办的福利机构也有一定的投入。这些都是政府的支持。至于什么样的社会力量可以办福利,公民、法人和组织都可以兴办公益性的、福利性的机构,为老年人、孤残儿童提供服务。政府在这方面多制定一些优惠的政策。也要将慈善事业方面筹集的资金多数用于发展农村社会福利事业。

7. 区分不同人群的不同情况,提供相应的福利服务。一是优先做好贫困老人、残疾人的资金保障和服务保障,他们是人口中最困难和最需要服务的部分,因而是社会福利服务保障的重点,采取集中供养和分散供养相结合的方式,保障他们的基本生活不低于当地平均生活水平,保障他们的养老服务得到无偿的照顾,安度晚年。二是广大农村社会老人。对于他们主要是适应新型农村养老保险制度,提供社会化养老服务,根据老人的需求,不断增加项目,丰富服务内容,提供有偿或低偿服务,提高生活水平。

总之,经过以上初步梳理以后,我们应当摈弃以往无所不包的大福利概念,而只将农村老人、儿童、残疾人的几个项目保留在社会福利中,先重点抓好农村教育津贴、青少年援助和残疾人康复的福利,为农村社会福利的进一步提高打下基础。

第九章　建立中国特色社会主义
农村社会保障制度

　　新中国成立 60 多年来,农村社会保障制度走过了曲折而不平凡的道路,改革开放以来,我国逐步建立了农村社会保障体系,走出了一条有中国特色社会主义农村保障道路,探索回答了保障谁、保障什么、怎么建立保障、这个首要问题。保障谁是回答社会保障制度的性质和谁有权利获得社会保障。保障什么回答农村社会保障制度的目标、任务、项目、标准。怎么建立保障是回答建立农村社会保障制度的难点、方法、步骤和各方的责任。总结探索这些问题的经验,最根本的一条就是把马克思主义社会保障理论与中国农村实际相结合,走中国特色社会主义农村保障道路。我们不能走西方刚性的高福利道路,也不能走计划经济体制下国家集体包揽的社会保障道路。中国特色社会主义农村社会保障的特殊性在于其决策、运行机制与国外不同,它是在中国共产党的领导下,多党参政协商,议行合一的社会保障决策、运行机制;在于所处的工业化、信息化、城镇化和老龄化的历史方位和城乡二元结构的独特社会背景;在于要建立社会主义市场经济条件下,公有制为主体,多种所有制经济成分共同发展的基本经济制度下,土地集体所有的农村社会保障制度;在于我们没有给人口众多的 8 亿农民建立社会保障的经验;在于西方国家在工业化、城市化过程中产生的大量工人与我国的农民工有很大区别,而我国要用较短的时间走完西方发达国家一百多年的社会保障道路;在于社会主义初级阶段的国情和农民需要解决的社会保障问题的需求不同;在于既要讲效率,又要促进公平。这种本质长远上统一,而在具体或阶段上可能又矛盾的特殊复杂性,历史长期性和两难性在社会主义历史上和社会保障史上是没有的。

我国农村传统的家庭保障和土地保障越来越不适应今天的现实。随着农村社会现代化和家庭小型化的发展,以及农村人口城镇化和农村劳动力向非农产业转移的加快,原有的家庭保障功能正在不断弱化。加之我国人多地少,以及土地被大量征用,农村土地的保障功能也在变弱。因此,必须根据我国初级阶段的国情,加快建设中国特色社会主义的农村社会保障体系。以中国特色社会主义理论体系为指导,落实科学发展观,在研究中国特色农村社会保障面临的新情况、新问题中不断走向完善。这需要分析建立农民社会保障制度面临的优势和劣势,分析土地集体所有及其流转情况下给农村社会保障制度带来的变化,充分认识城乡二元结构、区域发展差距大、农民工等流动人口多,未来城镇化、老龄化、家庭小型化发展的趋势,认识既要推动城市化,又要反哺帮助农村;既要支持东部继续率先发展,又要大力支持中西部发展;既要继续鼓励一部分人先富起来,讲求效率,又要更好关注低收入的弱势群体,讲求公平。这一系列的两难问题要求我们不能只顾一方面而不顾另一方面,处理好农村社会保障的各种关系,掌握好解决问题的"度"。

一、中国农民有权利获得社会保障的保护

中国历史上没有农民的社会保障,自给自足的自然经济,农民

只有家庭家族的自我保障,因而,遇到大的风险往往导致流浪乞讨或农民起义。现在,国家分配给农民一块土地后,认为农民承包一份土地,就有了一份保障,土地既是农民的生产资料,又是生活资料,承包地是就业保障,生存保障,宅基地是住房保障。因而国家财政不对农民承担社会保障,财政也没有能力对八亿农民承担如此繁重的社会保障,而要求土地本身承担这些保障。中国的城乡二元社会,农民农村问题会长期存在,这必然要求社会保障要分类统筹推进。建立中国特色社会主义的农村社会保障制度,贫困地区农民的社会保障应是国家优先考虑的问题。

国家把农民束缚在土地上,让自己耕田养老,不是社会保障。让农民远离社会保障制度是对农民的歧视。对所有社会成员都实行普惠的社会保障,是发达国家普遍实行的福利政策。我国是社会主义国家,理应在社会保障方面做得更好,可是,我国现行的社会保障对广大农民的社会保障十分薄弱。一个城镇职工工作几十年,到了退休年龄享受退休金等社会福利保障,但农民辛辛苦苦种田一辈子,却没有保障,难道农民每年的贡献和各种负担中就没有包含自己年老时的养老金?这种忽视农民的社会保障制度,对广大农民来说,就得从小开始劳动,直到年迈躺在炕上不能动弹为止,既不存在退休的问题,也不存在童工的问题,这种终身劳动制度是中国农民特有的现象。中国城镇居民保障制度和农村有一个很大差别,那就是城镇保险制度强调风险共担,较多地体现社会保险原则,农村则突出了个人的养老责任,以土地保障和家庭保障为主,缺乏政府财政和政策支持,因此许多农民不愿参加农村社会保障。

2008 年,中国城乡人均收入比是 3.3。若把基本公共服务,包括义务教育、基本医疗等因素考虑在内,城乡人均实际的收入差距高达 5—6 倍。中国城乡和工农的巨大差别，使得民间有"跳农门"之说。人们向往城市，希望改变农民身份，一个主要原因就是城市人一生的生活有保障。社会各个职业之间的平等程度、公平程度不理想，行业与行业之间差异比较大，说明我们的社会保障体系不健全。造成农民社会保障薄弱的原因是多方面的，既有历史的原因、经济发展水平的原因，其中政策方面的原因不能不说是目前农村社会保障举步维艰的一个主要原因。以农村养老保险为例，1995 年至 1998 年间是农村养老保险搞得最火热的几年，农民参保的积极性非常高，但是到了 2000 年参保人数急剧下降，这其中除了农保资金没有得到很好管理、各级政府对农村社保工作不够重视等因素外，主要是因为 1999 年国务院有关部门下发了关于目前尚不具备普遍推广农村养老保险条件的文件，导致农村养老工作大幅度下滑。究其原因，还在于对农民和农民利益的忽视和轻视。因此，缓解城乡差距要尽快实现城乡基本公共服务均等化。

从西方发达国家的社会保障发展历程来说，我国目前农村社会保障的状况是符合社会保障发展的一般规律的。认为工业化一般经过以农养工阶段、工农自养阶段和以工养农阶段。只有当工业化水平处于第三阶段，经济水平总体较高时（人均 GDP 2000 美元以上），才有条件建立农村社会养老保险制度。我国目前处于工业化发展的中期，不发达地区农村处于工农自养向以工养农阶段的过渡时期，建立规范的农村社会保障制度的条件逐步成熟。诚然，经济发展水平是社会保障制度建立的基础和前提，没有雄厚的物质基础，不可能建立像发达国家那样健全完善的农村社会保障制度。然而，我们现在首要的问题是，在社会主义中国，农民有没有权利获得社会保障的保护？从理论上认识农民社会保障的必要性和重要性,对于澄清人们在农民社会保障问题上的模糊认识,重视和积极推动农村社会保障事业是非常必要的。

（一）获得社会保障是宪法赋予农民的一项权利

我国宪法第 45 条规定："中华人民共和国公民在年老、疾病或者丧失劳动能力的情况下，有从国家和社会获得物质帮助的权利。"显然，这里所说的公民也包括农民在内，农民也应该像城市居民一样，在年老、疾病或者丧失劳动能力时，有从国家和社会获得物质帮助的权利；反过来说，国家和社会有责任为那些年老、疾病或者丧失劳动能力的农民提供物质帮助。如果过去我们把这段话理解为在农民处于困境时由国家或者社会向他们提供定期或不定期的社会救济的话，那么在我国民主和法治建设有了极大推进、人权实践也有了较大发展的今天，我们就应该把它理解为，农民作为人，与城市居民一样，也能够或者可能遇到年老、疾病或者丧失劳动能力这些一般生活风险问题时，国家就应该向他们提供社会保障保护。改变只强调农民对国家的义务与责任，却回避国家政府对农民的义务与责任，不谈农民在这个国家中有什么权利的倾向。现在以身份职业建立社会保障的观念已经过时，必须将农民社会保障作为我国社会保障制度的组成部分，哪怕给予最低限度的待遇。社会保障具有强制性，体现一个国家人权的责任思想，同时作为公共产品，社会保障又具有非竞争性和非排他性，应面向全体公民，而不应成为少数人的专利。这样，覆盖了农民的社会保障，我们才能够理直气壮地说，我们建立了社会保障制度。

（二）中国是农民多，穷人多，多数人决定产生的保障立法应保障农民

民主是多数人说了算，是人民当家做主。我们的社会保障制度当然要体现占多数的农民的意志，保障农民的利益。如果人民的政府只保障少数人而不保障农民，就要承担责任。社会保障福利来自国民的税收，财政税收怎么花钱？自然要听国民的意见，按照体现国民意志的法律办事。政府按照国民的要求承担更多的社保责任，收了税就要提供公民要求的保障，这不是国家对国民的施舍，而是政府的责任，农民的权利。

如果将来我国穷人少了，绝大多数农民都富裕了，我们制定的保障制度也是有利于穷人的，因为民主国家虽然是少数服从多数，但也是多数尊重少数，即使真正的穷人很少，所有的人都不敢保证自己一辈子都处于强者地位，我们都会老的，也没有足够的把握判断我们会不会落到弱者的地位，会有什么样的命运。在这种背景下，多数人也会倾向选择有利于保障弱者的制度安排。

（三）获得社会保障是联合国人权公约的规定

《世界人权宣言》第二十五条（一）"人人有权享受为维持他本人和家属的健康和福利所需的生活水准，包括食物、衣着、住房、医疗和必要的社会服务，在遭到失业、疾病、残废、守寡、衰老或在其他不能控制的情况下丧失谋生能力时，有权享受保障"。联合国《经济社会和文化权利国际公约》第九条"本公约缔约各国承认人人有权享受社会保障，包括社会保险。"第十一条"本公约缔约各

国承认人人有权为他自己和家庭获得相当的生活水准,包括足够的食物、衣着和住房,并能不断改进生活条件。"这些公约规定了人人享有社会保障权,享受适当生活水准权,一国应尽其资源能力,逐步实现这些权利。这些基础性、综合性人权的最低要求是保障人的生存权,包括获得适当衣、食、住、适当保健、疾病控制等基本生活保障,能够使人有尊严的生活,而不通过诸如乞讨或丧失自由才能满足生活要求。我国批准加入了这些公约,我国的宪法、农村五保条例等立法为农民的社会保障权和适当生活水准权提供了制度性保障。但是,我国的法律关于老年、残疾、生病或无法过体面生活的情况下,保护农民充分的社会保障制度还不完善。前几年还有将这些保障责任从国家转移到商业部门的现象。我国是《经济社会和文化权利国际公约》缔约国,持续实现农民的最低生活保障、医疗、疾病津贴、产妇津贴、老年津贴、残疾津贴,特别是加强对农村妇女、农村老年人和残疾人的保障,还要不断努力,通过建立农民社会保障制度为农民提供社会保障的保护,极大地推动我国人权事业的发展。

(四)我国农民在革命、建设和改革开放的各个时期都为国家做出过巨大的贡献和牺牲

在革命战争年代,农民无论是送子送夫参军,还是用小米养育革命军队,用小推车运送前线物资,用乳汁拯救受伤的人民战士,都是希望在共产党的领导下,推翻剥削压迫劳苦大众的反动政府,建立人民当家做主的社会主义新中国。没有广大农民参加和支持革命战争,中国革命的胜利是不可能的。因此,在中华人民共和国成立之后,农民与其他社会成员一样,有权分享社会发展、文明和

进步的成果。这种分享,首先是当他们处于不利境地时,在年老、疾病、残疾时,国家应承担起为他们提供物质帮助的责任,为农民建立包括养老保险、医疗保险和社会救济等最基本的保障项目。只有这样,农民才能感受到,国家和社会对于他们付出的牺牲所给予的回报,增强对国家的亲和力。

社会主义建设时期,农民为国家工业化提供了可观的积累。工业化符合农民的长远利益,从 20 世纪 50 年代工业化初期到现在,农民为国家工业化提供了大量的生产资料和原始资金积累,至今工农业产品价格剪刀差依然存在。即便在 1958 年至 1961 年的三年困难时期,农村有大批人饿死的情况下,农民以国家的利益为重,仍然交爱国粮,与国家同心协力共同度过困难时期,一心跟共产党走社会主义道路,相信困难之后会有更加美好的未来,而没有因饥寒交迫群起反叛。现在,工业化带来的收益为城市居民所享有,农民为国家提供的积累有相当一部分直接转化为城市居民的生活福利。国家资源分配的不平等,使得农业在为国家提供积累而承受重负的同时失去了自身发展的机会。在国家对农业的支出中,只有很少数额用于农村保障和社会救济,在农民养老保险上国家几乎没有承担责任,这对于农民显然是不公平的。在农民社会保障问题上,同样要改变长期以来实行的重城轻乡、重工轻农的政策,实行以工业反哺农业,加大对农民社会保障的投入。

我国农民为改革开放也做出过不朽的贡献。中国的经济体制改革首先从农村开始,农村实行联产承包责任制,极大地解放了农村生产力,促进了农村经济的快速发展,为城市经济体制改革提供了有益的经验。然而,农村经济体制改革使得集体经济受到很大冲击,以至于没有能力像改革以前那样,为农民提供例如合作医疗补贴这样微不足道的经济支持,一切风险都要由农民自己承担。

农村土地的集体所有,农民并不拥有生产资料的所有权,因而农民不能靠出租或变卖土地解决困难,农业收入的不确定性、尤其是西北部分农村靠天吃饭,更加使得一些农民在遇到年老、疾病、残疾的生活风险时,因没有任何抵御能力而陷入困境。所有这些可以说是农民为我国改革所付出的代价,国家和社会应该从改革发展的成果中为农民提供一定的补偿,而这些补偿的相当部分应该用于农民老年、疾病和丧失劳动能力的情况。这些情况是任何一个人都可能遇到的风险,因而能够最充分地体现社会公平,销蚀人们的不平衡心理,减少社会矛盾和冲突。

我国农民巨大的贡献还体现在城市建设和私营企业的发展上。农村实行联产承包责任制以后,农民从土地的束缚中解放出来,农村出现了大批的剩余劳动力。他们来到城市,主要在建筑行业和私营企业工作。为城市和私营企业的发展做出了巨大的贡献。而大量的报道表明,在相同行业工作的农民工却不能像城镇职工一样享受应有的社会保障待遇,尤其是在他们遭遇工伤事故时,不能获得事故保险待遇或者只能获得数额极少的一次性补助。我国应该为那些在城市工作的农民工提供适当的社会保障待遇,也是对农民工参与城市建设的一个回报。

我国农民还为我国精神文明建设做出过有益的贡献。近年来,见诸报端的见义勇为报道,多是来城打工的农民所为。他们的行为对于维护国家和人民的生命财产安全,打击违法犯罪分子,弘扬社会正义,促进社会主义精神文明建设起到了积极的推动作用。然而,由于我国在这方面的法制不健全,造成"英雄流血又流泪"的悲惨局面。他们有不同程度的负伤致残。面临着工作、生活、医疗等各方面的困难。有人多次上访,寻求帮助,但由于没有相应的法律规定,使得他们的问题不能得到妥善解决。目前,大部分地区虽然制定了地方性的"见义勇为褒扬条例",但是在实施中还有补偿金不能到位等许多问题。他们为社会做出了特殊贡献,社会应当为此承担责任,为他们提供社会保障。

农民做出的巨大贡献,有权利获得社会保障,中国社科院刘翠霄也有详细的论述。如果社会不承担最低限度的保障责任,让农民在年老、疾病、残疾中忍受煎熬,在我国经济有了相当发展的今天,对于他们是不公平的。

二、国家应该为农民提供社会保障的保护

社会保障制度是解决公民生存权和生命权问题的制度安排,只有国家通过建立与经济发展水平相适应的社会保障制度才能保障生存权和生命权,实现社会正义和公平,但是社会保障制度的残缺与不公,事实上正在对国民经济的持续发展与整个社会的和谐发展造成日益严重的损害。传统模式的社会保障制度几乎等同于城市居民的专利,城乡二元分割分治的经济社会格局因社会保障制度建设中长期漠视农民的需求而被放大;一部分人参加社会保险而另一部分人没有社会保险,又直接造成了劳动者社会保险权益的异化,各种福利事业发展的长期滞后,直接影响和限制了农村老年人、残疾人及妇女儿童群体参与分享国家发展成果的权利。由于社会保障制度不健全,导致城乡居民尤其是乡村居民后顾之忧持续扩张,经济发展与收入增长并未带来农民的消费增长,使得国民经济发展中的风险也被放大;同时,社会保障制度不健全还产生和激化了各种社会矛盾。这种现象及其不良后果必须引起党和政府的高度关注。

国家应该为农民提供社会保障的保护,不仅仅是对弱势群体

道义上的帮助。社会保障与农民的自我保障、慈善机构保障以及商业保险的根本区别在于,它是国家以法律的形式加以规定、并以国家强制力保证其得以实施的一种制度。因此,它是最可靠、最有效的保障方式。随着我国社会主义市场经济体制的健全和完善,我国农业、农村以及农民问题越来越引人注目。人们已经认识到,农民问题依然是我国的根本问题,农民问题解决不好,将会影响到我国经济的持续发展和整个现代化进程。在农民所有的问题中,农民的社会保障问题是一个举足轻重的问题,绝不可掉以轻心。国家为农民提供健全的社会保障,是基于以下几方面的原因:

(一)社会主义公有制的应有之义和农村土地集体所有的必然要求

我国是公有制为主体的社会主义国家,财富由人民创造,由人民共享,体现社会占有的生产资料公有制,是为最广大的人民服务的。邓小平指出"只要我国经济中公有制占主体地位,就可以避免两极分化。当然,一部分地区、一部分人可以先富起来,带动和帮助其他地区、其他的人逐步达到共同富裕"①。我国农村土地集体所有,这就决定了农民个人不可能解决社会保障问题,农民的社会保障也不可能市场化、商业化。既然国家扩张了占有土地的权力,国家就应是农民的雇主,扩大对农民的社会保障责任。社会主义公有制的优越性应体现在社会保障上,社会保障应该为避免两极分化做出贡献。社会保障是共享发展成果的途径,没有农民的保障就是否定农民的创造。建立在私有制基础上的资本主义国

---

① 《邓小平文选》第 3 卷,人民出版社 1993 年版,第 149 页。

家,其社会保障制度归根到底是为资产阶级服务的,是为维持劳动力再生产,榨取工人的剩余价值而与工人缓和矛盾的产物。我们社会主义国家人民当家做主,农民享有社会保障,国家建立农民的社会保障是社会主义的应有之义。有社会保障的国家不一定是社会主义,没有社会保障的国家一定不是社会主义。邓小平说,我们的社会主义是不够格的社会主义,缺乏社会保障就是其表现之一。现在建立的农村社会保障不是恢复到计划经济体制下的社会保障,而是建立与市场经济体制相适应的适度的社会保障。作为二次分配的社会保障应更加注重公平,关心农民的困难。改革开放以前,虽然大家享受到了公费医疗、免费教育、工作铁饭碗、治安环境好等好处,享受到不直接受资本家剥削的主人翁地位。但我们人民普遍的生活水平低于发达国家的生活水平。资本主义福利国家有从摇篮到坟墓的保障,是不是福利越多就是社会主义程度越高? 社会主义社会福利要搞多一点,但同时要保持国家的活力和效率,否则税收太高,就会变为大包袱。福利水平提高,势所必然。要降低,势必影响社会稳定。中国农村的社会保障只能从社会主义初级阶段的国情出发。

(二)这是宪法的规定和民主法治国家的责任

社会保障不是传统意义上的济贫,不是政府的施舍和恩赐。《中华人民共和国宪法》第 14 条规定"国家建立健全与经济发展水平相适应的社会保障制度"。第 45 条规定"国家发展为公民享有这些权利所需要的社会保险、社会救济和医疗卫生事业。国家和社会保障残疾军人的生活,抚恤烈士家属,优待军人家属。国家和社会帮助安排盲、聋、哑和其他有残疾的公民的劳动、生活和教育。"明确社会保障是公民的权利,政府的责任和义务。民主国家是法治国家,其特征和发展趋势是:权力越来越受限制,责任越来越可问责,也就是,政府想做就能做的事越来越少,政府不想做也得做的事越来越多。政府不想做也得做的是什么呢?就是帮助农民,帮助穷人。专制国家如果有福利,肯定被认为是统治者的恩赐,皇恩浩大;如果不给福利,你也不能抱怨。民主国家的政府出现和成立的依据就是为公民提供服务,宪法也明确规定公民有从国家取得物质帮助的权利。因此,社会保障制度成为检验各国政府执政合法性的试金石。无论政府有无能力解决农民社会保障问题,都必须承担这项基本义务和责任,并根据经济和社会发展水平,最大限度地解决农民的保障问题,并把全面解决农民社会保障问题作为奋斗目标之一。"社保不能全靠政府",但也不应成为政府推卸义务的理由和借口。现代社会保障制度的特征是向全民化方向发展,向全面保障方向发展。建立农村社会保障制度,承认农民的公民权,由消极被动、临时应急措施变为国家长期的战略措施,符合国民整体的利益,体现和夯实了国家政权合法性、正当性的基础。

一般来讲,或者给农民迁徙自由,或者给农民社会福利,或者二者都给。如果二者都不给,可能在一段时间内,会看到一些所谓的好处,但从长远来看,这种做法副作用很大。把农民拴在土地上,没有迁徙自由,没有社会保障,维护特权阶层的利益是专制政府的办法。苏联时代,人民没自由,但是有保障,现在有了自由却没有了保障。伊拉克战争前,人民也是没自由,但是有安全,现在有了自由,去菜市场买菜却担心炸弹爆炸。在民主时代,普遍的趋势是自由与保障兼有,告别过去对贫民"既不给自由,又不给保障"的做法。以社会保障的方式消除贫民,给农民以自由迁徙的

权利,让农民在城市住下来,并最终融入城市。而我国政府把农民
的福利包下来不是很现实,恐怕还要给他们更多的自由,这个自由
包括取消户口。

(三)这是时代进步和科学发展的客观要求

在西方发达国家,社会保险首先是为那些离开了土地、来到城
市、从事雇佣劳动的雇员设立的,保险范围、保险项目、待遇标准也
是随着经济的不断发展而逐步健全和完善起来的。当西方发达国
家实现了工业化,消灭了城乡差别之后,为了保持农业的合理结
构,为了不使农民因家庭成员的一场重病而陷入困境,遂逐步为农
民设立了与城市雇员基本相同的社会保障项目,使农民能够像雇
员一样获得全面的社会保障的保护,过着与雇员一样体面的、符合
人的尊严的生活。在为农民提供社会保障的过程中,政府在农民
社会保障中承担了很大的责任。我国是一个农业人口占绝大多数
的发展中国家,城乡差别巨大,因此不可能像西方发达国家那样,
为农民提供全面的、高标准的社会保障待遇。

随着小康社会的建设,人们的关注由单纯的经济发展向社会
公平,共享改革成果方面转变。这是时代进步的表现。市场经济
体制的建立,市场化的风险也扩散到了农村,农业农村面临的风险
越来越多。家庭联产承包制度取代了农村集体经济的基础,集体
保障在农村的基础也被削弱,现代社会的流动性加强,人均寿命的
延长,而家庭保障的作用因家庭规模和结构的变迁而逐步降低。
原有的集体包办的保障板块分割,封闭运行,集体负担轻重不等,
存在不公平和效率低下的缺陷;计划经济过度强调集体的责任,没
有个人责任,市场经济又弱化政府社保责任,推给家庭和个人承

担,都使社会保障不可持续发展。伴随着市场经济专业分工要求的新的保障方式、养老方式成为向现代社会转型的必然要求。经过改革开放30年的持续高速发展之后,当GDP超过20万亿人民币、国家财政收入超过5万亿人民币的时候,国家确实站在了一个新的历史起点。这个新的历史起点绝对不只是一个物质财富积累与发展的新起点,而是社会公平、文明进步的发展新起点,是需要更多地突出公平、正义并促进国民共享发展成果的新起点。只有这样认识并据此调整、确立我们的相关制度安排与政策措施,才能真正摆脱资本主义在工业化过程中必然出现的社会对抗、阶层矛盾激化等诸多严重危及经济社会健康、持续发展的痼疾,才能真正走上一条健康的、文明的、可持续的社会主义工业化、现代化强国之路。在这样的背景下,加快建设覆盖城乡居民的社会保障体系显然具有深刻的时代意义。

一个时代有一个时代面临的挑战,一个时代有一个时代发展的任务。改革开放30年,共同贫穷被送进了历史,经济发展达到了前所未有的高度。当经济发展到一定阶段以后,增长优先与低福利的政策取向引发了一些社会问题,包括分配不公、贫富差距扩大等,影响了经济社会的和谐发展。需要采取应对措施,不能再简单延续以往的方略,应顺应广大人民的呼声,对改革以来形成的利益格局进行新的调整,构建和谐社会。通过社会保障制度来解除农民的诸种后顾之忧,满足农民对生活安全感的基本需求,是社会主义新农村建设的需要,也是构建和谐社会的迫切需要。纵观世界,可以发现凡社会保障制度健全并让全体国民普遍享有社会保障的国家,都是社会和谐的国家;凡社会保障制度残缺或者不公的国家,其社会发展必定存在着不和谐的现象。因此,社会保障水平直接决定着社会和谐的程度。

　　实现让全体人民共享国家发展成果的目标,必须借助覆盖城乡居民的社会保障制度。胡锦涛总书记一再强调的以人为本的观念深入人心,发展是为了人民,发展要依靠人民,发展成果要让全体人民共享。当我们经历了近30年的效率优先追求后,人们日益清醒地认识到了经济发展的最终目的,其实是为了人的全面发展,让全体人民共享国家发展成果当然是实现人的全面发展的必由之路。然而,经济增长与经济发展并不能自动地解决成果共享问题,市场经济条件下的国民财富初次分配无一例外地要体现出按生产要素进行分配的法则,由于对财富创造的贡献大小不一、个人资质与能力禀赋的差异,初次分配必然因利益分割产生收入分配差距并由此而导致贫富分化,因此,必须有强有力的再分配工具加以调节。而社会保障制度则是所有工业化国家实践证明了的调节收入分配差距、促进社会公平、实现共享国家发展成果的基本制度安排,其中:社会救助因保障了低收入群体或者困难群体的生活而直接缩小了贫富差距,并缓和了社会阶层矛盾;社会保险因保障了劳动者的养老、医疗、失业、工伤等而调节了劳资利益格局,并极大地化解了劳资冲突;包括老年人福利、残疾人福利、妇女儿童福利、教育福利、住房福利等各项福利事业的发展,则保证了各个社会群体直接参与合理分享国家发展成果。可见,社会保障制度具有天然地让全体人民共享发展成果的功能,是实现全体人民共享国家发展成果的基本途径与制度化保证。

　　实现科学发展,应对金融危机,转变出口依赖型发展为内需推动型的发展,必须改变社会保障制度的残缺与不公对国民经济科学持续发展与整个社会的和谐发展造成的严重损害。与其靠发放短期的消费券刺激内需,不如建立完善的社会保障制度,解决农民的后顾之忧,有了生活的安全感,就会可持续地扩大内需,实现科学发展。

（四）国家建立农村社会保障制度可解决诸多难题

第一，国家通过建立农民社会保障制度为农民提供社会保障的保护，就能够极大地推动我国法治现代化的进程。20 世纪以来，西方学者提出与公法、私法并列的社会法，认为由于资本主义经济的发展，国家通过立法干预经济，在经济、社会保障、劳动关系等方面形成了公法与私法的相互交错，从而出现了社会保险法、劳动法等作为中间领域的社会法。它是法律体系中非常重要、不可或缺的组成部分，在市场经济社会具有重要地位。我国于 1997 年将"依法治国，建设社会主义法治国家"写入宪法，确定为治国的基本方略，这就说明，要在我国建设社会主义法治国家，必须建立和健全包括农村社会保障制度在内的社会保障制度，如果忽视农村社会保障制度的建立和完善，就会影响我国社会主义法律体系的完整性，进而影响我国法治现代化的进程。

第二，国家通过建立农民社会保障制度为农民提供社会保障的保护，就能够极大地促进农村经济以至于整个国民经济的发展。金融危机的教训表明，我们再不能走单纯依靠外贸出口的老路，为应对金融危机，扩大内需，必须加快健全农民的社会保障，走内需驱动型发展之路。社会保障不仅是经济发展的目的，也是促进经济发展的重要手段。近几年农村现实情况表明，由于农民考虑到生病和将来的养老问题，不愿也不敢将手中的积蓄用于消费。在这种情况下，尽管国家几次下调利率、增发国债，但仍然没有将农民的消费热情调动起来。由于农民占人口的绝大多数，农民消费不足，就对国家拉动内需的战略决策造成影响。国家对公务员和城镇退休职工多次加薪。农民由于经济基础薄弱,收入增长缓慢,如果国家能为八亿农民提供最基本的社会保障,不仅会减少农村贫困人口,解除他们的后顾之忧,而且会使他们敢于把手中多余的钱拿出来用于消费,开拓农村市场,扩大农村内需,进而促进农村经济和整个国民经济的发展。

　　第三,国家通过建立农民社会保障制度为农民提供社会保障的保护,就能够最大限度地体现社会公平,减少社会矛盾和冲突,维护社会稳定。在建立和完善我国社会主义市场经济、促进国家现代化的过程中,我们的党和国家一再把社会稳定看做是保证社会发展、民族兴旺的诸多因素中的重中之重,而农村稳定又是社会稳定中的重中之重。正如邓小平同志曾经指出过的:"农村人口占我国人口的80%,农村不稳定,整个政治局势就不稳定,农民没有摆脱贫困,就是我国没有摆脱贫困。"农村稳定取决于许多因素,其中农村社会保障制度健全与否,有着重要的作用。众所周知,社会保障制度的一个主要功能就是充当社会的"安全阀"或者"减震器",这一功能是通过社会保障这种对国民收入进行再分配的方式,最大限度地体现社会公平,消解人们由于社会分配不公而引起的不满和对抗情绪、实现社会安宁和保证良好秩序。我国农村经济体制改革以来,农村经济发展迅速,广大农民受益匪浅。然而,近几年由于化肥、农药、地膜等工业品价格上涨,农产品价格下降,农民收入减少;农村贫富差距加大;一部分农村干部作风腐败等原因,在农村潜伏着不安定的因素和矛盾。尤其是城乡居民在生活水平上的巨大差距,城市居民比较充分的社会福利,更使得相当一部分农民产生不平衡心理。消除农村不安定因素,除了采取增加农村基础设施投资、减少工农业产品剪刀差、纠正农村干部的不良工作作风等措施外,建立和健全农村社会保障制度,应该是减少农村社会矛盾,维持社会稳定的有力措施。

第四,国家通过建立农民社会保障制度为农民提供社会保障的保护,就能够更顺利地推行计划生育的基本国策。中国农民素有"养儿防老"的传统观念,在农村生产力还不发达、还没有建全起社会保障的情况下,农民的这种观念依然存在,因而农村超计划生育的情况不在少数。笔者调查时有位乡党委书记说,乡政府70%的人员、物力、财力都在抓计划生育,国家如果能够把抓计划生育的财力用于为农民提供最基本的养老保险,使农民在晚年时衣食有着,就能够使计划生育的基本国策得到很好的推行,我们就有精力又好又快地促进农村经济的发展和农民生活水平的提高。

第五,国家通过建立农民社会保障制度为农民提供社会保障的保护,就能够使广大农民相信科学,远离邪恶。由于不少农民疾病缠身,又久治不愈或者无钱医治,转而迷信,求助于神仙。如果国家能够为农民提供最基本的医疗保险保护,那么就可以让农民在医疗上没有大的顾虑,集中精力去从事生产和工作。对于国家来说,也可以减少整治迷信这类事件的社会成本。

第六,国家通过建立农民社会保障制度为农民提供社会保障的保护,有助于防止和遏制腐败。长期以来,国家对城市建设和社会福利投入较多资金,而对农村投入较少,这就进一步加大了城乡之间的差别。一些地方户籍部门利用人们急于进城的想法,借助解决户口问题大量敛财。① 这些预算外收入不仅是对农民的赤裸裸的剥夺,增加农民的不满和敌对心理,而且会腐蚀国家机关工作

---

① 参见刘翠霄:《天大的事——中国农民社会保障制度研究》,法律出版社2006年版。全国几乎每一个省份都出现了"卖户口"的现象。据公安部对全国17个省自治区950个市(县)的不完全统计,共为248万人办理了农转非户口,每个户口收费2千元至2万元,仅1992年各地卖户口所得金额将近200亿元。

人员,对于国家下大力气根除腐败是不利的。现在有的地方开始取消农业户口,所谓村改居,其实是让农民放弃农业户口,把农民土地收归国有后,社会保障并没有落实。

综上所述,加快建设覆盖城乡的社会保障体系不仅具有必要性,而且具有紧迫性。当前,深入贯彻落实党的十七大精神,推动科学发展,促进社会和谐,要求我们加快推进以改善民生为重点的社会建设。在这种情况下,加快建设健全的、适合我国国情的农村社会保障制度,显得倍加重要、倍加紧迫。

(五)我国已具备加快建设农民社会保障体系的基本条件

如果早几年提出建设覆盖城乡居民的社会保障体系的主张,相信大多数人都会持异议,人们不仅认为经济条件不具备,更认为城乡二元分割的鸿沟不可能填平,加之社会保障制度建设目标长期模糊、建制理念莫衷一是,对建设农村社会保障体系持消极态度也就可以理解。十六大以后,国家发展日新月异,无论是经济基础、政治取向还是氛围都有了巨大的改变,为建设农民的社会保障体系奠定了基本条件。

第一,政治取向已经清晰,这就是奉行科学发展观,确立执政为民、以人为本的发展理念,构建社会主义和谐社会。科学发展观的真谛在于统筹兼顾,协调发展,执政为民、以人为本的真谛在于让全体人民共享发展成果并保证国民福利与经济增长同步,最终实现人的全面发展;构建和谐社会的真谛在于确立公平、正义、共享的核心价值观,并以此指导国家的制度安排与政策措施,保障每一个人都能够快乐地创造和生活。这种清晰的政治取向,构成了鲜明的时代发展背景,直接消除了人们对建设农村社会保障体系的各种疑虑,同时也客观地确立了社会保障制度的目标定位,这就是社会保障制度直接肩负着落实科学发展、执政为民、以人为本理念的重任,并成为构建社会主义和谐社会的核心指标。

第二,社会保障的发展目标已经明确,这就是到 2020 年时实现人人享有社会保障。人人享有社会保障作为政府公开承诺的社会目标,其本意是让全体国民普遍地、公平地享有社会保障,但这一目标不可能一夜之间变为现实,而是需要经过一个时期的社会保障制度建设才能逐渐达到。现在到 2020 年还有 10 年,如果不能从现在起就统筹考虑城乡社会保障体系建设问题,人人享有社会保障的承诺就完全可能落空,或者因城乡分割而造成严重的城乡失衡甚至城乡对抗。因此,在社会保障制度发展目标明确以后,以往那种认为中国只需要面向少数人的补救式社会保障的观点,那种认为建设统一社会保障体系是不切实际的看法,那种深受新自由主义影响,只强调个人自由、个人负责的思维,都不会再受到追捧。让人人享有社会保障的发展目标正在成为全民的共识,而这是加快建设农村社会保障体系的重要思想基础。

第三,经济基础日益雄厚。2007 年全国 GDP 达到 23 万亿元,国家财政收入达到 5 万亿元,再加上国有企业的利润收益与国有土地收益,政府控制的财力将达到 7 万多亿元,上述指标雄辩地说明那种总以经济落后、财力薄弱为由拒绝发展社会保障事业的观点是完全站不住脚的。国民经济与政府财力的持续高速增长,不仅为建设农村社会保障体系奠定了日益丰厚的物质基础,而且应当通过社会保障制度的建设,达到国民福利与国民经济、政府财力同步增长的合理目标。

第四,社会保障制度建设步伐在加快。近几年来,可以清晰地看到党和政府对社会保障的高度重视及其所采取的行动。2006年,在乡村义务教育免除学费,其福利性通过《义务教育法》的贯彻实施正在恢复。2007年在农村全面建立了最低生活保障制度,这意味着城乡最低生活保障制度一体化目标将很快变成现实。2008年新型合作医疗覆盖全体农村居民,提前三年实现了国家十一五规划的目标。同时,社会保险、社会救助立法正在加快进行中,这意味着作为整个社会保障体系框架的社会保险、社会救助制度将走进定型、稳定与可持续发展阶段。覆盖城乡居民的社会保障体系轮廓正在逐渐地呈现出来。

新中国对社会主义社会保障制度进行了探索、完善和发展,特别是改革开放30年来的社会保障改革留下了丰富的经验与深刻的教训,再加上国外的经验教训,足以为国家理性地建设农村社会保障体系提供指导。建设农村社会保障体系的基本条件和时机已经具备。

三、中国特色农村社会保障制度的目标任务

中国特色农村社会保障制度的最终目标是20世纪40年代末迈向中国特色社会主义福利社会。第一步是到2020年基本建立覆盖农村的没有漏洞的社会保障体系。目前是补缺完善,改变农民低收入,低保障,社会保障供给不足,社保公共品城乡割据,缺少公共性的局面,逐步实现适度普惠、城乡均等的社会保障目标。这个目标的实现先是从无到有,然后逐步完善定型,由有差别的普惠到无差别的普惠,分阶段渐进实现。

2005年12月中共中央、国务院《关于推进社会主义新农村建设的若干意见》提出:按照城乡统筹发展的要求,逐步加大公共财

政对农村社会保障制度建设的投入。进一步完善农村"五保户"供养、特困户生活救助、灾民补助等社会救助体系。探索建立与农村经济发展水平相适应、与其他保障措施相配套的农村社会养老保险制度。落实军烈属优抚政策。积极扩大对农村部分计划生育家庭实行奖励扶助制度试点和西部地区计划生育"少生快富"扶贫工程实施范围。积极探索建立农村最低生活保障制度。2006年10月,党的十六届六中全会《关于构建社会主义和谐社会若干重大问题的决定》第一次提出,到2020年,覆盖城乡居民的社会保障体系基本建立的目标。2007年党的十七大提出,努力使全体人民学有所教、劳有所得、病有所医、老有所养、住有所居,推动建设和谐社会。加快建立覆盖城乡居民的社会保障体系,到2020年,覆盖城乡居民的社会保障体系基本建立,人人享有基本生活保障,绝对贫困现象基本消除,人人享有基本医疗卫生服务的全面建成小康社会奋斗目标的新要求。社会保障是社会安定的重要保证。要以社会保险、社会救助、社会福利为基础,以基本养老、基本医疗、最低生活保障制度为重点,以慈善事业、商业保险为补充,加快完善社会保障体系。探索建立农村养老保险制度。全面推进新型农村合作医疗制度建设。完善农村居民最低生活保障制度,逐步提高保障水平。提高统筹层次,制定全国统一的社会保险关系转续办法。采取多种方式充实社会保障基金,加强基金监管,实现保值增值。健全社会救助体系。做好优抚安置工作。发扬人道主义精神,发展残疾人事业。加强老龄工作。强化防灾减灾工作。做到再分配更加注重公平,最终使城乡社保一体化,实现社保的国民待遇和社保统一由社保部门管理。

党的十七届三中全会明确指出,"贯彻广覆盖、保基本、多层次、可持续原则,加快健全农村社会保障体系。按照个人缴费、集体补助、政府补贴相结合的要求,建立新型农村社会养老保险制度。创造条件探索城乡养老保险制度有效衔接办法。做好被征地农民社会保障,做到先保后征,使被征地农民基本生活长期有保障。完善农村最低生活保障制度,加大中央和省级财政补助力度,做到应保尽保,不断提高保障标准和补助水平。全面落实农村五保供养政策,确保供养水平达到当地村民平均生活水平。完善农村受灾群众救助制度。落实好军烈属和伤残病退伍军人等优抚政策。发展以扶老、助残、救孤、济困、赈灾为重点的社会福利和慈善事业。发展农村老龄服务。加强农村残疾预防和残疾人康复工作,促进农村残疾人事业发展。巩固和发展新型农村合作医疗制度,提高筹资标准和财政补助水平,坚持大病住院保障为主、兼顾门诊医疗保障。完善农村医疗救助制度。"上述目标是对党的十七大社会保障目标的具体化,是对农民社会保障的最新要求和指导。

　　基本建立覆盖农村的社会保障体系是党和政府公开承诺的社会目标,是深入贯彻落实科学发展观的具体体现,其实质在于让全体农民普遍地、比较公平地享有社会保障。明确农村社会保障的发展目标,是完善社会保障制度的重要基础。民政部部长李学举认为"农村社会保障的主要任务:一是推进农村社会保险工作。适应城镇化进程加快的需要,加快建立适应农民工特点的社会保障制度,优先解决工伤保险和大病医疗保障问题,逐步解决养老保障问题。推进新型农村合作医疗,探索建立农村养老保险制度,解决好被征地农民的社会保障问题。二是完善社会救助制度,逐步建立农村低保制度,最终使农村特困居民都纳入到低保制度中。完善农村五保供养制度,公开五保供养标准,落实供养资金,加强供养机构建设,真正把570万农村五保老人的衣食住医葬等问题解决好。完善农村特困户救助,要将家庭收入低于当地最低生活水平的,全部纳入低保救助范围,对因病、因残等丧失或缺乏劳动能力的常年特困人口给予及时救助,逐步纳入农村低保。积极发展农村社会医疗救助并与新型合作医疗制度相衔接。对患大病经合作医疗补助后个人负担医疗费过高,影响家庭基本生活的,再给予适当的医疗救助。完善灾民救助制度,提高倒塌房屋和救灾口粮的救济标准。加强住房救助,帮助农村特困户家庭改造新建住房。三是发展以扶老、助残、救孤、济困为重点的社会福利事业。目前1000多万农村残疾人尚未解决温饱,57万孤儿,7600万绝对贫困和低收入人口需要帮助。为此,要加强法制建设,推动'社会保险法''社会救助法''慈善法''养老保险条例''医疗保险条例''社会保障基金管理条例'等法律法规的制定。"①

前国务院秘书长华建敏认为,社会保障在今后一个时期,应坚持"广覆盖、多层次、保基本、可持续"的方针,在以下几个方面下工夫:(1)建立农村社会保障体系,逐步实现由城镇为主向城乡统筹、由城镇职工为主向覆盖城乡居民转变。(2)健全社会保障长效机制,明确国家、单位和个人责任,使社会保障制度长期稳定运行。(3)加强社会保障基金监管和投资运营,确保基金安全和保值增值。(4)强化社会保障管理服务,加快公共服务设施和服务网络建设,积极发展老年服务业。(5)积极推动社会保险立法,为社会保障事业发展提供法律依据。(6)搞好社会保障理论和战略研究,推动制度创新、政策创新和机制创新。

---

① 李学举:《逐步建立覆盖城乡居民的社会保障体系》,参见《中共中央关于构建社会主义和谐社会若干重大问题的决定辅导读本》,人民出版社2006年版,第235页。

　　农民的民生问题首先是生存权、生命权的保障,然后才是农民的发展机会和发展能力的保障及提高生活质量的社会福利。农民的社会保障要由低到高,从生存保底开始逐层推进。城市有"两个确保"即确保离退休人员按时领到养老金,确保下岗职工按时领到生活保障金,农民能否也提"三个确保":即确保农民有饭吃,确保60岁的农民按时领到养老金,确保有病的农民看得起病。郑功成教授,把现阶段社会保障的任务具体化为:重点构建"二免除一解除"的基本保障体系。即以城乡一体的低保制度为核心,构建健全的综合型社会救助体系,免除农民的生存危机;全面推进乡村合作医疗、基本医疗保险,建立覆盖全民的医疗保障体系,免除农民的医疗重负;构建多层次的老年保障体系,解除农村老年人的养老之虞。最终走向统一的社会主义福利社会。

　　农村社会保障体系的架构可概括为:三大支撑体系(社会保险体系、社会救助体系和社会福利体系),两种供给方式(资金保障、服务供给),三项保障措施(政策扶持、财政支持和社区落实)。这样建立的社会保障制度和管理服务体系,是资金来源多渠道、保障方式多层次、管理服务社会化,保障能力较强的农村社会保障体系。

　　中国农村社会保障改革发展的任务才刚刚开始,一套体系完整、制度健全、水平适度并有序发展的农村社会保障制度,将是中国经济、社会协调、和谐、持续发展的必要条件,也是满足全体人民共享国家改革发展成果的基本途径。我国社会保障体系建设还面临城乡与地区发展不平衡、人口老龄化进程加快、人口大规模流动、全球化等多重挑战。农村社会保障项目不全、覆盖面小、统筹层次低、社保基金运营管理不健全等问题,解决这些问题,实现基本建立覆盖城乡居民的社会保障体系的目标,还需要巨大的努力。

　　实现覆盖农村的社会保障制度是一个伟大的战略部署,体现了全党全国各族人民的共同愿望。目前几乎所有发达国家的社会保障都已覆盖了绝大部分劳动者;从时间跨度上讲,到 2020 年,要用二十年的时间走完发达国家半个世纪或近一个世纪走过的路,这无疑是个挑战;从经济发展水平上讲,发达国家社保制度覆盖城乡全体居民时,其人均 GDP 几近上万美元的水平,而我们刚刚跨过人均 GDP 1000 美元的门槛,到 2020 年时人均 GDP 3000 美元左右,那时基本建立覆盖农村社会保障体系的目标是伟大的,任务是艰巨的。

四、怎样建立中国特色社会主义农村社会保障制度

(一)马克思主义的社会保障观

　　马克思关于社会保障的理论、思想、立场、观点和方法,是认识资本主义社会保障实质的钥匙,是推进我国社会保障制度建设的理论指导。19 世纪后西方相继完成工业革命,由手工工场过渡到机器工厂后,生产力空前提高,市场经济迅速发展。伴随着产业革命所带来的社会财富大量增加,出现了劳工问题和其他新的社会问题。在市场竞争机制作用下,无数个体生产者失去生产资料,沦为雇佣劳动力。在机器生产环境里,劳动强度增加,工伤事故不断,失业威胁增多,疾病治疗和老年生计等问题使雇佣劳动力忧心忡忡。加之大量农村人口流入城市,带来了新的社会压力和社会需求。在这种情况下,西方国家逐步建立了社会保障制度,马克思是如何认识和批判资本主义国家的社会保障制度的呢?

第一,批判资产阶级只顾资本增值不保障工人的利益观,从维护无产阶级利益和实现人的自由而全面发展的立场上阐述了社会保障供给的必要性

马克思在论述社会保障制度建立的必要性的时候,他是从分析资本主义的分配制度中得出结论的。在分析和批判资本主义社会不合理的分配制度时,马克思认为,资本家及其代言人从自己狭隘的利益出发,只是关心他们的不变资本的保值,只是从意外事故对不变资本——生产资料所造成的损失进行补偿的角度,来谈建立社会保障制度,并不关心可变资本——劳动力所带来的损失的保障问题。这是由资本主义的经济基础决定的,资本主义社会是以私有制为经济基础的,生产资料归资本家私人占有,而劳动力从某种程度上说只是资本家"外在"的东西,而且资本主义的资本积累规律决定了在资本主义发展的整个过程中存在着一支强大的无产阶级产业后备军,所以用来购买工人的可变资本即活劳动的损失对资本主义再生产构不成现实的威胁。所以在资本主义生产过程中,一旦发生了灾害和意外事故,对资本家来说,他们所要求的只是对不变资本的保障。马克思在剖析了资本主义的生产方式后,从无产阶级的立场出发,认为在工业制度条件中,可变资本面临风险的不确定性更大。他认为"大工业在瓦解旧家庭制度的经济基础以及与之相适应的家庭劳动的同时,也瓦解了旧的家庭关系本身"。而且工业生产相对于农业生产来说对于工人健康的损害更大。因此,为了维护无产阶级的利益,资本主义国家有责任向全社会供给社会保障制度。人总是在一定的社会制度中生活和发展的,制度无论对于社会的发展还是人的发展都带有根本性。作为保障人的基本生活和发展需要的社会保障制度,在促进人的全面发展中的作用更是不可忽视的。马克思主义始终把为无产阶级

和广大人民群众谋求解放、谋求发展、谋求福利,把最终实现人的自由而全面发展作为自己的宗旨和奋斗目标。社会保障就是无产阶级谋求社会整体福利的重要内容。

第二,社会保障是社会再生产和劳动力再生产顺利进行的必要条件

马克思认为历史的决定因素归根到底是生活资料和人类自身的生产,这就是社会再生产和劳动力再生产的"两种生产"理论,其中论及社会保障。马克思在《资本论》中曾经写道:"一切劳动,从一方面看,是人类劳动力在生理学意义上的耗费";"我们把劳动力或劳动能力,理解为人的身体,即活的人体中存在的、每当人生产某种使用价值时就运用的体力和智力的总和。"从马克思的这段话中我们可以看出,劳动者的生产劳动过程是一个消耗自身体力和智力的过程,是把自身的体力和智力凝结为价值的创造过程。要保证生产的正常运转,首先就要保证在生产过程中起决定作用的人的基本生活需求。而为了实现创造价值过程的延续,就必须运用包括社会保障在内的一系列手段来延续劳动力,满足人的需要,在此过程中,社会保障的补偿机制和保险机制显然十分重要。社会保障制度是在特定的历史条件下形成的,即使在同样的社会制度下,由于存在不同的历史文化传统、政治体制和经济体制,其社会保障也具有不同的"面孔",甚至在同一国家同一制度下,在不同的历史时期的社会保障制度也呈现不同的特点。简单再生产时期,劳动者遇到丧失生活来源的风险时,主要依靠家庭保障来度过。在资本主义社会化大生产条件下,对劳动力的素质要求提高,劳动力扩大再生产包括一系列教育、培训、医疗等费用支出,劳动者所经受的多种风险,家庭保障已不能承受,这时候必须通过社会保障来保证劳动力的扩大再生产过程不至于中断和受

阻,必须通过社会保障来保证劳动力在扩大再生产过程中的延续和提高。由于劳动力再生产还存在一个代际延续问题,社会保障范围扩大到了养老保障和生育保险的需求。由此可见,社会保障是劳动力再生产和社会再生产顺利进行的必要条件,马克思关于社会再生产与社会保障的关系论述对于我们确定社会保障的范围具有指导意义。

第三,社会保障资金的来源是工人自己创造的剩余价值,扣除社会保障费用既可防范风险,也是在财富再分配上体现真正的公平

社会保障以生产力的发展为基础,而且社会保障必须与生产力的发展水平相适应。马克思在分析了资本主义社会保障制度后指出,剩余劳动所创造的剩余产品或剩余价值是社会保障资金的唯一来源。在发现资本主义剩余价值的秘密后,马克思进一步对剩余价值的补偿和保险功能进行了分析。他认为,资本家为了实现对资本主义剩余价值连续不断的追求,"在不变资本的再生产过程中,从物质方面来看,总是处于各种使他遭到损失的意外和危险中,因此,利润的一部分,即剩余价值的一部分,必须充当社会保障基金"。这部分基金"甚至在资本主义生产方式消灭之后,也必须继续存在的唯一部分"①。恩格斯也说:"防止'损失'的保险费确实是从剩余价值中提取的,但它算在利润之外。"马克思在《哥达纲领批判》中指出:"如果我们把'劳动所得'这个用语首先理解为劳动的产品,那么集体的劳动所得就是社会总产品。现在从它里面应该扣除:第一,用来补偿消费掉的生产资料的部分。第二,用来扩大生产的追加部分。第三,用来应付不幸事故、自然灾害等

---

① 马克思:《资本论》第 3 卷,人民出版社 2004 年版,第 960 页。

的后备基金或保险基金。……剩下的总产品中的另一部分是用来作为消费资料的。在把这部分进行个人分配之前,还得从里面扣除:第一,同生产没有直接关系的一般管理费用……第二,用来满足共同需要的部分,如学校、保健设施等……第三,为丧失劳动能力的人等等设立的基金,总之,就是现在属于所谓官办济贫事业的部分。"①

从以上论述我们可以看出,社会保障在国民经济运行中的地位十分重要,不仅要"为丧失劳动能力的人等等设立的基金",而且还要设立"用来应付不幸事故、自然灾害等的后备基金或保险基金"。马克思认为社会保障基金是对社会总产品的一种必要的扣除,而这部分扣除是包含于工人创造的剩余价值之中的。从剩余价值的角度对社会保障资金的来源进行分析,目的是为了指明工人的保障资金并不是资本家的"慈善"基金,而是工人自己创造的和应得的。马克思认为将社会总产品分配给劳动者个人时,应首先扣除社会保障费用的论断也说明:在国民收入分配的过程中社会保障具有非常重要的地位,扣除社会保障费用是在财富的二次分配问题上体现真正的公平。这种公平性在于维护和延续社会有机体的生命力,是通过国民收入再分配实现收入转移,对低收入者或无收入者提供必要的帮助,减少社会成员的风险,起到社会稳定器和安全网的作用。

第四,无产阶级的成长壮大和不懈斗争是催促社会保障诞生的动力

当资产阶级日益强大并占据政策、经济的统治地位之后,新兴的无产阶级也在成长和壮大起来。恩格斯在《英国工人阶级状

① 《马克思恩格斯选集》第3卷,人民出版社1995年版,第302—303页。

况》一书中热情地指出："这个产业革命的最重要的产物是英国无产阶级。"①劳动者在劳动条件和生活条件日益恶化的情况下,曾经采取过直接破坏机器的行动。科学社会主义通过阶级分析的方法认为无产阶级贫困是阶级压迫和剥削的必然结果,只有消灭资本主义和私有制,工人受剥削造成的贫困才能消灭。马克思社会贫困的原因和社会发展方向的理论成为无产阶级开展斗争的强大思想理论武器。资产阶级统治者当然本能地仇视这一理论;但在其理论威力震慑之下和无产阶级的坚决斗争下,又不得不做出一定的退让,出台社会保障制度。在不断总结斗争经验并受到马克思学说的启示之后,工人阶级遂能"不以物质生产资料自身而以物质生产资料之剥削形态为攻击目标",由自在阶级转变为自为阶级。无产阶级强烈要求改善自己的劳动条件和生活条件,要求保护自己的权益,从而推动了进步立法的出现。劳动者争得了合法地位之后,利用工会集体力量不断斗争,迫使资产阶级于 19 世纪初开始制定工厂法(劳动法的初期形式),以后逐渐扩大工厂法的内容和实施范围,并创立劳动保险立法。可见,以保护劳动者权益为主旨的法律出现,并非单纯出于资产阶级的恩赐,而是与劳动者的斗争分不开的。这正如马克思所说:"一般说来,社会改革永远也不会以强者的软弱为前提;它们应当是而且也将是弱者的强大所引起的。"②

第五,社会保障在服务于资本家追求剩余价值和维护社会稳定的同时也维护了工人阶级的利益

马克思在分析资本主义的社会保障制度后指出,从资本家建

---

① 《马克思恩格斯全集》第 2 卷,人民出版社 1957 年版,第 296 页。
② 《马克思恩格斯全集》第 4 卷,人民出版社 1958 年版,第 284 页。

立社会保障的初衷来看,资本主义社会保障制度具有两大功能:一是社会和政治稳定功能。"补偿风险的保险费,只是把资本家的损失平均分摊,或者说更普遍地在整个资本家阶级中分摊。"也就是说,通过社会保障机制把个人的风险通过整个社会来分散和弱化,由社会分散承担,这是符合统计学的概率规律的。通过社会保障手段,稳定社会秩序,从而实现资产阶级对社会的控制。二是"补偿和恢复"功能。从社会保障基金的支配和用途来看,马克思认为"这种基金是收入中既不作为收入来消费,也不一定用作积累基金的唯一部分。它是否事实上用作积累基金或者只是用来补偿再生产上的短缺,取决于偶然的情况"。通过这段话我们可以看出,社会保障基金在资本主义条件下具有特殊的调节功能,这种功能的运用和发挥取决于资本主义的经济发展状况。在马克思看来,资本主义社会建立的社会保障一方面服从和服务于资本家追求剩余价值和维护资本主义社会稳定的需要,同时另一方面在客观上也维护了工人阶级利益,解决了他们的后顾之忧。

第六,揭露资本主义社会保障的实质,指明了社会主义社会保障的方向

对于资本主义社会保障制度的实质,马克思认为社会保障是对部分剩余产品的一种特殊的分配和再分配,是资本家和工人阶级之间利益关系的一个具体体现。马克思认为,生产决定分配,生产关系支配分配关系,而社会保障是一种特殊的再分配关系,其性质当然由社会生产关系的性质所决定。社会保障就其本质来讲是特定的社会生产关系在社会保障领域的具体体现,它归根结底是由一定的经济基础来决定的。由于资本主义社会保障是建立在生产资料私有制的经济基础之上的,因此,无论从社会保障资金的来源还是建立社会保障的目的来看,它都是服从和服务于剩余价值

规律的需要,是资本保值增殖的工具,受资本主义剩余价值规律的支配。从资本主义社会保障资金收入和支出来看,它是工人阶级劳动力价值的一部分,只不过披上了社会保障的外衣而已。在揭示剩余价值的秘密后,马克思分析了社会保障资金的筹集过程和筹集渠道,总结出了资本主义社会保障资金的三个来源:第一是工人个人缴纳的社会保障税,包括养老、医疗保险金等。这些保障税是从工人工资中直接进行扣除的,是显性的。第二是雇主为工人缴纳的保障税。雇主将保障税隐蔽地以成本的形式"加工"进商品,从而把负担转嫁给消费者,或者通过压低劳动力工资的方式间接地对劳动力价值进行扣除,算来算去还是工人自己在为自己缴纳,根本不是资本家保障了工人,相反,资本家的各种保障资金却是来源于工人为其创造的剩余价值。第三是政府的财政拨款。政府通过财政手段对社会保障进行一定的补助,但是财政收入主要来自税收,而税收的主要部分还是工人创造的。关于这一点,马克思曾经生动地指出,资本主义社会保障制度,表面上看好像资本家大慈大悲,非常爱护体恤工人,而从分配制度的实质上看却是为了服从和服务于资本主义剩余价值规律的需要。恩格斯曾经在《英国工人阶级的状况》一书中形象地打比方说,这就好像是资产阶级从工人身上榨取了一根大火腿,而仅仅丢还给工人一根小香肠。可见,资本主义国家支付的社会保障金,归根到底是由工人自己创造的,是工人自己保障自己,绝不是资本家的"恩赐"。即使在所谓的"福利国家",从表面上看工人的社会保障在很大程度上是政府负担的,但从实质上看,仍然是工人自己在保障自己,只不过借助于政府的手段罢了。

　　资产主义社会的社会保障缓和了资产阶级与无产者的矛盾,社会保障具有阶级性,私有制是无产者不能从工资中拿出一些钱储蓄,满足在伤残、疾病、残废、丧失劳动能力时以及与资本主义生产方式紧密联系的失业时的需要的根本原因。无产阶级要真正有保障就要消灭私有制,结束牺牲一些人的利益来满足另一些人的需要,使所有人共同享受大家创造出来的福利,只有共产主义社会才能实现。1848 年马克思、恩格斯在《共产党在德国的要求》一文中提出:"建立国家工厂,国家保证所有的工人都有生活资料,并且负责照管丧失劳动力的人。"列宁也提出了"最好的工人保险形式是国家保险"的论断,强调了政府是社会保障的责任主体,反对将社会保障私有化。认为只有政府才能实现社会保障的社会化、统一性、公平性和有效性。工人在一切场合丧失劳动能力,或因失业失掉工资时,国家保险都要给工人以保障,保险费由企业主和国家负担。这些论断后来成为社会主义国家保障制度理论的渊源。即社会主义国家的公民,尤其是公有制经济部门的职工,其生存,生活和工作都由国家统包,不仅享有无需担忧的工作保障,而且其生老病死和家属的健康与生活也都享有绝对安全的保障。列宁提出的社会保险原则,虽然是针对一战后的资本主义社会提出的,但对现实的社会保障建设仍具有重要的指导意义。

(二)中国特色的农村社会保障的基本原则

第一,以中国特色社会主义理论体系为指导,从初级阶段国情和中国农村的实际出发,尊重社会保障制度自身发展规律,按照必要、全面、系统、适度、公平、有效、可持续的原则建立农村社会保障制度。农民社会保障必须坚持社会主义制度,坚持从社会主义初级阶段的实际出发,在正确把握社会主义市场经济体制基本特征的基础上,坚持科学发展观,走中国特色社会主义社会保障道路。

建立符合我国市场经济体制和目前经济发展水平相适应的农村社会保障制度,以解决农村社会保障实际问题和基本生活为目的,以保障农民最迫切的需要为原则。首要问题是保障最低生活水平,走低水平、广覆盖的保障道路,保障水平根据农民的实际承受能力和经济发展状况,逐步扩大提高。农村社会保障制度不是回到计划经济时代的国家——集体保障,而是国家——社会保障,有国家、集体、个人三方承担责任。在进行社会保障体系建设时,把深刻总结我国长期以来社会保障建设中的经验教训,同吸收人类现代文明进步新成果相结合。积极学习西方国家在实施操作层面上所取得的一些成功经验,避免资本主义国家走过的弯路,但不能当做教条照抄照搬。要从法治、经济发展、加大财政投入和制度设计等多方面解决农民的社会保障问题。围绕广大人民群众最根本利益要求,朝着实现共同富裕的最终目标,进行全面、协调、可持续的统筹城乡社会保障制度设计、社会保障行政管理的制度设计、社会保障基金筹集的制度设计。坚持社会公平原则,用全局的观点不断完善农民、被征地农民和农民工的社会保障。

第二,社会保障权平等、普惠原则和提高经济效益相结合的原则。以人为本,公平、优先、共享是解决农村贫困人口社会保障问题的基本要求。社会保障具有法治性、社会性、普遍性或平等性、保障性或安全性、生活消费性、生存保底性、互济性、多层次性、增益不可逆性的特点。新时代扶贫不是简单推进贫困人口的收入,脱贫不易返贫易,防止脆弱的低保障引起的返贫。要兼顾公平与效率统一的原则,加大农业补贴,为贫困人口提供更多保障。按照普遍性、公平性、统一性,建立农民终生统一,多种社保合一的社保账户,并逐步实现一卡多用,一卡城乡通,全省通,全国通。坚持务农、务工、经商等各类人员社会保障管理一体化的方向,尽可能将农民组织起来,参加社会保障。但在具体步骤上,必须贯彻"先易后难,逐步推进,重点突破"的战略方针,先搞好进城固定从事二、三产业的农民和国有企业、城镇集体企业、乡镇企业、三资企业、私有企业农民工的社会保障,特别是养老和失业保险,然后逐步把农村人口统进来的包括法定基本社会保障为主体,乡村集体保障和家庭储蓄保障等多层次社会保障体系,最后实现城乡社会保障一体化的飞跃。当然,对于务农和务工的农民,社会保障基金筹集和给付应该有所区别,体现效率。完全务工经商的农民,社会保障要纳入城镇。

第三,统筹城乡,农村优先原则。农村社会保障薄弱,理应优先,除基础保障部分,要根据农民意愿和需要,分轻重缓急,循序渐进,从实际出发,因地制宜,积极稳妥,不搞"一刀切",不搞"一哄起",注意同城市保障衔接。农民分不同的群体,有务农农民,进城的农民工,搞经营的农民,失地农民等,首先,建立农民的基本保障,淡化不同群体的身份,人人享有基本保障,体现社会保障的政府责任和保障的公平性,同时多元的保障制度并存,确实满足了各地的实际情况,适应了不同农民群体参加社会保障的需要,提高了农民参加保障制度的覆盖率,但是,也造成了制度之间的分割和竞争,未来保障制度的城乡统筹更加困难,缺乏公平性和一致性,保障对象无所适从,特别是农民转换身份和地域时,无法保持账户的连续性。其次,在建立基本保障的基础上,针对不同群体和地区设计不同的保障,满足农民多样性的保障愿望和缴费能力。保障需求有层次,是先保生存后保发展,然后是提高生活质量的各种福利。富裕地区,应尽快抓紧,全面展开;一般地区,先从养老保险和医疗保险入手,创造条件逐步展开;对经济落后的贫困地区,要把社会救济与救灾工作统一起来,扶持贫困户参加社会保险,提高他们战胜灾害,脱贫致富的能力。保障范围由小到大,项目由低到高,投保时间、投保年龄、投保金额彻底放开,集体补助由国家引导,集体自定。总之,开展农村社会保障工作要顺应农民的要求,尊重农民的感情,既要统一公平,又要留有余地,循序渐进,以适应当地经济发展水平和群众心理上、物质上的承受能力。

统筹城乡原则要考虑与其他制度改革的配套,目前河北、辽宁、山东、广西、重庆等13个省、自治区、直辖市取消了农业户口和非农业户口的二元户口性质划分,统一了城乡户口登记制度,统称居民户口,公安机关配合民政、劳动保障、计划生育、教育等部门调整了相关配套的经济社会政策。北京、上海两市也已下发了本市农业人口转为非农业人口实施意见,放宽了条件限制。为农村社会保障制度与城市衔接、并轨和省级统筹打下了基础。

第四,依法保障、规范管理的原则。加强农村社会保障制度的立法工作,推进制度创新,完善和整合各项政策,规范保障工作程序。从依法管理的角度出发,面对8亿农民的未来,从现在起必须加快社会保障立法工作,依法建立社会保障制度。建立全国统一的、有权威的社会保障机构。成立有财政、人事、民政、银行、劳动等部门共同参加的社会保障委员会,负责制定农村社会保障制度规划、收费标准、支付标准、实施办法,监督检查农村社会保障基金的征收、管理、经营和使用情况,策划保障基金的保值、增值。在此基础上,将有关机构撤销合并,组建社会保障管理局,专门负责执行社会保障委员会规定的制度。社会保障委员会负责检查和监督。

第五,政府主导、社会参与,发挥农民自己主动性的原则。社会保障是各级政府的一项重要职责,政府要转变职能,从经济发展型政府向公共服务型政府转变,支出要由生产投资型向公共服务型转变,农村公共服务的投资也要分层次,先保民生,如社会保障、医疗、教育,然后是道路、水利等基础设施,最后是音乐厅、体育馆等设施。调整"国家政策引导,农民自我保障为主,集体补助为辅"的保障原则,适当增加政府责任。建立社会基本保障、家庭保障和群众互助保障相结合的新型的社会主义农村保障模式。发挥农民建立社会保障的主动性,要把农民组织起来,建立自己的农会,争取自己的社会保障权利和救济渠道,壮大自己的维权力量。

(三)加快建设覆盖农村社会保障体系面临的障碍与难点

尽管人人享有社会保障已经成为国家发展的基本目标,建设覆盖农村的社会保障体系亦正在形成共识,但要真正建设好农民的社会保障体系还面临着诸多现实障碍与困难。如果不能尽快排除这些障碍并妥善地化解难点,农村社会保障体系建设还将在困难的泥沼中艰难地跋涉,已经太过漫长的转型期还将持续,国家与农民群体还要为此付出高昂的代价。影响覆盖农村社会保障体系建设的障碍与难点,主要表现在以下几个方面:

第一,传统观念障碍。传统观念与传统意识是影响农民社会保障体系建设的首要因素。在一些人(包括在一些决策机构、政策制定者、立法者)的观念与意识里,城乡二元分割不是一种可以逐渐改变的现象,而是一种已经固化的历史,在考虑政策措施、进行制度设计甚至立法过程中,总是自觉不自觉地将农民视为另类,一些貌似公正的观点与主张(包括主张为农民工维权单独立法等)透出来的其实依然是二元分割分治的旧思维与价值取向。在社会保障制度建设中,这种危险客观存在,如只考虑农村现阶段的特殊性,单独为农民、失地农民、农民工等群体建立一套制度,不考虑如何与现行基本的社会保障制度接轨,不考虑制度将来必然走向统一,不考虑为农民建立长久的养老保险制度,没有允许农民工流动时自由退保接续的办法等,这不符合城乡统筹的原则,不符合建设覆盖城乡居民的统一社会保障体系的目标指向。因此,如果不能从根本上改变传统的城乡二元分割分治的观念、意识与思维定式,农村社会保障体系的建设仍将要付出巨大的代价,并直接损害城乡居民的切身利益。

对农民社会保障制度地位的认识,由过去认为是单纯的经济制度,上升为社会保障是与社会主义基本制度相结合的社会制度。对社会保障制度的作用认识上,由以前认为社会保障制度仅是人类消极地适应工业化时代经济和社会问题的产物,上升为社会保障制度有深厚的政治价值原则,即承载着消除贫困、保障公民权利、降低社会不平等和增进社会福祉、促进人性完善的积极作用。在对公平与效率关系重新认识的基础上,确立了社会公平是构建社会主义和谐社会中社会保障制度的价值取向,最终实现共同富裕是构建社会主义和谐社会中社会保障实践的最终目标。

认为高福利将带来低增长并损害一国竞争力的看法是不科学的。北欧国家不仅是高福利,也是世界上最具竞争力的国家。经济发展的好坏取决于多种因素。不能将经济衰退归罪于社会保障。中国近十年来的经济发展,恰恰证明了社会保障制度对经济发展的巨大功效。很多人认为社会保障不能养懒汉,但这绝对不能成为不发展社会保障的理由。对于懒汉现象,只能通过制度的完善加以解决,不能以此为由来否定社会保障制度的成就。人们都强调社会保障要讲效率,但从社会保障制度的本质出发,它的效率只能来自公平,有了公平才能调动大家的积极性。因此,社会保障中的公平与效率关系是目标与手段的关系,社会保障领域讲效率不是无条件的。

第二,现实体制性障碍。在这方面主要是市场的自由效率优先而政府的平等规则职能相对不足,具体表现有三:一是强调市场的自由效率优先,让市场管了许多不该管的事,如医疗、教育的市场化、产业化,将社会保障商业化,社会主义的社会性、优越性得不到体现。二是职能部门的相互分割,直接导致了社会保障制度安排与相关政策的不协调,整个农村社会保障体系还缺乏发展战略思路、整体设计与统筹安排,即使同一项制度亦存在着被多个部门分割的体制缺陷。三是政府职能部门职责不清,对主管部门权威的损害不仅致使制度变革的责任无法划分,亦严重地影响到了社会保障制度的理性设计。尽管经过国家的努力,社会保障管理体制有所理顺,但现阶段部门职责紊乱、责任不清的局面并未得到扭转,五龙治水,民政、社保、扶贫办、计生委、卫生等部门都涉及农民的社会保障,直接影响到社会保障制度的健康发展。特别是乡级政权社会保障任务重,责任大,工作辛苦,收入低,权力小,存在权责对空的问题。重复以往社会保障改革与制度建设失误的教训不是没有可能。

郑功成认为,回顾中国社会保障改革二十多年的历史,可以概括为"成就巨大、教训深刻"。其中最为深刻的一个教训,就是有序的管理体制在改革时期被打乱了,首先是 20 世纪 80 年代中期国家对社会保险制度进行不当分割,让劳动部门管理国有企业职工、保险公司管理集体企业职工、人事部门管理机关事业单位职工、民政部管理农民,到 90 年代更恶化到 11 个部门或行业自行统筹社会保险,所造成的不良后遗症依然在影响着社会保障改革与制度建设的健康发展;90 年代初期的国家体制改革委员会强势介入社会保险改革,尤其是拿出大账户小统筹的养老保险方案,并由国务院将这一方案与劳动部的小账户大统筹方案同时下发各地选择并可以修改后实施,结果造成了养老保险迄今仍然停留在地方统筹的层面,这一制度在某种程度上强化了地方利益,甚至被国外看成了衡量投资环境的一个因素,许多劳动者因制度的地方分割而付出了很大的代价;2000年将社会保险费征缴由社保经办机构征收改为由各省市自治区自主确定征收机构,一部分地区改由地方税务代为征缴,结果造成了一个国家有两个征收机构的世界独例,建立在劳资分责基础上并采取统账结合模式的社会保险制度被分割。因此,部门职责紊乱确实是中国现阶段特有的现象,也是社会保障制度建设进入定型、稳定发展阶段最值得担忧的一个体制性障碍,因为它直接影响着制度设计与技术方案的理性选择,造成制度分割并恶化了制度环境,同时也损害着主管部门的权威与职责,从而必然地损害着农村社会保障制度的完整性、统一性与理性发展。

第三,公共投入不足和投入顺序颠倒。国家财政投入不足与社会资源调动不够,是影响覆盖农村社会保障体系建设的重要致因。当经济发展落后、国家财力薄弱的理由不再成立时,一些人总是很容易忘记或者忽略经济发展是为了人的全面发展,人民福利应当与经济增长同步的基本目标,将社会保障投入视为负担与包袱,从而在财政投入上很容易陷入过度吝啬的境地,同时对调动社会资源采取消极甚至限制性的政策取向。一方面,财政的公共性明显不足,用于社会保障的支出严重偏低,2006年只占国家财政支出的12%多,一些地方政府财政支出的社会保障份额更少,这与社会保障在发达国家、新兴工业化国家乃至部分发展中国家的财政中成为主要开支项目的差距十分明显,中国财政迄今依然未能很好地承担起应当承担的救助农村低收入家庭和支持农村各项社会福利事业发展的责任。同时投入在民生和经济发展之间,在城乡之间,在豪华型基建和困难群体之间的顺序颠倒,应首先保障生存权,保障农村,完善社会救助,然后才是保障发展权,提高生活质量的社会福利。随着社会资源日益丰厚,个人财富加速积累,但慈善公益事业却十分滞后,企业社会责任依然十分欠缺,市场机制在社会保障体系中发挥出来的作用同样未能达到理想的状态,这一切其实都与现行制度安排与政策措施的缺失直接相关,当然会直接影响着整个社会福利事业的发展。因此,政府职能不转变,投入不足的局面不改变,真正意义上的覆盖农民的社会保障体系建设就将遥遥无期。

第四,责任主体的责任分担模糊。除前述体制性障碍中已经提到的部门分割与职责紊乱导致政府职能部门之间责任模糊外,在已经确立并被认同的责任分担机制中,由于社会保障制度责任主体之间缺乏有序的利益博弈机制与对话平台,政府责任与企业、社会、市场及家庭与个人的责任边界迄今仍然不清晰,致使无法准确把握政府在社会保障制度中的实质责任大小,也无法真正调动其他各方在社会保障制度建设中的主动性与积极性。同时,在中央政府与地方政府之间,亦缺乏相应的职责划分规范,致使中央政府的责任压力持续扩大,一些地方政府仍然缺乏承担责任的积极性与主动性。责任主体的责任分担模糊状态如果不能得到妥善处理,要建立起真正能够覆盖农民的健全的社会保障体系将非常之难。

第五,基本保障制度迟迟不能定型。中国特色的农村社会保障体系是多层次的社会保障体系,但由于最基本的社会保障层次迟迟不能定型,其他层次的社会化保障便直接受到了影响。例如,社会救助制度不能早日定型,民间的社会慈善公益事业便不可能获得健康、持续的发展;基本养老保险制度不能早日定型并走向全国统一,基本社会保障制度不能早日定型,由集体等单位组织提供的职业福利必定受到相应的影响。因此,基本社会保障制度长期处于试验状态以及制度转型期的过长,亦构成了覆盖农村社会保障体系建设的障碍因素。

第六,现实困难与转型期的特殊现象对社会保障制度建设形成了制约。一方面,城乡长期分割的二元经济社会结构不是短期内可以消除的,覆盖城乡的社会保障体系建设亦不可能是短期内可以完成的,在强调社会保障制度一体化与统一性的同时,还需要城乡有别的过渡性制度安排,因此,多元化的社会保障制度安排便成为现阶段一个无法避免的选择。另一方面,我国还处于经济社会转型时期,转型时期特有的现象不可能通过正常的制度安排加以解决,而是必须采取特殊的措施加以化解,制度设计的风险客观存在。例如,失地农民是中国工业化、城市化过程中必然出现的现象,但失地农民却不可能构成一个稳定的社会阶层,其社会保障制度设计既需要考虑其身份的特殊性,同时也必须考虑与基本社会保障制度的融合与统一;农民工也是转型期特有的现象,其存在的时间虽然可能较长一点(估计还需要 10 年以上),但它同样不可能构成一个稳定的社会阶层,其社会保障制度同样需要在考虑其现实身份差异的同时,真正根据融入中国工业化、城市化与现代化进程的思路来设计。

可见,覆盖城乡居民的社会保障体系建设事实上还面临着一些急切需要清除与化解的障碍与难点,只有清除了障碍、化解了难点,农村社会保障体系才能走入定型、稳定、可持续发展的良性轨道。

（四）加快建设覆盖农村社会保障体系的理性选择和具体对策

加快建设覆盖城乡居民的社会保障体系,必须树立正确的发展理念与原则,理性地选择制度安排。在这方面,值得重点考虑如下几点:

第一,正确估价农村社会保障事业的发展形势与制度需求,推动农村社会保障的科学发展

目前是加快建设农村社会保障体系的战略机遇期。金融危机也使我们认识到经济发展要由出口依赖型转向内需驱动型。社会保障不仅是经济发展的目的,也是促进国家经济发展的重要手段。

一是我国现阶段正处于人口红利期,尽早建立健全社会保障体系有利于应付以后人口老龄化高峰带来的沉重负担;二是在人口老龄化高峰到来之前越早建立社会养老保险制度,制度收益越明显;三是全面建设小康社会是建立农村社会保障体系的重要机遇;四是我国农村社会保障体系建设已积累了必要经验,制度框架正在形成之中,为进一步发展奠定了基础。政府是社会保障事业的主导责任者,主要采取公共决策的方式来体现和履行。中央到地方反哺农村的大政方针已定,就要有农村社会保障的专项支持政策。如果说计划经济时代,政府是以农村的土地保障功能、家族互助以及城市优先等因素作为参量建立决策函数,做出农村社会保障的宏观发展决策,那么,随着政府决策中各种参数的不断变化,乃至新的参量的增加,政府就应该适时地修正其决策函数,以确保决策的科学化与合意性。落实科学发展观,农民社会保障是以人为本的体现,农民社会保障发展的基本要求是全面协调可持

续,根本方法是统筹兼顾。依此改进政府、发展农村社会保障事业的决策,重新审视农村社会保障事业的发展形势,树立公正决策的理念,注重公共决策与农民认同的良性互动,注意公共决策的整合性。

第二,科学设计农村社会保障制度框架,逐步将现代保障制度服务全面普及农村

农村社会保障制度框架,在发展思路上应确立没有漏洞的适度普惠方向和提高水平的目标,突出重点,逐步推进。目前的重点是普及和完善农村最低生活保障制度、新型农村合作医疗和农民基本养老保险制度,加快解决失地农民和农民工社会保障问题,改变过去只针对就业稳定的群体建立社会保障的做法。同时,农业经营的风险保障也要引起重视。在发展步骤上应坚持条件具备地区加快发展、条件暂不具备地区确保重点的原则。根据经济发展程度,将全国划分为若干区域,按照科学的日程,在不同类型区域采取不同的推进战略,逐步实现农村社会保障制度框架的全覆盖。关于保障的技术问题,一是要探索在农村建立全面的农民个人信用系统,依法为农民建立终身统一的基本社保账户。二是要抓好城乡社会保障制度的对接和农村社会保障制度之间的互联与互补。三是以土地换保障要慎重,注意总结经验。这是今后政府政策的重要着力点,需要未雨绸缪、早作安排。

第三,提高农民社会保障意识,确立农民共享社会发展成果,农民福利与国民经济同步增长、社会保障权平等的理念

现在农民社会保障权的观念和意识缺乏。经济增长的最终目的是为了人的全面发展,而人的全面发展在很大程度上体现在福利增长上,无论是农民的养老、医疗、贫困问题还是教育、住房等,都是最基本的民生问题和民权问题,需要国家提供保障并持续不

断地努力改善,因此,让农民福利与国民经济保持同步增长不仅是保障民生与改善民生的客观需要,而且是国家发展的根本目标指向与政府的根本职责所系。因此,有必要尽快摒弃为经济增长而增长的单一取向,真正在科学发展观的指导下实现福利与经济双增长。农村社会保障制度的本质是维护社会公平并实现国民共享发展成果,这一制度的天然职责与特殊功能即是缩小差距、化解矛盾、促进社会公平与社会和谐。农村社会保障制度要充分发挥其功能作用,就必须以真正实现社会保障权公平为前提条件。尽管在建设覆盖农民的社会保障体系过程中,不可能一蹴而就地实现制度公平,但在制度建设之初就应当时刻不忘社会保障权益公平的目标,以农民社会保障权益是否公平和是否缩小这种权益的不公平作为评价制度设计及其发展进步的核心指标,尽可能地在制度设计与推进过程中逐渐向城乡居民社会保障权益公平的目标靠拢。当务之急是把农民工积累创造的,因流动而沉淀在城市的社会保障金还给农村。

第四,明晰社会保障责任主体,尤其是政府责任的边界,尽快实现城乡社会保障均等化,构建和谐社会保障关系

明确界定政府在不同社会保障制度及不同层次的社会保障措施上的财政责任与监管责任,政府和个人之间的责任,是建设覆盖农民社会保障体系的基本保证。政府不仅是经济建设型政府,而且是公共服务型政府。坚持有进有退的原则,将生产性投入所占用的财政资金合理转向社会公共需要领域,突出财政在社会保障等方面的投入增长快于财政收入的增长速度,提高财政支出的公共性。不能同意"有限责任政府"的概念,农民民生问题的改善和保障始终是政府的核心任务,从这个意义上说,政府责任无止境。基本社会保障在任何国家都是政府主导的,当然,每个保障项目的

政府责任不同,如在农民的社会救助、最低生活保障方面,政府责任是绝对的;在社会保险中,政府起到引导和担保人的作用;在社会福利方面,政府责任是无止境的,因为农民福利需求是不断上升的。在财政责任方面,首先迫切需要明确政府对低收入农民群体承担的社会救助责任,随着社会经济的发展,社会救助的对象不可能只是目前的五保户和绝对贫困对象,必然要向低收入群体扩展。政府在这方面的责任还没有到位,许多低收入农民家庭虽然生活困难却无法获得政府的援助,财政部门应当将重点放在社会救助而不是社会保险;其次,政府对农村老年人、残疾人、妇女儿童福利及教育福利、住房福利事业承担主要责任,这是确保不同社会群体参与国家发展成果合理分享的必需举措,而目前国家财政对这一领域承担的责任离其应当承担的责任还有着遥远的距离;再次,承担起农民养老社会保险制度转型的历史责任,对农民医疗、养老社会保险制度发展的公共财政责任,借鉴国际经验,考虑我国国情,社会保障支出应当不低于 GDP 的 7%,其中社会保障财政性支出占财政支出的比重应不低于 20%,财政性教育支出占财政支出的比重应不低于 20%,公共卫生经费占财政支出的比重应不低于6%。如果能够实现这些目标,则国家财政的公共性会明显增强。这种责任急切需要理清并走向制度化。第四,在监管责任方面,有必要严格按照政府职能部门的分工来让各主管部门切实履行对相关社会保障制度的监督管理责任,并实行严格的监管问责制,其中,劳动保障部门应切实承担起农民社会保险制度建设的责任,民政部门应切实承担起建设健全的农民社会救助制度与发展各项社会福利事业的责任,卫生部门应切实承担起解除农民疾病医疗后顾之忧的责任,财政部门应切实承担起公共资源供应与合理配置的责任。任何职责紊乱都必然造成制度扭曲与农民福利受损的后果。

第五,明确推进重点及步骤

在统筹考虑、整体设计、循序渐进的原则下,建设覆盖农村的社会保障体系需要明确推进重点与步骤。农村社会保障制度应分三步走,从现在到 2010 年解决农村社会保障的突出问题,2011 年到 2016 年完善农村社会保障制度,2016 年至 2020 年完善社会保障管理,建立适度普惠的农村社会保障制度。农村和城市的社会保障不同,农民没有固定的工资收入,农业生产的周期长,受市场和气候的影响大,广大农村风险分散,季节性强,因此,农村要以不缴费的社会救助为基础建立社会保障制度,重点是救助穷人,而农村的穷人大多是灾民和家里有老人、病人和大学生的家庭。同时,为流动性强、风险大的农民工建立社会保障也是当务之急,流动在不同地区的农民工保障权益要分段计算,接续他们的社会保障权利。在地域方面,应当确立乡村优先的战略,农民的社会保障水平低,急要制度保障的公共资源投入优先考虑农民的需求;在制度结构方面,应当重点考虑的是"二免除一解除"社会保障制度框架,即优先构建覆盖农村的社会救助体系与医疗保障体系,免除农民的生存危机,确保农民不因生活困难而陷入绝望的境地,免除全体农民的疾病医疗恐惧,确保农民疾病后顾之忧得到解除,建立新型养老保险制度,解除农民的养老之忧。其中城乡一体化的最低生活保障制度又构成了农村社会救助体系的核心与基础,于后再向综合型的社会救助体系扩展;在构建覆盖农民社会救助体系与医疗保障体系的同时,值得重视的是面向农村的老年保障体系,人口老龄化加速留给我们解决老年问题的时间并不宽裕,因此,尽快扩大基本养老保险的覆盖面,并大力促进各项老年福利事业的发展,应当成为建设覆盖农民社会保障体系中的重点方向。在上述制度的基础上,完善其他社会保障制度安排,适时促进各项补充保障机制的建设与发展,则中国特色的农村社会保障体系可以得到确立。

第六,充分调动社会资源和利用市场机制,为建立完善的农村社会保障制度奠定坚实的物质基础

贫困地区农村社会保障受制于财力不足,必须坚持经济建设这个中心,为贫困地区农村建立社会保障制度奠定坚实的物质基础。在强调政府责任的同时,还必须高度重视调动社会资源和利用市场机制。社会保障是社会互助性的,不是单由国家或社会来解决,而是通过每个人的互助合作在自己或别人困难时提供帮助,它实质上是建立在社会化、合作化和公有制基础上的。调动社会资源不仅可以补充社会保障公共资源的不足,扩张社会保障制度的福利性,而且能够促使公共道德与互助意识的提升;强调利用市场机制不仅能够提高社会保障制度的效率,亦可以满足一部分高收入阶层的需要,并因此而让更多的人享受国家福利。当然,在利用市场机制提高效率时,必须确保公平以维护农民福利权益不受损害。

第七,农村社会保障的建立完善要走法治化道路。推进农村社会保障相关法律制度建设

农村社会保障建设需要依法推进。解决民生问题的各项政策,只有当其成熟上升为法律制度,才有根本性、长期性、稳定性,才能保证人民长期受益。社会保障也是这样,如果不能上升到法律规范的层面,就不能称之为定型、成熟的制度安排,其稳定性、可靠性就要大打折扣。我们要构建的是农村社会保障法律制度,而不是农村社会保障政策,更不能引导广大农民去参加商业保险。法律所具有的强制性,对于农民按期如数缴纳社会保险的保险费以及国家在一定的条件下为农民提供社会保险待遇都具有很强的

约束力;而社会保障政策所具有的引导功能,使得允许农民自愿参加和政府随时终止社会保障政策的实施成为可能,这种随意性会最终损害农民的利益。

目前,我国农村社会保障法律法规不健全,突出表现在:(1)内容及调整范围窄,社会保障立法涉及的内容项目和保障对象过窄,作为我国人口大多数的农民基本上没有纳入社会保障立法的体系,城乡公民不同权,客观上造成了"保富不保贫",加重中国二元经济社会的分化程度,使城乡差别加大。(2)立法体系的效力层次不高。目前实施的社会保障规范性文件主要是由国务院或各部委制定的行政法规或部门规章,以及地方制定的地方性法规,法律层次低。(3)立法滞后,不适应社会主义市场经济发展的要求。立法缺乏整体规划,社会保障领域立法空白多,如没有社会救助法、社会保障的接续办法。(4)社会保障的立法体制不规范。立法主体多元,立法层级无序,立法部门化、地方化、利益化问题严重,导致社会保障地方割据和城乡分割。(5)法律规范强制力低,社会保障实施救济机制弱化。这是造成农村社会保障不规范、农民合法权益得不到应有保障的重要原因,必须加快政策调整、制度创新,完善社会保障法律法规建设。

首先,应通过社会保障制度立法,大力推进农村社会保障制度建设,明确农村社会保障的地位、对象、条件、资金来源和保障水平,使农村社会保障体系建设有法可依。并通过立法,来规范和强制政府、集体和个人应尽的责任和义务,强制各类企事业单位为农民工建立社会保险,以推动农村社会保障制度的建设和实施。当前,适时出台的法律包括:《社会保险法》、《社会救助法》、《农村居民最低生活保障条例》、《新型农村合作医疗条例》、《国家农村土地征用补偿条例》、《新型农村社会养老保险办法》等。其次,应通过法律制度和制度创新,扩大社会保障的覆盖面,实现城乡并重、统筹兼顾,将农村社会保障纳入到国家整个社会保障体系的建设之中,改变现行政策法规中对农民参加社会保障的限制和歧视,逐步缩小城乡社会保障的差异,使广大农民享有平等的社会保障的基本权利。最后,强化社会保障法制的实施机制。建立解决社会保障争议的法律救济机制,及时解决社会保障纠纷。可诉性是程序正义的体现,一个制度是否公平,一个权利能否实现,一定要有救济手段。改变告状无门的状态。社会保障程序法和社会保障司法制度,是社会保障法的实体规定得于实现的途径。一应加强法律规范本身的强制性,加快建立社会保障法律责任制度,对拒不缴纳社会保障费、拒不履行支付社会保障金义务、不当使用保险基金、贪污、挪用侵占保障基金的行为人,应当依法追究其行政责任、民事责任和刑事责任。二要借鉴国外普遍实行的专门法院审判方式,建立我国专门的劳动和社会保障法庭,专门从事审理社会保障争议案件,依法及时审理社会保障领域发生的违法、犯罪案件,使当事人在社会保障权益受到不法侵害时获得有力的司法保护。三是加大依法办事的力度,确保社会保障法能够得到有效落实。四是加强对社会保障运行的法律监督,确保社会保障法的实施与运行不走样。

为建立农村社会保障制度的发展目标,还应做好以下具体工作:

1. 建设宏大的农村社会保障人才队伍。人才对社会保障的重要性和紧迫性显而易见。社会保障作为一个专业在我国高校开始出现,还是十几年前的新生事物,专业的社会保障工作是维护社会稳定、提升社会福利水平与质量的保障。社会保障的人才队伍缺口大,不能满足农村社会的需求,要求抓紧培养造就一支结构合理、素质优良的社会保障人才队伍,充实到公共服务和基层管理部门,实现社保建设从以往单一的"硬件"建设向"硬件""软件"建设并举的转变。

2. 加强农村社会保障系统社会保障能力建设。特别是加强基层政府社保能力建设,规范农村社会保障运作。目前,提高政府在农村社会保障制度建设中的科学发展能力和行政能力,应主要包括三个方面:一是社会保障决策能力,二是社会保障贯彻能力,三是社会保障监督能力。加强乡镇社区社会保障工作平台建设。进一步调整和理顺社会保障工作职能。推动社会保障系统业务工作的规范化、标准化和科学化,提升信息化水平。完善干部教育培训体系,加大投入力度,大规模培训各级各类社会保障人才,努力建设一支勤政、廉洁、务实、高效的社会保障干部人才队伍,为农村社会保障事业发展提供组织和人才保障。

3. 将农村社会保障视为完善收入分配制度和规范分配秩序的一个重要部分。2007 年城乡居民收入差距为 1:3.33,绝对差距近万元,为改革开放以来最大。通过逐步扩大劳动在初次分配中的比例,提高社会保障标准等诸多举措,来提高低收入者收入水平。收入分配制度失序几年来被社会媒体所诟病,而建立一个科学和公平的收入分配制度是实现社会和谐的一个重要体现,这里,既涉及一次分配,也涉及二次分配;既涉及广义的包括工资制度在内的福利制度,也涉及狭义的社会保障各保险项目之间的协调匹配问题,如低保水平与基本养老金水平之间关系的协调问题等。社会保障制度作为二次分配的一个重要制度,在提高收入水平和完善收入分配制度方面具有不可替代的调节作用。

4. 把农村社会保障视为完善公共财政制度、增强公共产品供给能力和逐步实现基本公共服务均等化的一个重要方面。将社会保障视为公共财政制度的一个部分,深化我国财政支出改革,加大公共财政对农村社会保障的投入和扶持力度,实施重大社会保障工程项目及制度改革,促进社会保障基础设施和管理服务能力的提升。解决公共财政财力向上集中、县乡财政薄弱、地区间财力差距拉大、投入次序不顺等问题,财政收支结构的调整问题、财政资金的投向和力度问题、中央和地方的事权及其与之匹配的财权问题,财政转移支付和促进转移支付规范化问题,避免地方主义无限膨胀的博弈趋势问题,通过将社保制度建设完全纳入到公共财政的法制化轨道中加以解决。

5. 加强农村社会保障信息化建设。建立农民社会保障卡,农民的身份证号码就是参保人员社会保障卡号的唯一识别码。按照"完整、正确、统一、及时、安全"的建设要求,大力加强社会保障信息化建设,强化社会保障信息化综合管理,提高整体信息化水平,全面促进最低生活保障、社会保险、社会救助、社会保障监察等各项社会保障业务的信息化。进一步发挥全国信息网络的作用,实现各项社会保障业务之间的信息共享和协调办理,以及对跨地区业务协作的支持。应用信息技术深化社会保障统计制度改革,建立社会保障调查系统和社会保险基金监管应用系统,形成包括规划预测、统计分析、监测预警等在内的多层次科学决策支持体系,使个人社会保障信息一卡多用,全国通用。

6. 加强农村社会保障科学研究,为社会保障事业发展提供系统的理论指导和支撑。多渠道筹集研究资金,增加科研经费投入,加强科研人才队伍建设,激励科研人员勇于开拓、不断创新、多出成果;大力推广应用科研成果,促进决策、管理、服务科学化。加强国际交流与合作。拓展交流合作渠道,争取合作项目,为借鉴国际经验深化社会保障领域改革创造更加良好的条件。巩固和加强与国际劳工组织等国际组织的合作,积极参与国际劳工公约和建议书等国际劳工标准的制定,适时批准适合我国国情的国际劳工公约,扩大在国际劳工领域的影响。

7. 加强农村社会保障事业宣传。坚持正确的舆论导向,不断加大社会保障宣传工作力度,通过各种新闻媒体和开展多种形式的宣传活动,广泛宣传社会保障法律法规和政策,动员全社会关心、理解和支持农村社会保障事业,引导人民群众树立社会保障观念,强化参保意识,构建和谐社会保障关系。加强我国社会保障经验和成就的对外宣传,不断扩大对外影响。强化宣传职能,加大宣传投入,不断提高宣传工作的针对性和有效性,营造有利于促进农村社会保障事业健康发展的舆论环境。

(五)农村社会保障的建立完善要走科学发展之路

在新的发展阶段继续全面建设小康社会、发展中国特色的农村社会保障,必须将马克思主义社会保障理论与中国社会保障实际相结合,必须坚持以邓小平理论和"三个代表"重要思想为指导,深入贯彻落实科学发展观。科学发展观,是对党的三代中央领导集体关于发展的重要思想的继承和发展,是马克思主义关于发展的世界观和方法论的集中体现,是同马克思列宁主义、毛泽东思想、邓小平理论和"三个代表"重要思想既一脉相承又与时俱进的科学理论,是我国经济社会发展的重要指导方针,是发展中国特色社会主义必须坚持和贯彻的重大战略思想。

科学发展观是立足社会主义初级阶段基本国情,总结我国发展实践,借鉴国外发展经验,适应新的发展要求提出来的。进入新世纪新阶段,我国社会保障发展呈现一系列新的阶段性特征,主要是:城乡社会保障开始统筹发展,从有差别的普惠,向公平的普惠发展。虽然经过新中国成立以来特别是改革开放以来的不懈努力,我国取得了举世瞩目的发展成就,从生产力到生产关系、从经济基础到上层建筑都发生了意义深远的重大变化,但我国仍处于并将长期处于社会主义初级阶段的基本国情没有变,人民日益增长的物质文化需要同落后的社会生产力之间的主要矛盾没有变。强调认清社会主义初级阶段基本国情,不是要妄自菲薄、自甘落后,也不是要脱离实际、急于求成,而是要坚持把它作为推进改革、谋划发展的根本依据,始终保持清醒头脑,科学分析我国农村社会保障的新机遇、新挑战、新课题,更加自觉地走科学发展道路,奋力开拓中国特色农村社会保障更为广阔的发展前景。

在农村社会保障建设方面落实科学发展观,第一要义是发展,核心是以人为本,基本要求是全面协调可持续,根本方法是统筹兼顾。

——必须坚持把发展作为农村社会保障的第一要务。农村社会保障的问题归根到底要靠发展来解决,发展社会保障,对于全面建设小康社会、加快推进社会主义现代化,具有决定性意义。努力实现以人为本、全面协调可持续的社会保障的科学发展,应着力把握社会保障发展规律、创新社会保障发展理念、转变社会保障发展方式、破解社会保障发展难题,提高社会保障发展质量和效益,实现农村社会保障又好又快发展,为中国特色社会主义打下坚实基础。

——必须坚持以人为本。以人为本的"人"是人人,是全体人,农民社会保障是坚持以人为本的体现,民生问题的重要方面,全心全意为人民服务是党的根本宗旨,党的一切奋斗和工作都是为了造福人民。始终把农民社会保障实现好、维护好、发展好,把最广大农民的社会保障利益作为党和国家工作的出发点和落脚点，尊重农民主体地位，发挥农民首创精神，保障农民各项权益，走共同富裕道路，促进人的全面发展，做到发展为了农民、发展依靠农民、发展成果由农民共享。

——必须坚持全面协调可持续的发展农民社会保障。农民社会保障的全面发展、协调发展就是社会保险、社会救助、社会福利等项目要全面，要协调，不能单打一，要协调管理者与保障对象之间、社会保障各项目之间、城乡社会保障之间、区域之间、不同行业之间、中央和地方之间的社会保障关系，构建和谐社会保障关系；农民社会保障的可持续发展就是要走渐进式发展道路，超越经济发展水平的社会保障是不可持续的。要按照中国特色社会主义事业总体布局，全面推进社会保障建设，实现农村的社会保险、社会救济、社会福利全面协调可持续发展。

——农民社会保障必须坚持统筹兼顾。建立没有漏洞的社会保障体系，必须正确认识和妥善处理中国特色社会保障事业中的重大关系，统筹城乡社会保障发展、区域社会保障发展、经济发展与社会保障发展、国内社会保障发展和对外开放的合作接轨，统筹中央和地方社会保障关系，统筹社会保障各项目之间的发展，统筹社会保障中个人利益和集体利益、局部利益和整体利益、当前利益和长远利益，充分调动各方面积极性，构建和谐的社会保障关系。以公平发展社会保障和缩小城乡社会保障的差距为衡量社会保障工作的标准。既要总揽社会保障全局、统筹规划，又要抓住牵动全局的主要工作、事关群众利益的突出问题，着力推进、重点突破。

深入贯彻落实科学发展观，要求我们积极构建和谐社会保障关系。要求我们继续深化农村社会保障制度的改革发展。要求我们切实加强和改进党对农村社会保障的领导。应全面把握科学发展观的科学内涵和精神实质,增强在社会保障方面贯彻落实科学发展观的自觉性和坚定性,着力转变不适应不符合社会保障科学发展的思想观念,着力解决影响和制约社会保障科学发展的突出问题,把科学发展观贯彻落实到农村社会保障发展的各个方面。

总之,农村社会保障制度的建设对国家持续、健康、文明发展具有至关重要的意义。农村社会保障已经发展到了一个崭新的时期,这个崭新的时期以科学发展、以人为本和公平、正义、共享核心价值观为主要特征。将城乡居民全部纳入社会保障体系,积极稳妥地实现让人人享有社会保障的发展目标,构建和谐社会保障关系,不仅是农民之福,同时也是国家持续、健康、文明、和谐发展之福。我们有必要从整体利益、长远利益出发,摒弃部门利益、地区利益,排除有违社会保障制度自身发展规律的干扰,切实保证农村社会保障体系建设走得平稳、顺利。

国务院关于开展新型农村社会养老保险试点的指导意见

各省、自治区、直辖市人民政府,国务院各部委、各直属机构:

根据党的十七大和十七届三中全会精神,国务院决定,从2009年起开展新型农村社会养老保险(以下简称"新农保")试点。现就试点工作提出以下指导意见:

一、基本原则

新农保工作要高举中国特色社会主义伟大旗帜,以邓小平理论和"三个代表"重要思想为指导,深入贯彻落实科学发展观,按照加快建立覆盖城乡居民的社会保障体系的要求,逐步解决农村居民老有所养问题。新农保试点的基本原则是"保基本、广覆盖、有弹性、可持续"。一是从农村实际出发,低水平起步,筹资标准和待遇标准要与经济发展及各方面承受能力相适应;二是个人(家庭)、集体、政府合理分担责任,权利与义务相对应;三是政府主导和农民自愿相结合,引导农村居民普遍参保;四是中央确定基本原则和主要政策,地方制定具体办法,对参保居民实行属地管理。

二、任务目标

探索建立个人缴费、集体补助、政府补贴相结合的新农保制度,实行社会统筹与个人账户相结合,与家庭养老、土地保障、社会救助等其他社会保障政策措施相配套,保障农村居民老年基本生活。2009 年试点覆盖面为全国 10％ 的县(市、区、旗),以后逐步扩大试点,在全国普遍实施,2020 年之前基本实现对农村适龄居民的全覆盖。

三、参保范围

年满 16 周岁(不含在校学生)、未参加城镇职工基本养老保险的农村居民,可以在户籍地自愿参加新农保。

四、基金筹集

新农保基金由个人缴费、集体补助、政府补贴构成。

(一)个人缴费。参加新农保的农村居民应当按规定缴纳养老保险费。缴费标准目前设为每年 100 元、200 元、300 元、400 元、500 元 5 个档次,地方可以根据实际情况增设缴费档次。参保人自主选择档次缴费,多缴多得。国家依据农村居民人均纯收入增长等情况适时调整缴费档次。

(二)集体补助。有条件的村集体应当对参保人缴费给予补助,补助标准由村民委员会召开村民会议民主确定。鼓励其他经济组织、社会公益组织、个人为参保人缴费提供资助。

（三）政府补贴。政府对符合领取条件的参保人全额支付新农保基础养老金,其中中央财政对中西部地区按中央确定的基础养老金标准给予全额补助,对东部地区给予50%的补助。

地方政府应当对参保人缴费给予补贴,补贴标准不低于每人每年30元;对选择较高档次标准缴费的,可给予适当鼓励,具体标准和办法由省（区、市）人民政府确定。对农村重度残疾人等缴费困难群体,地方政府为其代缴部分或全部最低标准的养老保险费。

五、建立个人账户

国家为每个新农保参保人建立终身记录的养老保险个人账户。个人缴费,集体补助及其他经济组织、社会公益组织、个人对参保人缴费的资助,地方政府对参保人的缴费补贴,全部记入个人账户。个人账户储存额目前每年参考中国人民银行公布的金融机构人民币一年期存款利率计息。

六、养老金待遇

养老金待遇由基础养老金和个人账户养老金组成,支付终身。

中央确定的基础养老金标准为每人每月55元。地方政府可以根据实际情况提高基础养老金标准,对于长期缴费的农村居民,可适当加发基础养老金,提高和加发部分的资金由地方政府支出。

个人账户养老金的月计发标准为个人账户全部储存额除以139（与现行城镇职工基本养老保险个人账户养老金计发系数相同）。参保人死亡,个人账户中的资金余额,除政府补贴外,可以依法继承；政府补贴余额用于继续支付其他参保人的养老金。

七、养老金待遇领取条件

年满 60 周岁、未享受城镇职工基本养老保险待遇的农村有户籍的老年人，可以按月领取养老金。

新农保制度实施时，已年满 60 周岁、未享受城镇职工基本养老保险待遇的，不用缴费，可以按月领取基础养老金，但其符合参保条件的子女应当参保缴费；距领取年龄不足 15 年的，应按年缴费，也允许补缴，累计缴费不超过 15 年；距领取年龄超过 15 年的，应按年缴费，累计缴费不少于 15 年。

要引导中青年农民积极参保、长期缴费，长缴多得。具体办法由省（区、市）人民政府规定。

八、待遇调整

国家根据经济发展和物价变动等情况，适时调整全国新农保基础养老金的最低标准。

九、基金管理

建立健全新农保基金财务会计制度。新农保基金纳入社会保障基金财政专户，实行收支两条线管理，单独记账、核算，按有关规定实现保值增值。试点阶段，新农保基金暂实行县级管理，随着试点扩大和推开，逐步提高管理层次；有条件的地方也可直接实行省级管理。

十、基金监督

各级人力资源社会保障部门要切实履行新农保基金的监管职责,制定完善新农保各项业务管理规章制度,规范业务程序,建立健全内控制度和基金稽核制度,对基金的筹集、上解、划拨、发放进行监控和定期检查,并定期披露新农保基金筹集和支付信息,做到公开透明,加强社会监督。财政、监察、审计部门按各自职责实施监督,严禁挤占挪用,确保基金安全。试点地区新农保经办机构和村民委员会每年在行政村范围内对村内参保人缴费和待遇领取资格进行公示,接受群众监督。

十一、经办管理服务

开展新农保试点的地区,要认真记录农村居民参保缴费和领取待遇情况,建立参保档案,长期妥善保存;建立全国统一的新农保信息管理系统,纳入社会保障信息管理系统("金保工程")建设,并与其他公民信息管理系统实现信息资源共享;要大力推行社会保障卡,方便参保人持卡缴费、领取待遇和查询本人参保信息。试点地区要按照精简效能原则,整合现有农村社会服务资源,加强新农保经办能力建设,运用现代管理方式和政府购买服务方式,降低行政成本,提高工作效率。新农保工作经费纳入同级财政预算,不得从新农保基金中开支。

十二、相关制度衔接

　　原来已开展以个人缴费为主、完全个人账户农村社会养老保险（以下称老农保）的地区，要在妥善处理老农保基金债权问题的基础上，做好与新农保制度衔接。在新农保试点地区，凡已参加了老农保、年满 60 周岁且已领取老农保养老金的参保人，可直接享受新农保基础养老金；对已参加老农保、未满 60 周岁且没有领取养老金的参保人，应将老农保个人账户资金并入新农保个人账户，按新农保的缴费标准继续缴费，待符合规定条件时享受相应待遇。

　　新农保与城镇职工基本养老保险等其他养老保险制度的衔接办法，由人力资源社会保障部会同财政部制定。要妥善做好新农保制度与被征地农民社会保障、水库移民后期扶持政策、农村计划生育家庭奖励扶助政策、农村五保供养、社会优抚、农村最低生活保障制度等政策制度的配套衔接工作，具体办法由人力资源社会保障部、财政部会同有关部门研究制订。

十三、加强组织领导

　　国务院成立新农保试点工作领导小组，研究制订相关政策并督促检查政策的落实情况，总结评估试点工作，协调解决试点工作中出现的问题。

　　地方各级人民政府要充分认识开展新农保试点工作的重大意义，将其列入当地经济社会发展规划和年度目标管理考核体系，切实加强组织领导。各级人力资源社会保障部门要切实履行新农保工作行政主管部门的职责,会同有关部门做好新农保的统筹规划、政策制定、统一管理、综合协调等工作。试点地区也要成立试点工作领导小组,负责本地区试点工作。

十四、制定具体办法和试点实施方案

省(区、市)人民政府要根据本指导意见,结合本地区实际情况,制定试点具体办法,并报国务院新农保试点工作领导小组备案;要在充分调研、多方论证、周密测算的基础上,提出切实可行的试点实施方案,按要求选择试点地区,报国务院新农保试点工作领导小组审定。试点县(市、区、旗)的试点实施方案由各省(区、市)人民政府批准后实施,并报国务院新农保试点工作领导小组备案。

十五、做好舆论宣传工作

建立新农保制度是深入贯彻落实科学发展观、加快建设覆盖城乡居民社会保障体系的重大决策,是应对国际金融危机、扩大国内消费需求的重大举措,是逐步缩小城乡差距、改变城乡二元结构、推进基本公共服务均等化的重要基础性工程,是实现广大农村居民老有所养、促进家庭和谐、增加农民收入的重大惠民政策。

各地区和有关部门要坚持正确的舆论导向,运用通俗易懂的宣传方式,加强对试点工作重要意义、基本原则和各项政策的宣传,使这项惠民政策深入人心,引导适龄农民积极参保。

各地要注意研究试点过程中出现的新情况、新问题,积极探索和总结解决新问题的办法和经验,妥善处理改革、发展和稳定的关系,把好事办好。重要情况要及时向国务院新农保试点工作领导小组报告。

国 务 院
二〇〇九年九月一日

卫生部等部门关于巩固和发展新型农村合作医疗制度的意见

　　新型农村合作医疗(以下简称"新农合")制度是党中央、国务院为解决农村居民看病就医问题而建立的一项基本医疗保障制度,是落实科学发展观、构建社会主义和谐社会的重大举措。2003年以来,在各级政府的领导下,各有关部门共同努力,广大农村居民积极参与,新农合工作取得了显著成效。农村地区已全面建立起新农合制度,制度框架和运行机制基本建立,农村居民医疗负担得到减轻,卫生服务利用率得到提高,因病致贫、因病返贫的状况得到缓解。为贯彻《中共中央　国务院关于深化医药卫生体制改革的意见》精神,落实《国务院关于医药卫生体制改革近期重点实施方案(2009—2011 年)》,现就巩固和发展新农合制度提出如下意见。

一、明确目标任务,稳步发展新农合制度

　　在已全面建立新农合制度的基础上,各地要以便民、利民、为民为出发点,大力加强制度建设,巩固和发展与农村经济社会发展水平和农民基本医疗需求相适应的、具有基本医疗保障性质的新农合制度,逐步缩小城乡居民之间的基本医疗保障差距。逐步提

高筹资标准和待遇水平,进一步调整和完善统筹补偿方案,强化基金监督管理,让参合农民得到更多实惠,增强新农合的吸引力,继续保持高水平的参合率。从2009年下半年开始,新农合补偿封顶线(最高支付限额)达到当地农民人均纯收入的6倍以上。有条件的地区,可开展地市级统筹试点,逐步提高新农合统筹层次和管理层次,增强基金抗风险能力。

二、逐步提高筹资水平,完善筹资机制

要根据各级政府财力状况和农民收入增长情况及承受能力,逐步提高财政补助标准及农民个人筹资水平,积极探索建立稳定可靠、合理增长的筹资机制。

2009年,全国新农合筹资水平要达到每人每年100元,其中,中央财政对中西部地区参合农民按40元标准补助,对东部省份按照中西部地区的一定比例给予补助;地方财政补助标准要不低于40元,农民个人缴费增加到不低于20元。东部地区的人均筹资水平应不低于中西部地区。

2010年开始,全国新农合筹资水平提高到每人每年150元,其中,中央财政对中西部地区参合农民按60元的标准补助,对东部省份按照中西部地区一定比例给予补助;地方财政补助标准相应提高到60元,确有困难的地区可分两年到位。地方增加的资金,应以省级财政承担为主,尽量减少困难县(市、区)的负担。农民个人缴费由每人每年20元增加到30元,困难地区可以分两年到位。

各地要继续坚持以家庭为单位自愿参加的原则,积极探索符合当地情况,农民群众易于接受,简便易行的新农合个人缴费方

式。可以采取农民定时定点交纳、委托乡镇财税所等机构代收、经村民代表大会同意由村民委员会代收或经农民同意后由金融机构通过农民的储蓄或结算账户代缴等方式,逐步变上门收缴为引导农民主动缴纳,降低筹资成本,提高工作效率。

三、调整新农合补偿方案, 使农民群众更多受益

各省(区、市)要加强对县(市、区)的指导,进一步规范和统一全省(区、市)的新农合统筹补偿方案,在综合分析历年补偿方案运行和基金使用等情况的基础上,结合筹资标准的提高,适当扩大受益面和提高保障水平。

开展住院统筹加门诊统筹的地区,要适当提高基层医疗机构的门诊补偿比例,门诊补偿比例和封顶线要与住院补偿起付线和补偿比例有效衔接。开展大病统筹加门诊家庭账户的地区,要提高家庭账户基金的使用率,有条件的地区要逐步转为住院统筹加门诊统筹模式。要扩大对慢性病等特殊病种大额门诊医药费用纳入统筹基金进行补偿的病种范围。要结合门诊补偿政策,合理调整住院补偿起付线,适当提高补偿比例和封顶线,扩大补偿范围。统筹补偿方案要重点提高在县、乡、村级医疗机构医药费用和使用中医药有关费用的补偿比例,引导农民在基层就医和应用中医药适宜技术。县内难以医治的疑难杂症按规定转外就医的,可适当提高补偿比例,扩大补偿范围,进一步缓解农民患大病的医药费用负担。

严格执行有关基金结余的规定。年底基金结余较多的地区,可以按照《卫生部关于规范新型农村合作医疗二次补偿的指导意

见》(卫农卫发〔2008〕65号)和《卫生部关于规范新型农村合作医疗健康体检工作的意见》(卫农卫发〔2008〕55号)要求,开展二次补偿或健康体检工作,使农民充分受益。同时,结合实际适当调整下年度统筹补偿方案,但不应将二次补偿作为常规性补偿模式。

此外,要做好新农合基金补偿与公共卫生专项补助的衔接,新农合基金只能用于参合农民的医药费用补偿,应由政府另行安排资金的基本公共卫生服务项目不应纳入新农合补偿范围,重大公共卫生服务项目(如农村孕产妇住院分娩)应先执行国家专项补助,剩余部分中的医药费用再按新农合规定给予补偿。有条件的地区可探索公共卫生经费和新农合基金的总额预付等多种支付管理办法。

四、加大基金监管力度,确保基金安全运行

要认真执行财政部、卫生部下发的新农合基金财务会计制度。从基金的筹集、拨付、存储、使用等各个环节着手,规范基金监管措施,健全监管机制,加强对基金运行情况的分析和监控,保障基金安全运行,确保及时支付农民医药费用的补偿款。新农合基金要全部纳入财政专户管理和核算,并实行收支两条线管理,专款专用。经办机构应配备取得会计从业资格证书的专职财会人员,建立内部稽核制度,合理设置财务会计岗位,会计和出纳不得由一人兼任。基金的使用和费用的补偿,要坚持县、乡、村三级定期公示制度,完善群众举报、投诉、咨询等农民参与监督管理的有效形式,畅通信访受理渠道,及时处理群众反映的问题。

为了保证各级新农合财政补助资金及时足额到位,进一步简化补助拨付方式,从2009年起调整中央财政补助资金拨付办法,

采取年初预拨、年底结算的方式,加快审核下达中央财政补助资金,同时地方财政补助资金也要及时足额到位。各地要严格执行财政部发布的新农合补助资金国库集中支付管理暂行办法,保证各级财政补助资金直接拨付到县级新农合基金专户,杜绝新农合基金截留、滞留的现象。

五、规范医疗服务行为,控制
医药费用不合理增长

要采取多种综合措施规范医疗服务行为。各级卫生部门要加强对定点医疗机构服务行为的行政监管,将定点医疗机构做好新农合工作情况纳入日常工作考核指标体系,对出现的违规违纪行为要按照有关规定严肃处理。要注重发挥协议管理在定点医疗机构管理中的作用,建立健全新农合定点医疗机构的准入和退出机制,通过协议实行动态管理。探索建立本县(市、区)以外定点医疗机构信息沟通和监管制度,由省、市(地)级新农合管理机构确定同级定点医疗机构,并实施监管。对定点医疗机构的检查、用药等行为进行严格监管,合理控制药品费用和大型设备检查。

积极开展支付方式改革,控制医药费用不合理支出,可推广单病种定额付费和限额付费制度,合理确定病种收费标准,逐步扩大病种范围,严格掌握入出院标准;开展门诊统筹的地区,要积极探索门诊费用总额预付或总额核算的支付方式。

发挥社会和舆论监督对医疗机构服务行为的约束作用,推行医药费用查询制、平均住院费用公示及警示制度,完善补偿公示等多项措施,建立医药费用监测和信息发布制度。各级定点医疗机构也要切实加强内部管理,建立健全疾病检查、治疗、用药、收费等方面的规范、制度和自律机制，加强绩效考核。

六、坚持便民的就医和结报方式，做好
流动人口参加新农合的有关工作

全面实行参合农民在统筹区域范围内所有定点医疗机构自主选择就医，出院即时获得补偿的办法。简化农民到县外就医的转诊手续，探索推行参合农民在省市级定点医疗机构就医即时结报的办法，方便参合农民在全省范围内就医补偿。

定点医疗机构要按照新农合的规定认真初审并垫付补偿资金。经办机构要强化资料审核，并采取现场抽查、事后回访、网络监管等多种行之有效的方式，对医药费用发生的真实性、合理性进行认真复审。对于不符合新农合补偿规定的费用由医疗机构自行承担，经办机构不予结算。

积极引导外出务工农民参加新农合制度。外出务工农民的个人参合费用收缴时间可根据实际情况延长至春节前后。要做好外出务工参合农民的就医补偿工作，探索方便外出务工农民就医，简化审核报销程序的有效方式，探索在农民工务工城市确定新农合定点医疗机构。在制定和调整统筹补偿方案时，要认真分析外出务工农民返乡就医对新农合运行的影响，并提出相应对策。要充分考虑流动人口的实际情况，做好新农合与相关制度的衔接。

七、健全管理经办体系，提高经办服务能力

随着门诊统筹的推进，新农合的监管难度加大。各县（市、区）要根据要求落实新农合管理经办机构的人员编制，保证必要

的工作经费。有条件的地方可进一步充实人员力量,实行县级经办机构向乡镇派驻经办审核人员的做法,严格新农合基金监管。建立健全各项内部管理、考核制度,继续加强管理经办人员培训,提高管理经办服务水平。要按照全国的统一要求和规定,制定全省的新农合信息化建设方案,加快推进新农合信息化建设,逐步实现新农合经办机构与定点医疗机构的联网,实行县级网上审核,省级网上监测运行,全国网上信息汇总分析。在全国逐步建立新农合监测网络,开展新农合运行的监测评估工作,改进监管手段,创新监管方法,降低管理成本,建立监管的长效机制,提高监管的水平和效率。在确保基金安全和有效监管的前提下,积极提倡以政府购买医疗保障服务的方式,探索委托具有资质的商业保险机构参与新农合经办服务。

八、加强新农合与相关制度的衔接

要加强部门配合,做好新农合与农村医疗救助制度在政策、技术、服务管理和费用结算方面的有效衔接。在县级探索建立新农合与农村医疗救助的统一服务平台,使贫困参合农民能够方便、快捷地获得新农合补偿和医疗救助补助资金。有条件的地区,要实现两项制度的信息共享,积极推行贫困农民就医后在医疗机构当场结算新农合补偿和医疗救助补助资金的一站式服务,简化手续,方便贫困农民。

要做好新农合、城镇居民基本医疗保险和城镇职工基本医疗保险制度在相关政策及经办服务等方面的衔接,既要保证人人能够享受基本医疗保障,又要避免重复参合(保),重复享受待遇,推动三项制度平稳、协调发展。

　　新农合制度的巩固和发展关系到亿万农民的切身利益,是一项重大的民生工程。要继续坚持和完善政府领导,卫生部门主管,多部门配合,经办机构具体承办,医疗机构提供医疗服务,农民群众参与的管理运行机制。各级卫生、财政、农业、民政等相关部门要在各级政府的领导下,加强协调,密切配合,各负其责。卫生部门要充分发挥主管部门的作用,做好政策拟订、组织实施和综合管理工作;财政部门要加大投入力度,加强对财政补助资金和新农合基金的监管;农业部门要做好宣传推广工作,协助筹集资金,监督基金使用;民政部门要做好农村医疗救助工作,加强与新农合制度的衔接,帮助贫困农民解决特殊困难。各部门要根据各自职责,积极支持,共同促进新农合制度不断巩固完善,持续发展。

卫生部　民政部　财政部　农业部　中医药局
二〇〇九年七月二日

兰州市关于建立农村居民
最低生活保障制度的实施意见

为贯彻落实党的十六届六中全会精神,统筹城乡协调发展,保障农村困难群众基本生活,构建社会主义和谐社会,根据省政府要求,经市政府研究决定,现就我市建立和实施农村居民最低生活保障制度(以下简称"农村低保")提出如下意见:

一、总体目标和基本原则

(一)总体目标

从 2006 年 10 月 1 日起,在全市建立和实施农村低保制度。按照低标准起步,逐步提高,尽力而为的原则,全面建立起制度完善、管理规范的农村低保制度,实现应保尽保。

(二)基本原则

农村低保制度是政府对家庭年人均收入低于当地最低生活保障标准的农村贫困居民,按照保障标准进行差额补助的新型社会救助制度。建立和实施农村低保制度,应遵循以下原则:

1. 保障水平与当地经济社会发展水平相适应,既要尽力而为,又要量力而行;2. 保障困难群众基本生活,坚持政府救助、社会互助、子女赡养、生活救助与扶持发展生产、劳动自救相结合;3. 坚持公开、公平、公正,做到保障政策、保障对象、保障标准、保障金额公开,接受社会和群众的监督;4. 坚持属地管理,分级负担,实行分类施保、差额补助、动态管理。

二、保障范围和保障标准

(一)保障范围

凡具有我市农业户口、共同生活的家庭成员上年度年人均收入低于当地农村低保标准的农村居民,均应纳入当地农村低保范围。在同等条件下,优先保障重点对象。重点对象主要包括:生活常年困难的军烈属、两女户、残疾人家庭;因患重病丧失主要劳动力,导致生活长期困难的家庭;虽有一定劳动能力,但家庭收入偏低、人口较多、负担较重,生活十分困难的家庭。

有下列情形之一的,不得列入农村低保范围:

1. 家庭年人均收入虽低于当地农村低保标准,但其家庭中有劳动能力的成员拒绝劳动,将土地转包他人,甚至弃耕荒芜土地造成生活困难的;

2. 具有法定赡养、抚养(扶养)人,且法定赡养、抚养(扶养)人有能力而不履行相应义务的;

3. 家庭实际生活水平明显高于当地低保标准的;

4. 因赌博、吸毒等不良行为导致生活贫困且尚未改正的;

5. 拥有高档非生活必需品的家庭;

6. 不按规定如实申报家庭收入,或不按规定参加低保待遇年度审核的,无特殊原因连续两次不按时领取低保金的。

(二)保障标准

农村低保标准由各县、区民政局会同财政、农业、统计、物价等部门,按照维持当地农村居民衣、食、住等基本生活需求,适当考虑水电、燃料等费用确定,经当地政府批准后执行,同时向社会公布。保障标准原则上每人每年不低于 675 元。农村独生子女领证户和二女户结扎户应适当高于其他一般人员的标准。要根据经济社会发展水平、财政收入增长、人民生活水平和物价指数的变化,适时调整保障标准。

农村低保实行差额补助。按保障对象家庭年人均收入低于当地农村低保标准的部分,予以差额补助,每季度发放一次。

三、家庭收入核算

农村居民家庭收入是指共同生活的家庭所有成员全年的货币收入和实物收入的总和。主要包括:

1. 家庭全年从事农业、林业、养殖业的纯收入;

2. 外出务工、自谋职业等获得的劳务、经营、管理等收入;

3. 家庭成员的储蓄存款、有价证券和利息收入;

4. 参加各类保险领取的保险金;

5. 法定赡养人、扶养人或抚养人应当给付的赡养费、扶养(抚养)费(一般按照法定赡养、抚养、扶养人年人均收入高于低保标准的30%计算);

6. 依法继承的遗产或接受的赠与；

7. 出租或者变卖家庭资产所获得的收入；

8. 县区人民政府规定应计入的其他收入。

下列项目不计入家庭收入：

1. 优抚对象享受的抚恤金、优待金；

2. 对国家、社会和人民做出特殊贡献，由政府给予的奖励金及市级以上劳动模范享受的荣誉津贴；

3. 奖学金、助学金、勤工俭学收入及由政府和社会给予困难学生的救助金；

4. 因工(公)负伤和意外伤害的医疗费、误工费、营养费、护理费及死亡人员的丧葬费和一次性抚恤金等；

5. 独生子女费、农村计划生育政策奖励扶助金；

6. 新型农村合作医疗报销的医疗费；

7. 农村贫困家庭成员因病享受的大病医疗救助费；

8. 政府、社会或个人给予的临时性生活抚慰金。

四、申请审批程序

申请审批农村低保待遇，按照以下程序办理：

1. 申请农村低保待遇的农村居民，以家庭为单位，由户主通过村民委员会向户口所在地的乡、镇(街道)提出书面申请，并提供居民户口本、家庭成员身份证、家庭收入状况证明及其他相关证明材料。

2. 村民委员会接到居民申请后，在 5 个工作日内完成对申请人家庭收入和实际生活情况的调查核实，并由调查人形成调查核实意见。

3. 村民委员会组织村民代表会议或村民评议小组进行民主评议,将符合条件的申请人名单在村务公开栏内向村民公示 7 天,无异议的填写《兰州市农村居民最低生活保障待遇申请审批表》,提出初审意见,上报乡、镇(街道)。

4. 乡、镇(街道)收到材料后,在 10 个工作日内采取走访等办法调查核实,召开评审小组会议,对申报对象的家庭生活状况和调查情况进行审核评议,将审核评议情况和拟定对象名单,委托村委会在村务公开栏公示 3 天。无异议的,在《兰州市农村居民最低生活保障待遇申请审批表》上签署审核意见,连同证明材料一并报县区民政部门审批。对经调查、评议或公示后复审不符合条件的,乡、镇(街道)要委托村委会书面通知申请人本人,并告知原因。

5. 县区民政局接到申报材料后,应在 7 个工作日内完成申报对象材料的审核和重点调查工作。召开评审会议,对申报对象的材料和调查情况进行评审,综合比较乡、村之间经济发展水平和群众实际生活状况,初步确定保障对象,并委托乡、镇(街道)、村委会公示 3 天。无异议的,在《兰州市农村居民最低生活保障待遇申请审批表》上签署意见,发给《兰州市农村居民最低生活保障金领取证》,从批准之月起领取低保金。对不符合条件的,书面通知申报者本人,并告知原因。

县、区民政部门、乡、镇(街道)、村民委员会要公开农村低保政策规定、申报程序,公布投诉电话,接受社会和群众监督。

农村低保实行分类施保、动态管理。乡镇(街道)每年初应对享受农村低保待遇家庭的收入情况进行一次复审,对超过最低生活保障标准的家庭要及时取消。县区民政、财政等部门要定期组织抽查。

享受农村低保的居民,当家庭人均收入发生变化时应及时、主动告知村民委员会。村民委员会负责报告管理审批机关,并办理停发、减发或者增发保障金的手续。

五、保障资金的筹措、管理、使用

农村低保所需资金由市、县区财政共同负担。市、县区财政要将农村低保资金列入财政预算,实行专户管理,专款专用、封闭运行。市、县区原用于农村特困户救助的资金全部转为农村低保资金。

民政部门应按期将核定批准的农村低保资金发放人数名册及金额报送同级财政部门。财政部门按照民政部门提供的名册,将资金拨到乡镇,由乡镇直接发放到低保对象手中。开展农村低保所需工作经费由当地财政安排解决,不得挤占农村低保资金。

每年年底前,民政部门在核定农村低保对象所需资金的基础上,向同级财政部门提出下一年度用款计划。用款计划经财政部门审核后列入预算。

六、加强领导,明确分工,确保
农村低保顺利推进

(一)加强组织领导,健全工作机制。建立农村低保制度,是落实科学发展观,协调城乡发展的重要举措,是社会主义新农村建设的重要内容,政策性强、涉及面广、工作量大、情况复杂,关系到农村困难群众的切身利益。各级党委、政府要把农村低保纳入当地经济和社会发展的整体规划,作为完善农村社会保障制度的重要内容,高度重视,加强领导,列入重要议事日程,制定切实可行的方案,确保农村低保工作的全面实施。要充实工作力量,县(区)低保工作机构至少增加2名至3名工作人员,乡(镇)民政机构要保证 2 名以上工作人员；市、县（区）按照农村低保对象人数安排农村低保工作经费，并足额到位。

（二）明确职责，确保工作落实。农村低保制度实行县级政府负责制，由民政部门和财政部门共同组织实施，农牧、扶贫等部门配合。要充分依靠乡、镇（街道）特别是村级组织的力量，调动民政部门现有人员及乡镇财政所的积极性，认真做好摸底调查、申报管理和保障金发放工作，保证农村低保工作的顺利开展。

（三）健全制度，严格规范管理。各县区要结合实际，制定农村低保实施办法或细则，建立健全申请、审核、评议、公示、审批制度，确保农村低保工作每个环节的公开、公平、公正，做到分类施保、动态管理。要参照城市低保档案管理规定，健全农村低保档案管理制度，做到一户一档，并按照县级有档案室、乡、镇（街道）有档案柜，村有档案盒的标准，完善设施，实行规范管理。要加快低保信息网络化建设，提高规范化、制度化、科学化管理水平。要严肃工作纪律，对采取虚报、隐瞒、伪造等手段，违规操作，骗取低保的，要依法追究有关人员责任。

（四）完善配套制度，开展社会救助。各县区政府要因地制宜地制定相关优惠政策和帮扶措施，切实帮助农村低保对象解决子女教育、医疗等方面的困难。对有劳动能力的保障对象，要结合扶贫开发政策、农村劳动力培训和劳务输出政策，采取措施，在劳动生产方面予以扶持，引导、鼓励和支持低保对象自食其力，通过生产劳动脱贫致富。要大力开展扶贫济困送温暖等活动，提高低保对象的生活水平。对病残等特困家庭，要明确帮扶人，实行包户服务。

兰州市政府办公室

二〇〇六年十二月十八日

兰州市农村五保供养工作实施细则

第一章　总　则

第一条　为了做好农村五保供养工作,保障农村五保供养对象的正常生活,建立和完善农村社会保障制度,根据国务院《农村五保供养工作条例》和《甘肃省农村五保供养办法》,结合我市实际,制定本细则。

第二条　农村五保供养是指依照国务院、省政府和本细则规定,在吃、穿、住、医、葬方面给予村民的生活照顾和物质帮助。

第三条　农村五保供养工作遵循以下原则:

(一)保障正常生活的原则;

(二)财政供养为主的原则;

(三)分散供养与集中供养相结合的原则;

(四)公开、公平、公正的原则。

第四条　市民政局主管本市行政区域内农村五保供养工作。

县、区民政部门负责本县、区农村五保供养对象的审批和管理工作。

乡镇人民政府负责组织实施本乡镇农村五保供养对象的审核、上报和供养工作。

村民委员会协助其所在的乡镇人民政府做好农村五保供养工

作,负责村民享受农村五保供养待遇的申请、民主评议、公示、上报工作;委托村民对分散供养的五保对象提供日常生活照料。

第五条 鼓励、引导和支持企事业单位、社会团体和个人为农村五保供养对象和农村五保供养工作提供捐助和服务。

第二章 供养对象

第六条 农村五保供养对象是指符合下列条件的农村老年人、残疾人和未满 16 周岁的未成年人:

(一)无法定赡养、抚养、扶养义务人,或者虽有法定赡养、抚养、扶养义务人,但无赡养、抚养、扶养能力的;

(二)无劳动能力的;

(三)无生活来源的;

第七条 农村五保供养对象的确定,应当由村民本人向村民委员会提出书面申请;因年幼或者智力残疾无法表达意愿的,由村民小组或者其他村民代为提出申请,并如实填写《兰州市农村五保供养待遇申请审批表》,必要时还应提供有关证明材料。对于不便提交书面申请的村民,可以口头提出申请,由村民委员会、村民小组或其他村民代为填写。

村民委员会接到村民申请后,应组织进行民主评议,对符合本细则规定条件的,可通过广播、村务公开栏,或在村民聚居地公布等形式进行公示,公示时间不得少于 5 天;无重大异议的,由村民委员会将评议意见和有关材料报送乡镇人民政府审核。

乡镇人民政府应当自收到申报材料之日起,通过了解评议情况、入户调查、邻里访问、通讯调查、集体座谈等形式对申请人的家庭状况和经济条件进行调查核实,在 20 内提出审核意见。对符合条件,审核"同意供养"的,将审核意见和有关材料报送县区民政部门审批。对不符合条件,审核决定"不予供养"的,应将村委会上报的申请书及有关材料,退还村委会或申请人并说明理由。

县区民政部门自收到乡镇人民政府审核意见和有关材料后,对上报材料进行复核,20日内做出审批决定。对批准"同意供养"的,及时发给《农村五保供养证》,或将书面通知交由乡镇人民政府、村民委员会代为传达。对经审查材料或经复核不符合条件的,也应将不予批准的决定和理由书面通知申请人或代为申请人,或将书面通知交由乡镇人民政府、村民委员会代为传达。

第八条　农村五保对象有下列情形之一者,经村民委员会初审,报乡镇人民政府审核,县区民政部门核准后,停止其五保供养待遇,核销其《农村五保供养证》:

(一)有了法定赡养人、抚养人、扶养人,且义务人有赡养、抚养、扶养能力的;

(二)重新获得稳定生活来源;

(三)年满16周岁,已完成义务教育阶段在校学习生活,且具有劳动能力的;

农村五保对象死亡后,村民委员会或者农村敬老院要向乡镇人民政府报告,由乡镇人民政府报县区民政部门核准后,注销其《农村五保供养证》。

第九条　农村五保供养包括以下内容:

(一)供给粮油、副食品、生活用水和生活用燃料。供给的粮油、副食品和燃料必须满足农村五保对象基本生活需要。

(二)供给冬夏服装、被褥等生活必需品和零用钱。农村五保对象冬夏两季必须有不少于两套的换洗衣物、床单和被褥。社会捐助活动中募集的衣被优先用于农村五保供养对象。每月必须给予农村五保对象适量的零用钱。

（三）提供符合基本居住条件的住房。散居的农村五保对象每户必须有一套有居室、厨房以及其他附属设施的住房；住房质量应达到当地平均水平，具备安全可靠、供电保暖、防风防雨、照明等条件，能够满足五保对象正常生活需要。在农村敬老院集中供养的五保对象，居住住房应方便其生活起居。农村五保对象住房由县区民政部门、乡镇人民政府和村委会组织修建。

（四）提供疾病治疗。对生活不能自理的农村五保供养对象，各乡镇人民政府、村委会、敬老院要落实专人或亲属给予照料。农村五保对象要全部纳入农村医疗救助范围，五保对象个人缴纳的参合基金全部列入农村医疗救助资金解决，对五保对象生病住院费用个人承担部分在农村医疗救助资金中重点保障。对生活不能自理的农村五保对象，由农村敬老院集中供养，给予照料。

（五）办理丧葬事宜。五保供养对象死亡后，敬老院、村民委员会要妥善安葬，并处理好善后事宜。乡镇人民政府应当按五保供养对象5个月内的供养标准一次性支付丧葬费用，从五保供养经费中核销。

农村五保对象中未满16周岁或者已满16周岁仍在接收义务教育的，按照国家有关规定，享受义务教育学费待遇和减免救助待遇，并提供必要的学习用品费用，保障其依法接受义务教育的权利。

农村五保对象因各种原因农转非的，列入城市低保对象，享受城市低保有关待遇。

第三章　供养标准和形式

第十条　农村五保供养标准，按照不低于上年度农村居民平均生活消费支出额确定,具体标准由县、区民政部门会同财政、物价等部门,以县区为单位制定,经县区人民政府批准,报市政府备案后向社会公布,予以实施。保障标准原则上每人每年不低于1200元,并随当地农村居民平均生活消费支出水平的提高适时调整。

第十一条　农村五保供养对象按属地管理,实行集中和分散两种形式供养,供养形式由五保对象自愿选择。

在农村敬老院集中供养的五保对象,要坚持入院自愿、出院自由的原则,签订入院协议,明确相关责任和义务,由敬老院提供服务。

分散供养的五保对象,可由亲友或村民委员会照料,也可以由村民委员会委托村民照料或由其他社会组织和志愿者提供服务。村民委员会、受委托的代养人和五保供养对象三方要签订供养协议,约定各自的权利和义务,落实服务责任制和帮扶措施。

第四章　供养资金的筹集管理

第十二条　农村五保供养资金,坚持属地管理,分级负担的原则,由市、县区财政预算中安排。市级财政按照三县60%,五区40%的比例给予补助。每年年初,由县、区民政部门根据辖区内农村五保供养对象数量、供养标准,编制农村五保供养经费预算,经财政部门审核后,报县区人民政府审批。各县区要按规定比例足额列支五保供养资金并保证及时到位。

第十三条　市、县区财政部门要对农村五保供养资金实行专户管理,封闭运行。按照"民政审核、财政拨款、乡镇发放"的原则,民政部门按季度将农村五保供养对象审批名册和拨款报告提供给同级财政部门,经复核后,由财政部门将供养资金直接拨给乡(镇)财政所,再由乡(镇)财政所负责拨付到供养服务机构或直接发放到户。有条件的地方,要积极推行社会化发放,通过金融机构,将五保供养资金直接划拨到供养服务机构或五保供养对象个人账户。

第十四条 有农村集体经营收入的,可以从收入中安排资金,补助和改善农村五保供养对象的生活;农村五保供养对象将承包土地交由他人代耕的,其收益归该五保供养对象所有。

第五章 供养服务机构和住房保障

第十五条 农村五保供养服务机构包括农村敬老院和五保供养对象居住点相对集中的村级五保家园。农村五保供养服务机构建设,以县、乡两级政府为主体,采取独办、联办等多种形式。

第十六条 市、县区、乡镇人民政府要把农村敬老院建设纳入当地经济社会发展规划,确定建设发展的总体目标,制定年度计划,强化落实措施,加大财政投入。

第十七条 县、乡两级人民政府要结合小城镇建设、社会主义新农村建设和灾民建房等工作,按照当地经济发展状况、地理特征、人口密度、农村老年人和五保供养对象数量、已有供养服务机构布局等具体情况,统筹规划,合理布点,对现有乡镇敬老院和乡镇撤并后闲置资产进行整合利用,新建、改建敬老院,逐步提高集中供养率和供养水平。改建和新建的农村五保供养服务机构,应当满足国家关于老年人、残疾人和未成年人供养服务机构建设的要求,具备必要的设施设备和服务功能。

第十八条 县、乡两级人民政府按照集中供养的五保对象人数,提供配套设施。按照实际需要,通过安排乡镇机构改革分流人员、面向社会招聘等多种途径、多渠道为农村五保供养服务机构配备工作人员,加强人员培训,并依法解决其工资待遇和社会保障问题。

农村敬老院实行院长负责制,院长负责全面工作。敬老院应当通过选举建立院务管理委员会,院务管理委员会中五保对象比例不得低于50%。院务管理委员会负责审议院重大事宜,监督院长及管理人员工作,定期检查各项管理制度的落实情况。

第十九条　县、乡两级人民政府及有关部门要对敬老院开展农副业生产给予优先照顾和扶持,以改善五保供养对象生活条件。

第二十条　市、县区政府要逐年安排分散供养五保对象建房资金,重点对现有危房进行维修、重建。

任何单位和个人不得侵占、挪用、平调和买卖农村敬老院和五保家园的土地、房屋及其他财产。

第六章　财产处理

第二十一条　农村五保供养对象的动产及房屋,属于农村五保对象所有,拥有占有、使用、收益和处分的所有权利,任何人不得侵犯。农村五保供养对象可以委托农村五保供养服务机构、村民委员会或其他村民代管,也可以通过签订赠抚养协议对其财产作出处分。

第二十二条　农村五保供养对象的承包土地和宅基地为集体所有,五保供养对象死亡后,其承包土地和宅基地归集体所有。

第二十三条　未成年的五保对象,其年满16周岁停止五保供养时,其个人原有财产中如有他人代管的,应当及时交还本人。

第七章 监督管理

第二十四条 市、县区人民政府要依法加强对农村五保供养工作的监督管理。市、县两级人民政府要制定农村五保供养工作的具体政策和规定。市、县区民政部门和乡镇人民政府要制定五保供养服务工作具体操作规程和管理制度,并负责组织实施。

第二十五条 市、县区民政部门对符合五保供养条件的村民要登记造册,建立农村五保供养对象数据库,实施动态管理,做到应保尽保。

第二十六条 市、县区财政部门要按时足额拨付农村五保供养资金,确保资金到位,并加强对资金管理使用情况的监督管理。

农村五保供养资金和住房建设资金,要专款专用,任何组织或者个人不得贪污、挪用、截留或者私分。各级审计、监察部门要依法加强对农村五保供养各项资金的审计、监察。

第二十七条 市、县区发展改革、教育、卫生等部门要按照各自职责,做好农村敬老院建设和五保供养对象的就医、教育等工作。

第二十八条 农村五保供养工作作为乡镇政务、村务公开的重要内容。农村五保供养待遇的申请条件、程序、民主评议情况以及农村五保供养的标准和资金使用情况等,应当向社会公告,接受社会监督。

农村敬老院应当遵守治安、消防、卫生、财务会计等方面的法律,法规和国家有关规定,接受县区民政部门和乡镇人民政府的监督管理。

第八章　法律责任

第二十九条　违反本实施细则规定,行政机关及其工作人员有下列行为之一的,对直接负责的主管人员及其他直接责任人员依法给予行政处分;构成犯罪的,依法追究刑事责任:

(一)对符合农村五保供养条件的村民不予批准享受农村五保供养待遇的,或者对不符合农村五保供养条件的村民批准其享受农村五保供养待遇的;

(二)贪污、挪用、截留、私分农村五保供养款物的;

(三)有其他滥用职权、玩忽职守、徇私舞弊行为的。

第三十条　违反本实施细则规定,村民委员会组成人员贪污、挪用、截留农村五保供养款物的,依法予以罢免;构成犯罪的,依法追究刑事责任。

违反本实施细则规定,农村敬老院工作人员私分、挪用、截留农村五保供养款物的,予以辞退;构成犯罪的,依法追究刑事责任。

第三十一条　违反本实施细则规定,村民委员会及受委托人或者农村敬老院对农村五保供养对象提供的供养服务不符合要求的,由乡、镇人民政府责令限期改正;逾期不改正的,乡镇人民政府有权终止供养服务协议;造成损失的,依法承担赔偿责任。

第三十二条　享受农村五保供养待遇的村民,有下列行为之一的,由乡镇人民政府给予批评教育或者警告,追回其冒领的农村五保供养资金和物资:

(一)虚报、隐瞒、伪造等手段,骗取享受农村五保供养待遇的;

(二)在享受农村五保供养待遇期间家庭状况发生变化,不再符合本实施细则第七条规定条件的,不按规定告知管理机关,继续享受农村五保供养待遇的。

第三十三条　为不符合享受农村五保供养待遇条件的家庭或个人出具虚假证明材料的,追究相关责任人的责任。

第九章　附　则

第三十四条　本细则自 2007 年 1 月 1 日起执行。

第三十五条　本细则由市民政局负责解释。

兰州市政府

二〇〇七年一月四日

肃南县农牧民养老保险制度研究

韩正明(张掖市委常委　原肃南县委书记)

党的十七大明确指出,要积极"探索建立农村养老保险制度。"这是一项重要的社会政策和基本社会保障制度。肃南县作为全国唯一的裕固族聚集区,有着民族类型多、区域差别大但群众收入高的明显特点。积极探索推行农牧民养老保险制度,对于统筹城乡协调发展,应对日益加剧的人口老龄化挑战,加快恢复祁连山生态环境,最大限度地使发展成果让广大农牧民共享具有极其重要的意义。

一、肃南县农牧民养老保障现状及可行性

肃南县农牧民养老保障在计划经济时期主要以家庭为基础和主体,辅之以集体供养、群众帮助和国家救济的措施,使农牧村各类老年人都得到了最基本的生活保障。1992 年民政部在全国部分有条件的农村先行试点的基础上制定了《县级农村社会养老基本方案》并在全国实施。根据这一方案,肃南县从 1995 年开始,在农牧村试点推行养老保险工作。至 1996 年年底,全县 27050 名农村人口中有 1203 人参加了农牧村社会养老保险,约占农牧村人口的 4% ,积累基金 21. 29 万元。因历史原因,1999 年集中进行了退

保,全县养老保障再次恢复到了依靠家庭保障的运行模式下。

当前肃南县养老保障主要有七种形式:(1)家庭养老。靠家庭和子女供养老人,这是养老的主要形式,占老年人总数的95%以上。(2)草原、土地收益保障。草原、土地收益保障是家庭保障的主要经济基础,两者相辅相成。(3)农牧村社区养老。主要以政府为主体对乡村社区范围内的农牧民提供的一种福利待遇,举办敬老院、建设老年公寓较为典型,目前全县享受这两种服务的老年人共77人,占现有农牧村老年人数的3%左右。(4)商业保险。商业保险是通过合同约定双方承担一定责任的保险。根据肃南发展实际,目前极少数有条件的个人参加了商业养老保险。(5)最低生活保障。这是一种针对收入难以维持农牧村最基本的生活标准的人群而建立的社会救济制度,不是专门针对农村老人的,资金来源主要由省市县三级财政负担。截至2007年年底,全县共有345户590名农村低收入人员享受到最低生活保障。(6)农牧村社会养老保险。1995年县政府颁布出台了《肃南县农牧村社会养老保险管理暂行办法》(肃政发〔1995〕42号)文件,启动实施了肃南县农牧村社会养老保险制度,有1203人参保,1999年集中进行了退保,目前还有112人,3.13万元资金暂留账户,没有退完。(7)2009年开始试点新型农村养老保险,注意与过去的多种养老保险整合。

总起来看,肃南县农牧民养老保障起步较早,并取得了初步成效,但随着社会经济迅速发展和老龄化步伐的加剧,一些新的问题和矛盾也日益凸显出来,主要表现在以下五个方面:

(一)与市场经济相适应的现代公共福利制度意义上的养老保险制度尚未形成。在市场经济条件下,社会保险制度的基本特征表现为互济性、福利性、社会性和强制性。而肃南县农牧村目前存在的几种保障形式均不具备现代社会保险制度的基本特征。

（二）现行农牧民养老保障制度不能适应本县日益加剧的人口老龄化挑战。2007年,肃南县户籍人口共3.6万,其中农业户籍人口2.5万,非农户籍人口1.1万。60岁以上的老人为4240人,占总人口的12.1%,其中,农牧村户籍的老人2352人,占农牧村人口的9.4%。预计5年后60岁以上的农牧村老人将达到3491人,占14%;10年后60岁以上的农牧村老人将达到5000人以上,20%左右。如果不建立完善的农牧村养老制度,占总数1/5的农牧村老人将面临各种生活难题。

（三）以家庭草原和土地为主的传统养老方式面临新的挑战,家庭养老功能明显弱化。主要体现在:一是市场经济的发展动摇了家庭养老的思想和道德基础;二是计划生育政策的实施,形成了"4—4—2"、"4—2—1"的家庭结构,家庭规模的小型化削弱了家庭养老组织基础;三是农牧民收入提高缓慢削弱了家庭养老的经济基础,农牧村家庭难以满足农牧民老人的养老需求;四是劳务输出力度加大,外出务工人员增多,弱化了家庭养老的基础。与此同时,随着生态文明理念的逐步深入和国家保护祁连山、实施退牧还草力度的加大,全县农牧村的草原、土地养老保障功能越来越弱:一是草原超载过牧,草场退化较为严重,依靠畜牧业增收难度逐年加大;二是传统畜牧业投入大、产值低,存在自然灾害和市场风险;三是草原、土地集体所有,农牧民只有使用权,没有所有权,农牧民只能通过流转而不能通过变卖草原、土地的方式来换取养老资金。

（四）近几年探索的农牧村社会养老保险制度存在严重的制度缺陷:一是完全储蓄积累式的资金筹集模式对广大农牧民没有吸引力,加上集体补助不到位,农牧民养老待遇低(当时规定人均每月仅为2元),导致农牧民参保的积极性不高;二是政府扶持不到位,缺乏资金引导机制,同时,立法缺位,强制性不够;三是农保与城保之间相互分割,成为两个完全不同的保障体系,城镇养老实行的是现收现付的模式,农牧村养老保险实行的是个人完全积累模式,在推进城镇化的过程中,农牧民转为居民的资金不能合理转移和流动,阻碍了城乡一体的社会保障体系的建立。

(五)保障水平普遍偏低,保障方式主要以农牧民个人或个别集体自我保障为主,受财力制约,没有形成以县为主的保障体系。

从上述现状分析不难看出,肃南县农牧村养老保障整体水平低,覆盖面窄,起步发展基础还不稳定。家庭养老,靠草原、土地养老,乡村养老,商业保险、最低生活保障等形式由于其局限性和特殊性不能满足农牧村老年人养老的需求和农牧村老龄化、城镇化加剧的趋势。因此,加快建立肃南县农牧村社会养老保险制度十分迫切。国外经验认为,建立农牧民养老保险必须具备一定的社会经济条件。一是农业劳动力占劳动力总数的比例在20%以下,农业在国内生产总值中的份额在15%以下。二是农业人口在总人口中所占的比例下降到40%以下。在老龄人口高峰期,应在50%以下。三是工业化水平处于以工养农阶段,人均GDP 2000美元以上。以此来分析,肃南县还处在农牧村养老保险制度建设的基础时期。到2007年年底,肃南县农牧业产值占国内生产总值的22%,降至15%以下目标还约需两年时间。农牧业从业人员为10015人,占全部从业人员的50%左右。农牧业人口占全县总人口的69%。人均GDP超过了2900多美元。另一方面,国际社会保障的实践也表明,经济发展水平是社会保障制度建立的决定因素,但不是唯一因素,社会观念和政府的政策取向等也可产生重要影响,况且肃南县当前建立农牧村社会保障制度还有许多有利条件。首先,农牧民具备一定的缴保能力。2007年肃南县农牧民人均纯收入达 5000 多元以上,人均收入 1200 元以下农牧户 846 户,约占总农牧户的 12% 左右。如果将月养老保障水平分别设定为 100 元、200 元、300 元;参照国债筹资成本和基金投资收益,将基金运营回报率测定为 5%;参照第五次全国人口普查有关数据,将农牧村 60 岁以上人口的平均余命测定为 18 年,一个人从 18 岁开始缴费,则月缴费分别为 45 元、90 元、135 元,个人缴费平均费率占农牧民人均纯收入的 21.6%。按照"以支定收,略有节余"的原则,综合考虑农村人口负担系数,起步时可暂按农牧民人均纯收入的 5% 缴费,今后逐步过渡到位。其次,公共财政具备一定的负担能力。按照财政承担 25% 的缴费比例测算,财政需给每人提供补贴 23 元/月,全年共需投入资金约 470 万元,占 2007 年财政收入的 4.2%。即便逐步提高到 50% 的补贴比例,按肃南县近五年财政收入平均 20% 以上的增速测算,假定占财政总量比例不变,2010 年左右就可达到。再次,推进工作具备一定基础。肃南县农牧村养老保障工作运行十多年,虽然困难重重,但也积累了一定的经验,加之县、乡镇两级工作网络和工作队伍健全完善,不仅为建立、推动农牧村养老保险制度搭建了良好的服务平台,而且为提高农牧村养老保险运行效率、节省相应制度建设成本创造了基本条件。

二、建立完善肃南县农牧村养老
保险制度的政策选择

(一)解决农牧村养老保险制度的定位问题。建立肃南县农牧村养老保险制度,既要吸收借鉴西方发达国家和我国先行地区的经验,又要适应肃南县农牧村老龄化、农牧村城镇化和农牧业现

代化的需要,解决符合县情实际的养老保险制度的定位问题。一是要充分认识养老保险的特殊性。养老保险制度既要有利于应对人口老龄化的挑战,又要适应迅速加快的新牧区建设进程和生态文明建设进程。二是要进一步明确养老保险的过渡性。养老保险的发展方向是建立城乡一体的社会保障制度,当前的养老保险制度应当具有过渡性。三是要立足实际认清二元社会保障格局下,农牧村养老保障水平与城镇养老保障水平的差别,突出城乡有别,适度差别。四是要在强制性建立农牧民养老保险制度的基础上,研究实现城镇、农牧村养老保险的可衔接性。在推进城镇化进程中,农牧村养老保障资金、缴费年限要随着人口向城镇的转移而合理流转。

(二)选择社会统筹和个人账户相结合部分基金积累制模式。社会统筹和个人账户相结合的部分基金积累模式优势在于既避免过大的财政负担,又可以通过统筹基金的调剂实现再分配,体现一定程度的社会公平,调动农牧民参加社会养老保险的积极性。结合肃南县实际,养老保险资金应当通过个人缴费、政府补贴的方式筹集,坚持个人缴费为主,政府补贴为辅的方针。考虑到农民收入的难确定性和不稳定性,可根据当年农民人均纯收入,规定全县统一的保险费额。缴费当年个人承担 75%,政府承担 25%,逐步过渡到政府、个人各承担 50%。农牧民个人缴纳的养老保险费用全部计入个人账户,政府补贴的 20% 划入个人账户,另外 80% 作为统筹基金。参加农牧村养老保险的对象为全部从事农牧业生产的,具有农牧村户籍的,年满 18—60 周岁的劳动力。

(三)实行差别费率、不同待遇的缴费制度。结合农牧民个人承受能力的差别,坚持"以待遇定缴费"的原则,农牧民缴纳社会养老保险的费率必须根据享受养老的水平来确定。农牧民养老水平的确定既要考虑城镇养老水平,更要考虑农牧村经济发展和农牧村人均收入水平。从肃南县情况看,农牧村养老水平应当确定在农牧村人均收入水平的 25% 与农牧村最低生活保障水平的 120% 之间。考虑到农牧村经济发展的差异和个人承受能力的不同,可以在这两条线之间确定不同的养老保险水平。个人可以根据自己的经济状况和承受能力,选择不同的待遇享受水平和相应的缴费水平。

(四)确定合适的提供待遇的年龄和发放年限。提供养老保障待遇的年龄即农民的退休年龄,通常为 60 周岁。由于肃南县地处青藏高原高寒阴湿地区,农牧民生存条件差,疾病多,衰老早,因此将享受养老金的年龄确定为男性 60 周岁,女性 55 周岁比较合适。至于发放年限,应采用《县级社会养老保险基本方案》的规定,确定为 10 年。如果农牧民因病或意外事故没有活到 70 岁,可将其个人账户上剩余的资金由其法定继承人继承;如果农牧民身体健康活过 70 岁,继续领取每月该领取的养老金直至其死亡。

(五)建立保值、高效的资金管理运作制度。一个保险制度能否有效运行,除了制度本身的设计以外,关键就是看保险基金的管理运作制度是否安全、高效,基金能否实现保值、增值。西方发达国家社会保障制度成功的主要经验,就是通过资金的投资运作,不仅确保了基金的安全,同时也实现了基金的保值增值。结合肃南县实际,建立安全、高效的基金管理制度,关键要做到四点:一是建立全县集中的资金管理制度,实行县级统筹。县级统筹的优点在于有效提高保险基金的抗风险能力和保障能力,通过实现资金的集中管理可以减少资金流失或被挪用的风险,确保资金的安全。二是实施严格的财政专户管理。收缴的农牧村养老保险资金直接进入财政在银行设立的农牧村养老专户,未经政府批准,任何单位和个人不得使用。三是建立一定规模的财政担保基金,为可能带来的风险损失提供担保。四是在确保基金安全的前提下,按不同比例(一般是公司股票60%左右、债券23%、贷款14%)择机投资资本市场,提高基金增值率,实现保值增值。

(六)探索农牧村、城镇养老保险的衔接机制。参保人员在农转居时,可将其农保个人账户资金和统筹基金,分别划入城镇基本养老保险统筹基金和个人账户。根据农牧村养老保险的缴费水平大大低于城镇养老保险的实际,可以按照一定的比例将农保缴费资金和缴费时间折算为城镇的缴费资金和缴费时间进行合理转移。

白银区四龙镇建立农村
养老保险的几点思考

葛文林(白银区四龙镇党委书记)

党的十七大报告提出要"加快建立覆盖城乡居民的社会保障体系,保障人民基本生活"。要求我们在"促进企业、机关、事业单位基本养老保险制度改革的同时,探索建立农村养老保险制度"。这是加快推进以改善民生为重点的社会建设的重要内容,也是全面建设小康社会,促进社会和谐的根本要求。改革开放以来,我国逐步建立了城市职工的基本养老保险制度,而占全国人口 60% 的农民的养老保险制度举步维艰,这与我们的时代特征是不相符的。农村养老保险制度的建立可以说是迫在眉睫了。笔者根据长期从事社会保障和农村工作的实际经验,分析农村养老保险的现状,就如何建立农村养老保险制度做一点积极的探索。

一、四龙镇养老保险的现状

我所工作的白银区四龙镇,现有农村人口 10308 人,外出打工人员 2140 人,人均耕地 1.5 亩,2007 年人均年收入 4011 元。这些收入主要来源是种植业、养殖业、建筑和工商业。目前在全镇推行的社会养老保障制度主要是:①五保户供养,共 19 户、19 人,每人每月 100 元;②高龄老人生活补贴,90 岁以上的老人 13 人,每人每年 300 元,95 岁以上 2 人,每人每年 500 元。70 岁以上残疾老人 77 人,每人每月 25 元。没有覆盖全体 60 岁以上老人的养老保障制度;③享受独生子女和二女结扎户 60 岁以上奖励扶助政策的 11 人,每人每年 600 元;④贫困户、残疾人救助。尤其是 60 岁以上的每年都给予一定救助,人均救助数不等。2007 年共救助 113 人,总资金 7290 元;⑤复退军人 16 人,每人每年 2030 元。带病回乡军人 4 人,每人每年 1436 元。烈士家属的优抚安置,按国家有关政策规定每年发放一定的抚恤金和生活费;⑥连续在村级组织中任正职 10 年以上的 60 岁以上的村干部的养老补助,每人每月 80—100 元,共 25 人,2007 年全年支出 12700 元。以上这六项的资金来源主要是由财政拨款、社会救助和干部职工捐助等方面来筹措的,财政拨款占到 90% 以上。按照现行城镇职工领取养老保险金的年龄界限,男为 60 周岁,女为 50 周岁。参照这个年龄界限,目前,全镇有 60 岁以上男性为 610 人,50 岁以上女性为 1538 人。2007 年能够享受上述 6 项政策的人数为 180 人,仅占全镇符合享受养老保障人数的 8.4%。2007 年全年享受总金额为 11.56 万元,180 人人均 642 元,全镇应享受人群人均 54 元。

综合分析得出,目前农村养老保障水平低,享受人群小,而且保障能力十分有限,农民不缴纳个人部分,农村养老保险基本上停留在子女赡养辅以一定的政策救助的层面上。其保障后果往往会受到子女收入、疾病、自然灾害等其他变故的冲击,极其不稳定,不可靠。

二、建立农村养老保险制度的现实基础及其对策

改革开放 30 年来,我国经济取得巨大发展,国内 GDP 2007 年

达到 24 万亿元。国家财力明显增强。农村人均纯收入全国平均达到 4000 元以上。近几年，国家取消了农业税、牧业税及农村特产税等，农民负担显著减轻。农民群众十分渴望社会保障制度在农村的普及。现在到了必须加快建立农村养老保险制度的时候了，而建立这样一个制度的物质基础已经形成，现在只需要我们探索一条符合我国农村实际的农村养老保险制度。

当然，要建立农村养老保险制度也不是一蹴而就的事，这是一项较为复杂的系统工程，需要做更多的调查研究和探索。从长远看，单纯建立一个农村养老保险制度肯定不行，从这个制度过渡到城乡一体化的养老保险制度才是目的。从建立农村养老保险制度到覆盖城乡居民的养老保险制度是一个循序渐进的过程，其保障的水平也须与国民经济的发展水平相适应，并随着国家经济发展而不断提高。下面，我就初步建立农村养老保险制度提几点意见。

1. 加强农村养老保险制度的政策研究，制定切实的政策依据。农村养老保险政策要具有普遍指导意义，要具有一定的连续性，要兼顾发达地区农民的利益，更要反映欠发达地区及贫困地区和贫困、返贫农民的利益，更要考虑到国家财政的承受能力、农民的承受能力。还要考虑到不同经济发展水平下的养老保障水平，考虑按国民经济发展速度相适应的保障水平递增。也要考虑农村养老保险的统筹层次问题。因此，必须做大量的调查研究工作，尤其要多倾听农民群众的意见，合理重视农民群众的参保愿望。

2. 科学合理地确定农村养老保险覆盖范围。改革开放以来，农村人口流动频繁，流向地域广阔。部分长期在城市务工，工作单位相对稳定的，建议参加城市职工养老保险。那些工作不稳定、收入不稳定的人员应在其户籍所在地参加农村养老保险，或按农民自己的意愿选择参加哪一种保险。鉴于许多地方城镇职工养老保险尚未覆盖到农民工,也可以鼓励动员农民工在户籍所在地参保。

3. 合理确定农村养老保险的资金来源。农村养老保险应采取国家(政府)补贴与农民个人缴费相结合的办法。考虑到绝大多数农民收入水平较低和农民的参保积极性,在启动之初个人缴费比例不宜太高,而且政府补贴力度要大。政府出资部分应由中央、省、市、县四级按比例分担。中央应考虑地区经济发展不平衡的现状,加大对西部贫困地区的资金支持,力度要大于发达地区。以白银地区为例,农民个人缴费应在每月 10—30 元之间,目前个人月领取养老金额度最低应在 270 元以上。最高不宜超过上年本地人均纯收入的三分之二。

4. 合理确立农村养老保险的缴费和享受年龄。按目前农村现状,农民领取养老保险金的年龄男性定在 60 周岁,女性定在 55 周岁比较合适。考虑到农村的实际情况,可以像城镇养老保险那样设定一个 15 年的最短缴费时限。但对已超过享受年龄的应免费纳入,距享受年龄不够 15 年的,应分年龄段,确立缴费时间。缴费年限应与其享受金额形成合理的比例关系,保证缴费农民的积极性。

5. 合理确立农村养老保险的统筹层次。由于甘肃省经济差异较大,因此,农村养老保险的统筹层次应确立在县区一级。这样有利于建立一个以上年县城内农民人均纯收入为参考的农民个人缴费系数和农民领取养老保险金的计算办法,然后随着财力的增加,向全省统筹。

总之,根据农村现状和社会建设的需要,尽快探索建立农村养老保险制度已十分必要。本文只在这里做了一些粗浅的探讨,希望能够得到关注"三农"问题的各方同仁的响应,也希望各有关方面积极参与探索,以引起更大范围的关注,达到早日建立适合我国国情的农村养老保险制度,确保农民群众共享改革开放的成果。

景泰县正路乡社会保障体系
建设情况探析

刘正祥(景泰县正路乡党委书记)

　　党的十七大报告指出,解决好农业农村农民问题,事关全面建设小康社会大局,必须始终作为全党工作的重中之重。要解决好这一问题,除了要通过建设与改善和农民生活直接相关的基础设施,健全农村市场体系,建立和开辟各种增收渠道外,还应高度重视保护农民的社会保障权利,通过健全农村社会保障体系,增加农民社会福利,改善生活水平。

　　景泰县正路乡是一个纯山区乡,总人口 18707,总耕地 10.3万亩。全乡干旱少雨,自然条件差,经济总量小,贫困面大,群众生产生活困难。近年来,正路乡积极探索建立健全农村社会保障体系,初步形成了以农村社会养老保险、新型合作医疗为重点的农村社会保险体系和以最低生活保障为重点的农村社会救助体系,有力地促进了社会和谐与农村经济社会发展。

一、正路乡农村社会保障体系建设的进展

　　1. 农村社会养老保险逐步扩大。正路乡农村社会养老保险始于 1990 年,主要针对农村二女结扎户和独生子女领证户。截至

2008 年 3 月底,全乡 16 个村"二户"全部实施了农保制度,累计参保人数为 504 人,占农村劳动力总数的 5%;参保金额为 22.2 万元。

2. 新型农村合作医疗取得重要突破。正路乡从 2005 年开始实行新型农村合作医疗制度。截至 2007 年 12 月,全乡共有 18707 人参加"新农合",参合率达到 100%。2007 年,"新农合"总参合金额达到 18.707 万元;住院报销 624 人次,资金支出 56.7 万元,人均报销 944 元。

3. 农村社会救助体系覆盖面广。正路乡从 2006 年开始建立农村最低生活保障制度。截至 2007 年年底,全乡共有 1068 户、3520 名农村低收入人员享受了最低生活保障,低保标准从 685 元到 985 元不等。目前,正路乡对全乡残困户、二女户、优抚对象中的困难户及 70 岁以上老人全部办理农村低保。在其他农村社会救助方面,2006 年开始实施农村特困户危房翻建工程,改善了困难农民的住房条件;资助农村低保对象参加"新农合",缓解了特困农民的大病医疗问题。目前,已初步建立起以最低生活保障为基础,医疗、住房、教育等专项救助相配套,灾害救助、临时救助、应急救助为补充的农村社会救助体系。

二、正路乡农村社会保障体系
存在的主要问题

经过多年努力,正路乡初步形成了农村社会保障的制度框架,先行探索了有益经验。然而,与构建和谐社会、实现基本公共服务均等化的要求相比,与农民对社会保障的强烈需求相比,农村社会保障在制度、政策、管理、技术上还存在一些问题。

1. 农村社会保障仍是整个社会保障体系中的薄弱环节

一是基本社会保障的城乡差别过大。截至 2007 年年底，我县城镇基本养老、基本医疗保险覆盖城镇职工的比例分别达到 91%和 90.6%，而我乡农村居民享受的社会保障仅占 11%，并且都是"优抚"、"救灾"、"救济"等特定对象。从待遇水平看，城乡参保人员的待遇较为悬殊。城镇职工月人均养老金已达 1200 多元，农保人员平均只有 60 元。城镇基本医疗的人均筹资水平为 1280元，而"新农合"人均筹资水平仅为 130 元。

二是城乡社会保障体系不衔接，阻碍各类农村居民参保。基于现行制度设计，已从事第二三产业的农民参加城镇社会保障，保险关系不能转移，不能得到全部保险权益。全乡 1.2 万农村劳动力中，30% 以上在第二三产业就业，其中相当一部分人在比较稳定的企业工作。虽然企业也按照农民工养老保险要求缴纳了相关费用，然而按现行政策，他们退休后只能一次性领取主要由个人账户资金组成的基本养老金，社会统筹费用多数补充了城镇统筹基金，致使参保农民的利益受损。

2. 农村社会养老保险制度可持续发展困难重重

一是多数农民收入较低，制约其缴费能力。如果农民 30 岁开始参保，若 60 岁时要领取 300 元养老金，必须每年缴纳 1020 元，连续缴纳 30 年。2007 年农民人均纯收入达到 1554 元，其可支配收入有限。尤其 40 岁以上的群体参保困难更大，他们的子女教育开支较大，而他们参保缴费时间短，缴费标准高，成为参保的弱势群体。

二是政府补贴额度有限，农民参保积极性不高。按照现行补贴办法，市、县两级财政每年给每个参保农民的补贴为 50—70 元，而我县大部分集体经济组织实力较弱，补助能力有限。根据调查，许多农民认为,由于政府补贴和集体补助较少,目前的缴费机制基本等同于"自己吃自己",还不如自己存银行,参保积极性受到限制。此外,农村养老保险没有社会统筹基金,缺乏社会保险资金的共济。

3. 新型农村合作医疗还需进一步完善

一是筹资水平和报销比例较低。目前,农民人均筹资水平为130元,报销比例为30%,农民自负比例偏大,医疗负担较重。"新农合"报销范围主要针对大病,对门诊费和确诊住院前的检查费报销较少,住院费的报销门槛较高。

二是"新农合"基金管理成为难题。对于规模日益增大的合作医疗基金,如果不能有效控制定点医疗机构的服务和医药费用,可能会造成基金透支;但如果控制过紧,报销比例偏低,则可能造成资金沉淀,农民得不到合理的报销。

三是"新农合"工作机构不健全。随着参合农民增加,"新农合"管理业务量持续上升,而市、县、乡(镇)三级指导和服务监督机构尚未建立,很多工作由卫生部门工作人员兼管,管理机构和专职队伍不健全。

4. 土地保障功能减弱。"30年不变"的土地承包政策,使全乡2658户人口迅速增加的家庭处于人多地少的劣势;农用地转为非农用地的规模在不断扩大,仅西部石油管道工程占用我乡耕地2137亩,失去土地的农民在不断增加;等等;都降低了农民依靠土地生存发展的保障能力。

5. 农村社会救助体系不全面。农村低保的水平比较低,农村低保标准没有随整体经济发展而增长。农村专项救助的综合解困效应也不明显。

参考文献

一、著作类

1. 许文兴主编:《农村社会保障》,中国农业出版社2007年版。

2. 刘翠霄:《天大的事——中国农民社会保障制度研究》,法律出版社2006年版。

3. 聂华林、杨建国:《中国西部农村社会保障概论》,中国社会科学出版社2006年版。

4. 田小宝、何平主编:《社会保障概论》,中国城市出版社2005年版。

5. 郑功成主笔:《中国社会保障改革与发展战略——理念、目标与行动方案》,人民出版社2008年版。

6. 费梅苹编著:《社会保障概论》,华东理工大学出版社1999年版。

7. 林毓铭:《社会保障管理体制》,社会科学文献出版社2006年版。

8. 丁开杰主编:《社会保障体制改革》,社会科学文献出版社2004年版。

9. 吕世辰:《农村社会学》,社会科学文献出版社2006年版。

10. 刘福垣:《社会保障主义宣言》,社会科学文献出版社2006年版。

11. 陈朝先:《社会保障与保险问题研究》,西南财经大学出版社1996年版。

12. 韩君玲:《劳动与社会保障法简明教程》,商务印书馆2005年版。

13. 高书生:《社会保障改革何去何从》,中国人民大学出版社2006

年版。

14. 刘钧:《社会保障理论与实务》,清华大学出版社 2005 年版。

15. 杨祖功选编:《西欧的社会保障制度》,劳动人事出版社 1986 年版。

16. 郭士征:《社会保障——基本理论与国际比较》,上海财经大学出版社 1996 年版。

17. 课题组编著:《社会保障税制国际比较》,中国财政经济出版社 1996 年版。

18. 罗伯特·伊斯特:《社会保障法》,中国劳动社会保障出版社 2003 年版。

19. 黎建飞主编:《社会保障法》,中国人民大学出版社 2006 年版。

20. 李珍主编:《社会保障理论》,中国劳动社会保障出版社 2001 年版。

21. 董保华:《社会保障的法学观》,北京大学出版社 2005 年版。

22. 李剑阁:《中国新农村建设调查》,上海远东出版社 2007 年版。

23. 郑功成:《社会保障学:理念、制度、实践与思辨》,商务印书馆 2000 年版。

24. 郑功成等:《中国社会保障制度变迁与评估》,中国人民大学出版社 2002 年版。

25. 任保平:《中国社会保障模式》,中国社会科学出版社 2001 年版。

26. 劳动和社会保障部、中共中央文献研究室编:《新时期劳动和社会保障重要文献选编》,中国劳动社会保障出版社、中央文献出版社 2002 年版。

27. 赵瑞政、王爱丽、任伶编著:《中国农民养老保障之路》,黑龙江人民出版社 2002 年版。

28. 全国人大常委会法制工作委员会审定:《社会保障常用法律法规手册》中国民主法制出版社 2003 年版。

29. 中国劳动和社会保障部法制司:《中国劳动保障法律法规释解》,中国民主法制出版社 2004 年版。

30. 和春雷主编:《社会保障制度的国际比较》,法律出版社 2001 年版。

31. 宋晓梧主笔:《中国社会保障体制改革与发展报告》,中国人民大学出版社 2001 年版。

32. 王东进主编:《中国社会保障制度的改革与发展》,法律出版社 2001 年版。

33. 窦玉沛主编、阎青春等副主编:《重构中国社会保障体系的探索》,中国社会科学出版社 2001 年版。

34. 李迎生:《社会保障与社会结构转型:二元社会保障体系研究》,中国人民大学出版社 2001 年版。

35. 杨冠琼主编:《当代美国社会保障制度》,法律出版社 2001 年版。

36. 劳动和社会保障部编写:《领导干部社会保障知识读本》。

37. 2004 年《中国的社会保障状况和政策》,白皮书。

38. 张思锋等编著:《社会保障精算理论与应用》,人民出版社 2006 年版。

39. 公维才:《中国农民养老保障论》,社会科学文献出版社 2007 年版。

40. 高和荣:《风险社会下农村合作医疗制度的建构》,社会科学文献出版社 2008 年版。

41. 《劳动与社会保障年鉴 2004》,中国劳动社会保障出版社 2003 年版。

42. 许琳:《社会保障学》,清华大学出版社、北京交通大学出版社 2005 年版。

43. [英]庇古:《福利经济学》,商务印书馆 1990 年版。

44. 汪行福:《分配正义与社会保障》,上海财经大学出版社 2003

年版。

45. 刘贯学:《新中国劳动保障史话》(1949—2003 年),中国劳动社会保障出版社 2004 年版。

46. 陈佳贵、王延中:《中国社会保障发展报告》(2001—2004 年),社会科学文献出版社 2004 年版。

47. 孙广德、董可用:《社会保障概论》,中国人民大学出版社 2004 年版。

48. 孟醒:《统筹城乡社会保障制度建设——理论 机制 实践》,经济科学出版社 2005 年版。

49. 国际劳工局社会保障司:《社会保障导论》,劳动知识出版社 1989 年版。

50. 毕云天:《社会保障场域的惯习》,中国社会科学出版社 2004 年版。

51. 多吉才让:《招工最低生活保障制度研究与实践》,人民出版社 2001 年版。

52. 张建、陈一筠:《家庭与社会保障》,社会科学文献出版社 2000 年版。

53. 刘燕生:《社会保障的起源、发展和道路选择》,法律出版社 2001 年版。

54. 刘贵平:《养老保险的人口学研究》,中国人口出版社 1999 年版。

55. [美]约翰·罗尔斯:《正义论》,中国社会科学出版社 1988 年版。

56. 郑功成:《论中国特色的社会保障道路》,武汉大学出版社 1997 年版。

57. 宋晓梧等:《中国社会保障制度 20 年》,中州古籍出版社 1982 年版。

58. 郑功成:《关注民生》,人民出版社 2004 年版。

59. 余卫明:《社会保障法学》,中国方正出版社 2002 年版。

60. 林嘉:《社会保障法的理念、实践与创新》,中国人民大学出版社 2002 年版。

61. 王益英主编:《社会保障法》,中国人民大学出版社 2000 年版。

62. 郑功成主编:《社会保障概论》,复旦大学出版社 2005 年版。

63. 邓大松等编著:《2007—2008 年中国社会保障改革与发展报告》,人民出版社 2008 年版。

64. 孙绍骋:《中国救灾制度研究》,商务印书馆 2004 年版。

65. 刘苓玲:《中国社会保障制度城乡衔接理论与政策研究》,经济科学出版社 2008 年版。

66. 潘晓成:《转型期农业风险与保障机制》,社会科学文献出版社 2008 年版。

67. 《当代中国流浪乞讨救助研究》,社会科学文献出版社 2007 年版。

68. 林毓铭:《社会保障与政府职能研究》,人民出版社 2008 年版。

69. 彭华民:《社会福利与需要满足》,社会科学文献出版社 2008 年版。

70. [美]迪士托:《社会福利:政治与公共政策》,人民大学出版社 2007 年版。

71. 张良礼主编:《应对人口老龄化——社会化养老服务体系及规划》,社科文献出版社 2006 年版。

二、论文及法律法规类

1. 冯珊珊:《浅议新型农村合作医疗的"自愿参与"原则》,《中国农村卫生事业管理》2005 年第 9 期。

2. 刘显忠:《因地制宜开展新型农村合作医疗工作》,《中国初级卫生保健》2004 年第 1 期。

3. 袁兆康、周小军、方丽霖、万红、肖云昌、周秋生、程红亮、张金泉:《新型农村合作医疗实施后农民对其认知的调查》,《中国农村卫生事业管理》2005 年第 5 期。

4. 《西部新型农村合作医疗新政》,《西部论丛》2006 年第 10 期。

5. 李心洁:《禄丰县新型农村合作医疗需解决的问题》,《创造》2005 年第 9 期。

6. 子云:《国务院研究新型农村合作医疗工作》,《中国残疾人》2005 年第 10 期。

7. 《国家加快发展新型农村合作医疗》,《新农村》2006 年第 4 期。

8. 《扩大新型农村合作医疗关键要让农民得实惠》,《领导决策信息》2006 年第 41 期。

9. 李春满:《实施新型农村合作医疗应注意的几个问题》,《中国卫生经济》2004 年第 12 期。

10. 王燕、姚圣宽:《在新型农村合作医疗制度建设中充分发挥乡村医生的作用》,《社区医学杂志》2006 年第 8 期。

11. 丁少群:《我国新型农村合作医疗制度及其可持续发展研究》,《西南财经大学》2006 年。

12. 宋士云:《新中国农村社会保障制度结构与变迁(1949—2002)》,《中南财经政法大学》2005 年。

13. 王玲:《突发公共卫生事件危机管理体系构建与评测研究》,天津大学,2004 年。

14. 丁赛:《政府行为对农民收入的影响》,中共中央党校,2004 年。

15. 邵德兴:《新型农村合作医疗供给模式研究》,上海交通大学,2006 年。

16. 汪雪梅、张业武:《我国乡村卫生组织一体化管理的现状与思考(综述)》,《安徽卫生职业技术学院学报》2002 年第 1 期。

17. 王智、王劲、朱宝霞、刘泽平、鲁玲:《铜陵县新型农村合作医疗制度的实施及思考》,《安徽卫生职业技术学院学报》2003 年第 6 期。

18. 夏宗明、夏迎秋、丁言仁、顾杏元:《中国农民基本医疗保障制度儒家文化定位与构建》,《国际医药卫生导报》2001 年第 5 期。

19. 段庆林:《宁夏农村社会保障制度研究》,《固原师专学报》2002 年第 2 期。

20. 陈滔、任仁泉:《医疗费用影响因素和健康保险经营风险控制》,《财经科学》2002 年第 2 期。

21. 龙翼飞:《完善我国的社会保障法律制度》《社会保障与法制建设》,《中共中央法制讲座汇编》(1998—2000),法律出版社 2001 年版。

22. 贾俊岭:《社会保障与法制建设》,《中共中央法制讲座汇编》(1998—2000),法律出版社 2001 年版。

23. 美国《社会保障法案》、英国《济贫法》。

24. 国务院:《关于开展新型农村社会养老保险试点的指导意见》《农村五保户供养工作条例》《关于发展和完善农村合作医疗的若干意见》《社会保险费征缴暂行条例》《关于在全国建立农村最低生活保障制度的通知》;民政部:《农村敬老院管理暂行办法》《救灾捐赠管理暂行办法》和《县级农村社会养老保险基本方案(试行)》;卫生部:《关于建立新型农村合作医疗制度的意见》《关于实施农村医疗救助的意见》《关于巩固和发展新型农村合作医疗制度的意见》。

后 记

这本专著是曹建民同志 2006 年申请立项的国家社科基金项目《中国农村社会保障制度研究——以西北贫困地区为例》的最终成果，书稿由曹建民同志设计、主笔，课题组成员龙章月、牛剑平同志积极参加调研、讨论、收集资料及其他相关工作，七位匿名的专家教授参加课题鉴定，提出了很好的修改意见，贡献了自己的观点和思路。

科研抓项目是甘肃省委党校科研工作的要求之一。国家课题是签了合同的项目，是责任和重担。搞科研资料收集越多越好，除了网上的资料，还有大量网上没有的资料；除了书本上古今中外社会保障的资料，还有大量活生生的现实需要调查。由于这几年是我国农村社会保障发展最快的几年，情况数据变化快，调研任务重，为保证质量，课题组申请延期一年后，终于完成任务。

现在经过三年努力的成果即将出版，自然要感谢：国家社会科学规划办；甘肃省委常委、兰州市委书记陆武成同志欣然题词，兰州大学校长周绪红教授不吝赐序；甘肃省委党校常务副校长王渊教授和副校长王福生教授多年对党校科研的重视和学术著作的出版资助，法学教研部领导张佺仁、何智春、杨海燕平时的关心和帮助；人民出版社编辑吴继平博士对书稿仔细负责的校审，既减少了错误，又使本书的体例格式更加规范，在此一并表示感谢。

作 者

2010 年 3 月 28 日

责任编辑:吴继平
封面设计:徐　晖
版式设计:陈　岩

图书在版编目(CIP)数据

中国农村社会保障制度研究——以西北贫困地区为例/曹建民
　龙章月　牛剑平 著. -北京:人民出版社,2010.5
ISBN 978－7－01－008846－4

Ⅰ. 中…　Ⅱ.①曹…②龙…③牛…　Ⅲ. 农村-社会保障-研究-
　中国　Ⅳ. F323.89

中国版本图书馆 CIP 数据核字(2010)第 065243 号

中国农村社会保障制度研究

ZHONGGUO NONGCUN SHEHUI BAOZHANG ZHIDU YANJIU

——以西北贫困地区为例

曹建民　龙章月　牛剑平 著

人 民 出 版 社 出版发行

(100706　北京朝阳门内大街 166 号)

北京瑞古冠中印刷厂印刷　新华书店经销

2010 年 5 月第 1 版　2010 年 5 月北京第 1 次印刷
开本:880 毫米×1230 毫米 1/32　印张:10.875
字数:253 千字　印数:0,001－4,000 册

ISBN 978－7－01－008846－4　定价:26.00 元

邮购地址 100706　北京朝阳门内大街 166 号
人民东方图书销售中心　电话 (010)65250042　65289539